F⊙KUS
CHEMIE

WEITERGEDACHT

Hier wird es knifflig: Ähnlich wie in einer Leistungskontrolle fordern dich diese Aufgaben heraus! Beschäftige dich zuerst mit dem vorgestellten Material, damit du diese Aufgaben lösen kannst.
Zur Überprüfung des Grundwissens findest du am Kapitelende unter *Teste dich* zusätzliche Aufgaben mit den Lösungen im Anhang.

CHEMIE ERLEBT

Themen, die die Chemie lebendig machen: Energie, Umwelt, Geschichte, Gesundheit und mehr – mit Texten, Abbildungen und Experimenten, die tiefer in die Anwendungsbereiche der Chemie einsteigen lassen.

FOKUS
CHEMIE 2

NIEDERSACHSEN G9

Cornelsen

FOKUS CHEMIE

Autoren:	Annkathrien Jaek (Lüneburg), Carsten Kinzel (Meppen), Carina Kronabel (Papenburg), Jörn Peters (Papenburg)
mit Beiträgen von:	Dr. Barbara Arndt
Herausgeber:	Dr. Karin Arnold
Autoren der allgemeinen Ausgabe:	Dr. Karin Arnold, Prof. Dr. Volkmar Dietrich (†), Andreas Eberle, Dr. Holger Fleischer, Andrea Hein, Carina Kronabel, Dr. Uwe Lüttgens, Ralf Malz, Jörn Peters, Hannes Rehm

Teile dieses Buches sind eine Bearbeitung der allgemeinen Ausgabe von Fokus Chemie.

Redaktion:	Sven Wilhelm
Designberatung:	Ellen Meister
Illustration und Grafik:	Birgit Janisch, Tom Menzel
Gesamtgestaltung und technische Umsetzung:	EYES-OPEN, Berlin

www.cornelsen.de

Das Buch setzt die neue EU-Verordnung zur Einstufung und Kennzeichnung von Chemikalien um (Globally Harmonised System of Classification and Labelling of Chemicals, GHS).

Experimente sind in der Regel Schüler-Experimente. Wenn sie mit einem **L** markiert sind, dürfen sie nur von der Lehrerin oder dem Lehrer durchgeführt werden. Zu den Experimenten im Buch sind editierbare Gefährdungsbeurteilungen erhältlich (ISBN 978-3-06-010276-1).

1. Auflage, 3. Druck 2021

Alle Drucke dieser Auflage sind inhaltlich unverändert
und können im Unterricht nebeneinander verwendet werden.

© 2015 Cornelsen Schulverlage GmbH, Berlin
© 2016 Cornelsen Verlag GmbH, Berlin

Druck und Bindung: Livonia Print, Riga

ISBN 978-3-06-012224-0

PEFC zertifiziert
Dieses Produkt stammt aus nachhaltig bewirtschafteten Wäldern und kontrollierten Quellen.
www.pefc.de

PEFC™
PEFC/12-31-006

Inhalt

✗ Themenfeld

ANHANG 144

Stoffe und ihre Eigenschaften

Alle Gegenstände bestehen aus Stoffen. Stoffe können anhand ihrer Eigenschaften unterschieden und identifiziert werden. Jeder Stoff besitzt eine für ihn typische Eigenschaftskombination.

Stoffeigenschaften sind z. B. Farbe, Glanz, Kristallform, Geruch, Geschmack, elektrische Leitfähigkeit, Wärmeleitfähigkeit, Härte, Brennbarkeit und Löslichkeit. Schmelz- und Siedetemperatur sowie die Dichte sind messbare Stoffeigenschaften, die für einen Reinstoff charakteristisch sind.

Stoffklassen

Stoffe mit gemeinsamen, charakteristischen Eigenschaften werden zu Stoffklassen zusammengefasst.

Salze: kristallin, spröde, hohe Schmelz- und Siedetemperaturen, leiten als feste Stoffe den elektrischen Strom nicht, leiten in Wasser gelöst den elektrischen Strom
Metalle: elektrische Leitfähigkeit, metallischer Glanz, Wärmeleitfähigkeit
flüchtige Stoffe: niedrige Schmelz- und Siedetemperaturen, keine elektrische Leitfähigkeit, bei Raumtemperatur flüssig oder gasförmig

Kochsalz (Natriumchlorid)

Farbe: weiß
Löslichkeit in Wasser: löslich
Schmelztemperatur: 801 °C
Siedetemperatur: 1 465 °C
Dichte: 2,2 g/cm^3

Palladium

Farbe: silberweiß
Glanz: glänzend
Löslichkeit in Wasser: unlöslich
Schmelztemperatur: 1 555 °C
Siedetemperatur: 2 963 °C
Dichte: 12,0 g/cm^3

Alkohol (Ethanol)

Farbe: farblos
Glanz: kein Glanz
Löslichkeit in Wasser: unbegrenzt
Schmelztemperatur: –114 °C
Siedetemperatur: 78 °C
Dichte: 0,79 g/cm^3

Teilchenmodell zum Bau der Stoffe

Nach dem Teilchenmodell bestehen alle Stoffe aus kleinsten, unteilbaren Teilchen. Sie sind in ständiger, regelloser Bewegung. Zwischen den Teilchen wirken Anziehungskräfte.

Mithilfe des Teilchenmodells können Vorgänge und Erscheinungen veranschaulicht und gedeutet werden.

Erscheinungen: Aggregatzustände, verschiedene Arten von Stoffgemischen, Unterscheidung zwischen Reinstoff und Stoffgemisch
Vorgänge: Aggregatzustandsänderungen, Diffusion, Lösen eines Stoffes in einem Lösemittel, Bildung und Trennung von Stoffgemischen

Aggregatzustände der Stoffe	fest	flüssig	gasförmig
Darstellung im Teilchenmodell			

Einteilung der Stoffe

Stoffe lassen sich in Reinstoffe und Stoffgemische unterscheiden. Reinstoffe sind Stoffe mit einheitlich gleichbleibenden Stoffeigenschaften. Sie sind durch physikalische Methoden nicht weiter trennbar. Nach dem Teilchenmodell sind die kleinsten Teilchen eines Reinstoffes untereinander gleich.

Stoffgemische bestehen aus mindestens zwei Reinstoffen. Sie besitzen keine einheitlich gleichbleibenden Eigenschaften. Mithilfe physikalischer Trennmethoden lassen sich die einzelnen Reinstoffe eines Stoffgemischs wieder gewinnen.

Arten von Stoffgemischen und Darstellung im Teilchenmodell

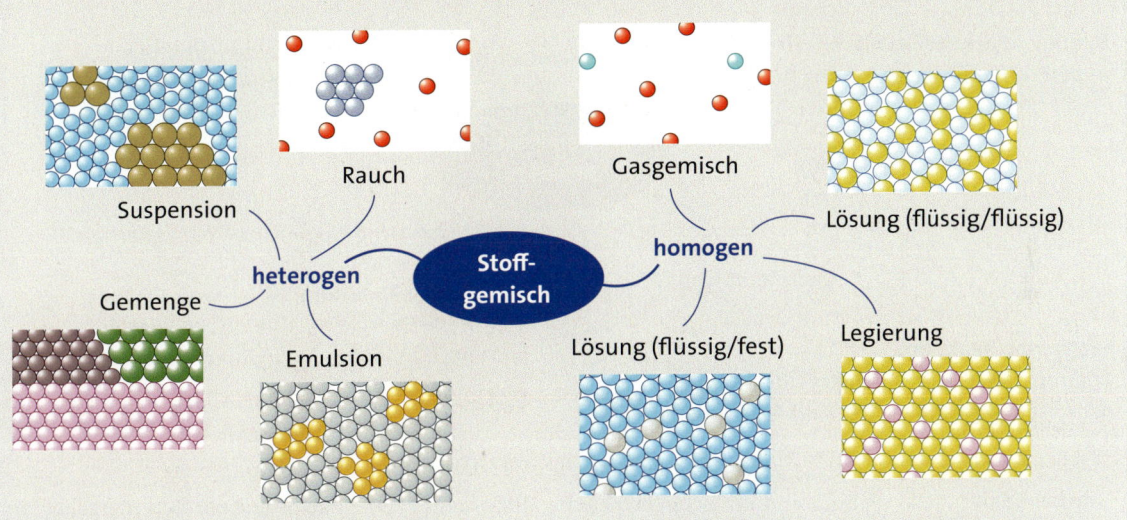

Wasser als Lösemittel

Reines Wasser ist farblos, geruchlos und geschmacksfrei. Es siedet bei Normaldruck bei 100 °C und erstarrt bei 0 °C. Wasser ist ein gutes Lösemittel für viele feste Stoffe, Flüssigkeiten und Gase. Die dabei gebildeten homogenen Stoffgemische nennt man (wässrige) Lösungen.

Wässrige Lösungen können sauer, neutral oder alkalisch sein. Zur Unterscheidung dienen Indikatoren wie Universalindikator, Lackmus, Bromthymolblau oder Phenolphthalein, die eine typische Farbänderung bewirken. Zur genauen Kennzeichnung wird der pH-Wert verwendet.

pH-Wert: 0 1 2 3 4 5 6 7 8 9 10 11 12 13 14

Farbe des Universalindikators: sauer — neutral — alkalisch

Indikator	Farbe der Lösung		
	sauer	neutral	alkalisch
Lackmus	rot	violett	blau
Bromthymolblau	gelb	grün	blau
Phenolphthalein	farblos	farblos	rot-violett

Chemische Reaktion

Bei chemischen Reaktionen werden durch Stoffumwandlung aus Ausgangsstoffen Reaktionsprodukte mit anderen Eigenschaften gebildet. Chemische Reaktionen sind immer auch von Energieumwandlungen begleitet. Bei einer exothermen Reaktion wird Energie, z. B. als Wärme, freigesetzt. Die Reaktion muss zum Auslösen aktiviert werden. Die dafür notwendige Energie ist die Aktivierungsenergie. Endotherme Reaktionen müssen zum Ablaufen Energie (meist Wärme) aus der Umgebung aufnehmen.

$$m(\text{Ausgangsstoffe}) = m(\text{Reaktionsprodukte})$$

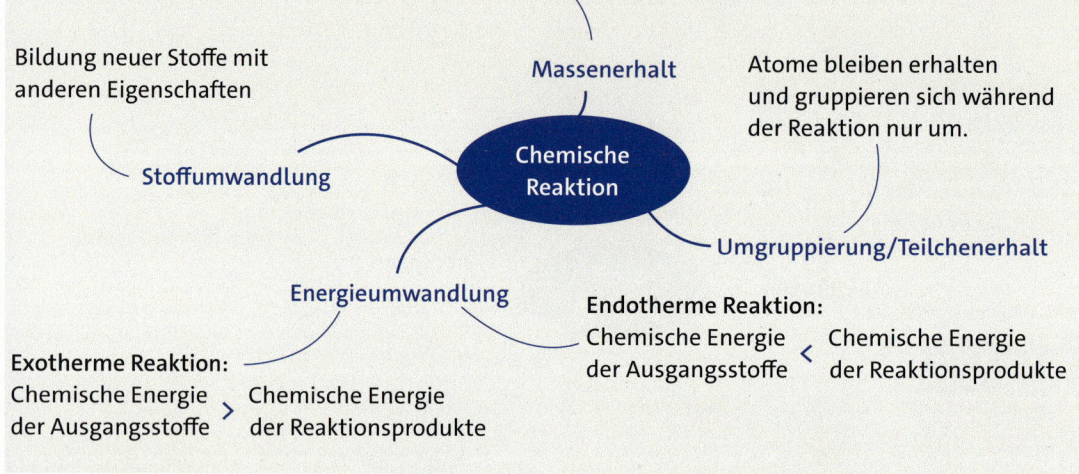

Bildung neuer Stoffe mit anderen Eigenschaften

Stoffumwandlung

Massenerhalt

Atome bleiben erhalten und gruppieren sich während der Reaktion nur um.

Chemische Reaktion

Umgruppierung/Teilchenerhalt

Energieumwandlung

Endotherme Reaktion:
Chemische Energie der Ausgangsstoffe $<$ Chemische Energie der Reaktionsprodukte

Exotherme Reaktion:
Chemische Energie der Ausgangsstoffe $>$ Chemische Energie der Reaktionsprodukte

Atommodell von DALTON

Atome sind unvorstellbar kleine, nicht weiter zerlegbare Teilchen. Sie unterscheiden sich in ihrer Masse und in ihrem Volumen voneinander.
Die Atommasse m_a wird in der atomaren Masseneinheit unit (u) angeben. Ein 1 u entspricht ungefähr der Masse eines Wasserstoffatoms.
$1\ u = 1{,}661 \cdot 10^{-24}\,g$

Chemische Elemente und Verbindungen

Chemische Elemente sind Stoffe, die nur aus Atomen einer Art aufgebaut sind. So enthält das Element Silber nur Silberatome und das Element Schwefel nur Schwefelatome. Chemische Elemente können durch chemische Reaktion nicht weiter zerlegt werden.
Chemische Verbindungen sind Stoffe, die aus mindestens zwei verschiedenen Atomsorten aufgebaut sind. So enthält die chemische Verbindung Eisensulfid sowohl Eisen- als auch Schwefelatome.
Sie entstehen durch chemische Reaktion z. B. aus den Elementen (Synthese) oder können durch chemische Reaktion auch wieder in diese zerlegt werden (Analyse).

Chemische Zeichen

Elementsymbol	Verhältnisformel	Molekülformel
Chemisches Zeichen, das ein Element oder ein Atom dieses Elements kennzeichnet	Chemisches Zeichen, das das kleinstmögliche Anzahlverhältnis der in der Verbindung gebundenen Atome wiedergibt	Chemisches Zeichen, das die genaue Zusammensetzung eines Moleküls der Verbindung wiedergibt
Natrium: Na	Natriumchlorid: NaCl	Wasser: H_2O

Darstellung einer chemischen Reaktion	**Chemische Reaktionen** können durch ein Reaktionsschema oder eine Reaktionsgleichung dargestellt werden. Aus dem Reaktionsschema sind Ausgangsstoffe und Reaktionsprodukte erkennbar. Mithilfe der Reaktionsgleichung lassen sich quantitative Aussagen zum Teilchenumsatz und zur Zusammensetzung der beteiligten Stoffe treffen. Aggregatzustand der Stoffe (s: fest, l: flüssig, g: gasförmig) und energetischer Verlauf der Reaktion (exotherm, endotherm) können im Reaktionsschema bzw. in der Reaktionsgleichung berücksichtigt werden.

Zum **Aufstellen einer Reaktionsgleichung** müssen bestimmte Regeln beachtet werden. So dürfen die in der Reaktionsgleichung verwendeten chemischen Zeichen (Elementsymbole, Verhältnisformeln bzw. Molekülformeln) nicht verändert werden. Auch muss die Anzahl der Atome der beteiligten Elemente auf beiden Seiten des Reaktionspfeils immer gleich sein.

$$\text{Magnesium (s)} + \text{Sauerstoff (g)} \longrightarrow \text{Magnesiumoxid (s)} \mid \text{exotherm}$$
$$2 \, \text{Mg (s)} \quad\quad + \text{O}_2 \, \text{(g)} \quad \longrightarrow 2 \, \text{MgO (s)} \quad\quad \mid \text{exotherm}$$

Nachweisreaktionen

	Glimmspanprobe	Kalkwasserprobe	Wassernachweis	Knallgasprobe
nachzuweisender Stoff	Sauerstoff	Kohlenstoffdioxid	Wasser	Wasserstoff
Nachweis	Aufflammen eines glimmenden Holzspans in Sauerstoff	Weiße Trübung beim Einleiten von Kohlenstoffdioxid in Kalkwasser	Blaufärbung von weißem Kupfersulfat bei Berührung mit Wasser	Knallendes/ ploppendes Geräusch beim Zünden von Wasserstoff/ Wasserstoff-Luft-Gemischen

Reaktionen mit Sauerstoffübertragung	Sauerstoffübertragungsreaktionen sind chemische Reaktionen, bei denen der in einem Oxid gebundene Sauerstoff auf ein Metall oder Nichtmetall übertragen wird. Bei Sauerstoffübertragungsreaktionen laufen Sauerstoffabgabe (Oxidzerlegung) und Sauerstoffaufnahme (Oxidbildung) gleichzeitig ab.

Sauerstoffabgabe

$$\text{Kupferoxid (s)} + \text{Eisen (s)} \longrightarrow \text{Kupfer (s)} + \text{Eisenoxid (s)} \mid \text{exotherm}$$

Sauerstoffaufnahme

Sauerstoffaffinitätsreihe der Metalle	In der Sauerstoffaffinitätsreihe sind die Metalle nach ihrem Bestreben mit Sauerstoff zu reagieren angeordnet. Je weiter links ein Metall steht, desto größer ist seine Affinität zu Sauerstoff und desto stabiler ist das bei dieser Reaktion gebildete Oxid. Mithilfe der Sauerstoffaffinitätsreihe können Sauerstoffübertragungsreaktionen abgeschätzt werden. Das Oxid eines Metalls reagiert nur mit den in der Reihe weiter links angeordneten, unedleren Metallen.

Unedle Metalle   **Edle Metalle**

Natrium   Magnesium   Aluminium   Zink   Eisen   Kupfer   Silber   Gold

Quantitative

Betrachtungen

Nicht nur bei der Roheisenherstellung in den Hochöfen von Thyssen-Krupp in Duisburg-Bruckhausen müssen die Reaktionspartner bei allen chemischen Reaktionen in genau bestimmten Verhältnissen miteinander reagieren. Auch im Zylinder eines Autos müssen der Kraftstoff und das Luftgemisch in einem ganz bestimmten Verhältnis stehen, um eine möglichst effiziente Verbrennung zu erreichen. Nicht nur das exakte Abwägen, sondern auch Berechnungen gehören daher zum Alltag von Laborantinnen und Laboranten.

Stoffmenge und molare Masse

Könnte man alle Sandkörner zählen, aus denen der Strand besteht, würde man eine unvorstellbar große Anzahl erhalten. Ein Sandkorn allein enthält aber trotzdem immer noch mehr Teilchen als der gesamte Strand an Sandkörnern.

1 Unzählige Sandkörner bilden den Sandstrand auf dem Darß (Ostsee).

> **!** **Avogadro-Konstante N_A**
>
> $N_A = 6{,}022 \cdot 10^{23} \frac{1}{\text{mol}}$

Formeln zur Berechnung:

$N = N_A \cdot n \qquad n = \dfrac{N}{N_A}$

Beispiel:
Berechnung der Teilchenanzahl in 1,5 mol Kupfer

$N(\text{Kupferatome}) = N_A \cdot n(\text{Kupfer})$
$= 6 \cdot 10^{23} \frac{1}{\text{mol}} \cdot 1{,}5 \, \text{mol}$
$= 9 \cdot 10^{23}$

2 Zusammenhang zwischen Teilchenanzahl N und Stoffmenge n einer Stoffportion

Schon gewusst?
Die **Stoffmengenkonzentration** c gibt an, wie viele Teilchen eines Stoffes in einem Liter Lösung gelöst sind (▸ S. 133).

$c = \dfrac{n}{V}$ \qquad Einheit: $1 \frac{\text{mol}}{\text{l}}$

Teilchenanzahl und Stoffmenge Aus der Reaktionsgleichung für die Bildung eines Kupfersulfids (Cu_2S) aus Kupfer und Schwefel lässt sich ableiten, dass jeweils zwei Atome Kupfer und ein Atom Schwefel zu einer Baueinheit Kupfersulfid reagieren.

$2\,Cu\,(s) + S\,(s) \longrightarrow Cu_2S\,(s)$ | exotherm

Im Experiment reagieren aber immer Stoffportionen, z. B. 15,9 g Kupfer mit 4 g Schwefel. Diese Stoffportionen bestehen – genauso wie ein Sandkorn – aus einer unvorstellbar großen Anzahl Teilchen. So bestehen 15,9 g Kupfer aus $1{,}5 \cdot 10^{23}$ Kupferatomen (das sind 150 Trilliarden Kupferatome) und 4 g Schwefel aus $7{,}5 \cdot 10^{22}$ Schwefelatomen (75 Trilliarden Schwefelatome).

Um mit so großen Teilchenanzahlen sinnvoll arbeiten zu können, wurde eine neue Basisgröße eingeführt: die **Stoffmenge n**. Die Einheit für die Stoffmenge ist das **Mol**, das Zeichen für die Einheit **mol**. Ähnlich wie man 50 kg Getreide zu einem Zentner Getreide zusammenfasst, so fasst man in der Chemie $6 \cdot 10^{23}$ (600 Trilliarden) Teilchen zu einem Mol Teilchen zusammen. Der exakte Wert ergibt sich aus der **Avogadro-Konstante N_A**, mit der man die Teilchenanzahl errechnen kann (▸ 2).

Die Stoffmenge ist eine physikalische Größe für alle Teilchenarten. Das können z. B. Atome oder Moleküle, aber auch Protonen oder Elektronen sein. Deshalb muss hinter dem Formelzeichen n immer das chemische Zeichen für die Teilchenart angegeben werden.

> Die Stoffmenge n(Stoffportion) = 1 mol gibt an, dass diese Stoffportion aus etwa $6 \cdot 10^{23}$ gleichartigen Teilchen besteht.

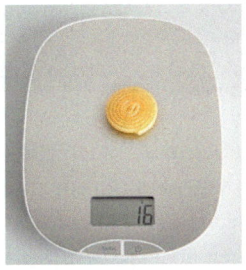  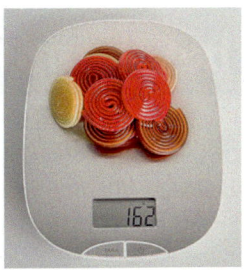

3 Eine Schnecke wiegt 16 g, fünf 80 g und zehn 162 g.

Statt alle Gummischnecken einzeln zu zählen, kann man diese auch einfach wiegen. Weiß man, was eine Schnecke wiegt, dann kann man ganz leicht bestimmen, was fünf Schnecken wiegen oder wie viele Schnecken 162 g wiegen. Wenn eine Schnecke 16 g wiegt, dann wiegen fünf Schnecken fünfmal so viel, also 80 g. Diese Proportionalität zwischen Anzahl und Masse gilt auch für die Teilchen, aus denen Stoffe bestehen.

Masse und Stoffmenge von Stoffportionen Wird die Masse einer Stoffportion, z. B. von Silber, verdoppelt bzw. halbiert, so verdoppelt bzw. halbiert sich auch deren Stoffmenge (▶4). Aus dem Diagramm ist ableitbar: Zwischen der Masse m und der Stoffmenge n einer Stoffportion besteht eine proportionale Zuordnung $m \sim n$.
Der Proportionalitätsfaktor ergibt sich als Quotient zwischen Masse und Stoffmenge der Stoffportion. Dieser Quotient ist eine Konstante, die **molare Masse**. Das Zeichen für die molare Masse ist M, die Einheit $1\,\frac{g}{mol}$.

$$M(\text{Stoff}) = \frac{m(\text{Stoffportion})}{n(\text{Stoffportion})} \quad \text{Einheit: } 1\,\frac{g}{mol}$$

Die molare Masse einer Verbindung ist die Summe der molaren Massen der beteiligten Elemente. Sie kann bei Kenntnis der chemischen Formel ermittelt werden (▶6). Bei Elementen entspricht die molare Masse in $\frac{g}{mol}$ der Atommasse m_a in u.
Masse und Stoffmenge einer Stoffportion können einen beliebigen Wert besitzen. Die molare Masse ist dagegen von der Stoffportion unabhängig, sie nimmt für den Stoff einen charakteristischen Wert an.

Die molare Masse eines Stoffes ist der Quotient aus der Masse einer Stoffportion und ihrer Stoffmenge. Die Einheit ist $1\,\frac{g}{mol}$.

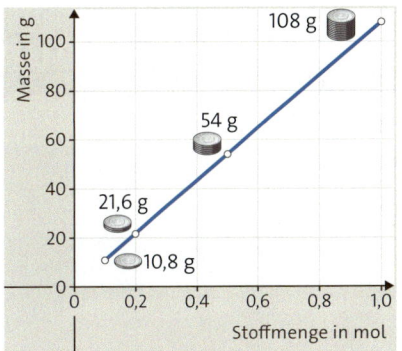

4 Massen und Stoffmengen sind proportional.

Stoff	M in $\frac{g}{mol}$
Eisen	56
Kohlenstoff	12
Kohlenstoffdioxid	44
Sauerstoff (O_2)	32
Sauerstoffatom (1 O)	16
Schwefel	32
Silber	108
Silbersulfid	140
Wasserstoff (H_2)	2
Wasserstoffatom (1 H)	1

5 Molare Masse M einiger Stoffe

Formel Rohrzucker $C_{12}H_{22}O_{11}$
$M(C_{12}H_{22}O_{11}) = 12 \cdot M(1\,C)$
$+ 22 \cdot M(1\,H) + 11 \cdot M(1\,O)$

$M(C_{12}H_{22}O_{11}) = 12 \cdot 12\,\frac{g}{mol}$
$+ 22 \cdot 1\,\frac{g}{mol} + 11 \cdot 16\,\frac{g}{mol}$

$M(C_{12}H_{22}O_{11}) = 342\,\frac{g}{mol}$

6 Berechnung der molaren Masse von Rohrzucker

Aufgaben

1 Bestimme die Stoffmenge aus der Teilchenanzahl:
 a $N(Mg) = 1,2 \cdot 10^{23}$ **c** $N(Cl_2) = 1,5 \cdot 10^{23}$
 b $N(SO_2) = 4,5 \cdot 10^{24}$

2 Berechne die Teilchenanzahl aus der Stoffmenge:
 a $n(H_2O) = 3\,mol$ **c** $n(Cu_2S) = 4,25\,mmol$
 b $n(O_2) = 0,02\,mol$

3 Bestimme jeweils die molare Masse:
 a Kohlenstoffmonooxid (CO)
 b Silberoxid (Ag_2O)
 c Eisen(III)-oxid (Fe_2O_3)
 d Ethanol (C_2H_6O)

Massenberechnung bei chemischen Reaktionen

1 Einpudern mit Magnesia (Magnesiumoxid)

Quantitative Aussagen aus einer Reaktionsgleichung Aus der Reaktionsgleichung für die Reaktion von Magnesium mit Sauerstoff lassen sich quantitative Aussagen über die kleinstmögliche Anzahl der reagierenden Teilchen und deren Anzahlverhältnis sowie Aussagen über die Stoffmengen aller Stoffe und das Stoffmengenverhältnis der Stoffe untereinander ableiten.

2 Mg (s)	+ O_2 (g)	$\longrightarrow$ 2 MgO (s) | exotherm
$2 \cdot 6 \cdot 10^{23}$ Magnesiumatome	+ $1 \cdot 6 \cdot 10^{23}$ Sauerstoffmoleküle	$\longrightarrow$ $2 \cdot 6 \cdot 10^{23}$ Magnesiumoxidbaueinheiten
2 mol Magnesium	+ 1 mol Sauerstoff	$\longrightarrow$ 2 mol Magnesiumoxid

Teilchenanzahlverhältnis:
$N(Mg) : N(O_2) : N(MgO) = 2 : 1 : 2$

Stoffmengenverhältnis:
$n(Mg) : n(O_2) : n(MgO) = 2 : 1 : 2$

Berechnung der Massen von Reaktionspartnern chemischer Reaktionen Um zu berechnen, welche Masse an Magnesium verbrannt werden müsste, um z. B. 60 g Magnesiumoxid zu erhalten, könnte das Massenverhältnis der reagierenden Stoffe durch Vorversuche experimentell ermittelt werden. Diese Ermittlung ist aber meist sehr aufwendig und ungenau.

Da die Massenverhältnisse der Stoffe bei einer chemischen Reaktion nach dem Gesetz der konstanten Massenverhältnisse stets gleich sind, lassen sich aber bei bekannter Reaktionsgleichung die Massen der einzelnen Stoffe aus den bekannten Größengleichungen berechnen (Schrittfolge Massenberechnung, ▸ S. 15).

Aufgabe

1 Ein Kupferblech mit der Masse 12,7 g wird mit dem Gasbrenner erhitzt. Dabei entsteht rotes Kupferoxid (Cu_2O).

   a Formuliere die vollständige Reaktionsgleichung zur Bildung von rotem Kupferoxid aus den Elementen.

   b Berechne die Stoffmenge an Kupfer und gib die Anzahl der Kupferatome in der Stoffportion an.

   c Berechne die Masse an Kupferoxid, die bei der vollständigen Umsetzung des Kupfers entsteht.

Aufgabe: Berechne die Masse an Magnesium, die für die Herstellung von 60 g Magnesiumoxid aus den Elementen benötigt wird.

Gegeben: $m(MgO) = 60$ g
$M(Mg) = 24 \frac{g}{mol}$
$M(MgO) = 40 \frac{g}{mol}$

Gesucht: $m(Mg)$

Reaktionsgleichung: 2 Mg (s) + O_2 (g) $\longrightarrow$ 2 MgO (s) \| exotherm

Lösung: $n(MgO) = \dfrac{m(MgO)}{M(MgO)} = \dfrac{60\ g}{40\ \frac{g}{mol}} = 1{,}5$ mol

Stoffmengenverhältnis: $n(MgO) : n(Mg) = 2 : 2 = 1 : 1$
$n(MgO) = n(Mg) = 1{,}5$ mol
$m(Mg) = n(Mg) \cdot M(Mg) = 1{,}5$ mol $\cdot\ 24 \frac{g}{mol} = 36$ g

Antwort: Zur Herstellung von 60 g Magnesiumoxid werden 36 g Magnesium benötigt.

Berechnen von Massen bei chemischen Reaktionen

Die Berechnung von Massen der reagierenden bzw. entstehenden Stoffe bei chemischen Reaktionen kann unter Verwendung von Größengleichungen nach einer Schrittfolge erfolgen.

In einer Zinksalbe zur Wundbehandlung sind 10 g Zinkoxid enthalten. Berechne die Masse an Zink, die zur Herstellung der benötigten Masse Zinkoxid erforderlich war.

1 **Analysiere die Aufgabenstellung.**
Erfasse die gesuchten und gegebenen Größen. Ermittle die benötigten molaren Massen mithilfe eines Tabellenwerks.

> Gegeben: $m(\text{ZnO}) = 10\,\text{g}$
> $\qquad\quad M(\text{ZnO}) = 81\,\frac{\text{g}}{\text{mol}}$
> $\qquad\quad M(\text{Zn})\ \ = 65\,\frac{\text{g}}{\text{mol}}$
> Gesucht: $m(\text{Zn})$

2 **Entwickle die Reaktionsgleichung.**

> $2\,\text{Zn (s)} + \text{O}_2\,\text{(g)} \longrightarrow 2\,\text{ZnO (s)}$

3 **Berechne die Stoffmenge der gegebenen Stoffportion mithilfe der entsprechenden Größengleichung.**

$$n(\text{Stoffportion}) = \frac{m(\text{Stoffportion})}{M(\text{Stoff})}$$

> $n(\text{ZnO}) = \dfrac{m(\text{ZnO})}{M(\text{ZnO})} = \dfrac{10\,\text{g}}{81\,\frac{\text{g}}{\text{mol}}}$
> $n(\text{ZnO}) = 0{,}123\,\text{mol}$

4 **Ermittle aus dem Stoffmengenverhältnis der Reaktion die Stoffmenge des gesuchten Stoffes.**
Mithilfe der stöchiometrischen Faktoren der chemischen Zeichen in einer Reaktionsgleichung kann das Stoffmengenverhältnis zweier Stoffe in einer Reaktion gebildet werden.

> $n(\text{ZnO}) : n(\text{Zn}) = 2 : 2 = 1 : 1$
> Daraus folgt:
> $n(\text{Zn}) = n(\text{ZnO}) = 0{,}123\,\text{mol}$

5 **Berechne die gesuchte Masse mit der entsprechenden Größengleichung und führe eine Einheitenkontrolle durch.**
$m(\text{Stoffportion}) = n(\text{Stoffportion}) \cdot M(\text{Stoff})$

> $m(\text{Zn}) = n(\text{Zn}) \cdot M(\text{Zn})$
> $m(\text{Zn}) = 0{,}123\,\text{mol} \cdot 65\,\frac{\text{g}}{\text{mol}}$
> $m(\text{Zn}) = 8{,}0\,\text{g}$

6 **Formuliere einen aussagekräftigen Antwortsatz.**

> Für die Herstellung von 10 g Zinkoxid ist eine Masse von 8 g Zink erforderlich.

Molares Volumen

Sind bei einer chemischen Reaktion Gase beteiligt, z. B. das Entstehen von Sauerstoff bei der Thermolyse von Silberoxid, können häufig nur quantitative Aussagen über die Reaktion mithilfe der Gasvolumina getroffen werden. Die Masse der Gasportion ist hingegen nur schwer zu bestimmen.

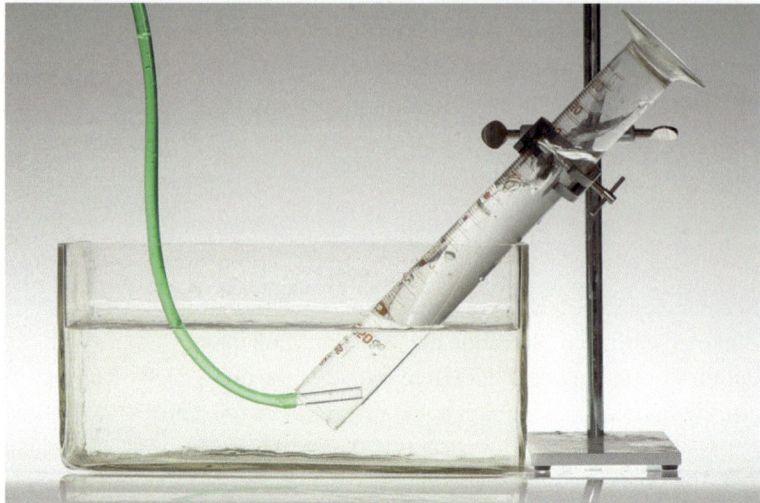

1 Auffangen eines Gases bei einer chemischen Reaktion

Dichte und molare Masse von Gasen Im Gegensatz zu Flüssigkeiten oder festen Stoffen nehmen die Teilchen eines Gases einen sehr viel größeren Raum ein. Die Abstände zwischen den Teilchen sind sehr groß. So entstehen aus 100 ml Wasser beim Verdampfen ca. 170 l Wasserdampf. Gase haben deshalb auch eine deutlich geringere Dichte als Flüssigkeiten oder feste Stoffe.

Trägt man die molare Masse einiger Gase über ihrer Dichte ab, kann man zudem feststellen, dass die Punkte alle auf einer gemeinsamen Geraden liegen, die durch den Ursprung verläuft (▸ 2). Die Größen molare Masse und Dichte sind bei Gasen proportional zueinander.

2 Dichte und molare Masse der Gase sind proportional zueinander.

Molares Volumen und Satz von AVOGADRO Was hat das zu bedeuten? Im Diagramm wurde die molare Masse, d. h. die Masse einer Gasportion mit genau 1 mol Teilchen, gegen die Dichte, d. h. die Masse einer Gasportion mit genau 1 Liter Volumen, aufgetragen. Bildet man daraus den Quotienten, erhält man das Volumen einer Gasportion, die genau 1 mol Teilchen enthält. Er ist für die meisten Gase annähernd gleich und wird **molares Volumen V_m** genannt (▸ 3). Der Wert beträgt für 0 °C und 1013 hPa 22,4 $\frac{l}{mol}$. Man kann daraus ableiten, dass gleiche Volumina verschiedener Gase bei gleichem Druck und gleicher Temperatur gleich viele Teilchen enthalten. Diese Aussage wurde schon Anfang des 19. Jh.s von AMEDEO AVOGADRO aufgestellt und wird **Satz von AVOGADRO** genannt. Umgekehrt bedeutet dies aber auch, dass gleiche Stoffportionen verschiedener Gase unter gleichen Bedingungen das gleiche Volumen einnehmen.

> Das molare Volumen V_m aller Gase beträgt unter Normbedingungen 22,4 $\frac{l}{mol}$.

Stoff	ϱ in $\frac{g}{l}$	M in $\frac{g}{mol}$	V_m in $\frac{l}{mol}$
Wasserstoff	0,08988	2,016	22,4
Sauerstoff	1,429	31,998	22,4
Stickstoff	1,251	28,014	22,4
Kohlenstoffdioxid	1,9767	44,008	22,3
Methan	0,716	16,042	22,4
Helium	0,1786	4,003	22,4
Chlorwasserstoff	1,639	36,5	22,3

3 Dichte und molare Masse einiger Gase (Dichte bei 0 °C/ 1013 hPa)

Temperaturveränderung und molares Volumen Gasportionen unterschiedlicher Stoffe verhalten sich bei Temperatur- und Druckveränderung alle gleich.

Bei Normbedingungen besitzt 1 mol eines Gases ein Volumen von ca. 22,4 Litern. Erhöht man nun die Temperatur auf 20 °C, so nehmen 1 mol Gasteilchen ein Volumen von ca. 24 Litern ein. Für Reaktionen bei Raumtemperatur verwendet man deshalb $V_m = 24 \frac{l}{mol}$.

Volumenberechnungen bei chemischen Reaktionen Grundsätzlich lässt sich bei Gasen das Volumen leichter bestimmen als deren Masse. Für Berechnungen wird der bestehende Zusammenhang zwischen der Stoffmenge (oft aus der Masse bestimmt) eines Stoffes und dem Volumen eines anderen Stoffes genutzt.

Aus der Reaktionsgleichung der Thermolyse von Silberoxid wird ersichtlich, dass sich bei einer Verdopplung der Stoffmenge des Ausgangstoffs Silberoxid auch die Stoffmenge des erhaltenen Sauerstoffs verdoppelt. So entstehen beim Einsatz von 2 mol Silberoxid 1 mol Sauerstoff und bei 4 mol Silberoxid 2 mol Sauerstoff. Mithilfe des molaren Volumens lässt sich daraus das Volumen des Sauerstoffs ermitteln.

$$2\ Ag_2O \longrightarrow 4\ Ag + O_2\ |\ endotherm$$

4 Amedeo Avogadro (1776–1856), italienischer Physiker

$$V_m = \frac{V(\text{Stoffportion})}{n(\text{Stoffportion})}$$
$$V(\text{Stoffport.}) = n(\text{Stoffport.}) \cdot V_m$$
$$n(\text{Stoffportion}) = \frac{V(\text{Stoffportion})}{V_m}$$

5 Das molare Volumen von Gasen

Aufgabe: Bei der thermischen Zersetzung von schwarzem Bleioxid (PbO_2) entsteht bei ca. 560 °C rotes Bleioxid (PbO) und elementarer Sauerstoff. Berechne das Volumen an Sauerstoff bei Raumtemperatur, das bei der thermischen Zersetzung von 9,56 kg Bleioxid entsteht.

Gegeben: $m(PbO_2) = 9,56\ kg = 9\,560\ g$ **Gesucht:** $V(O_2)$
$M(PbO_2) = 239 \frac{g}{mol}$
$V_m = 24 \frac{l}{mol}$

Lösung:

1. Aufstellen der Reaktionsgleichung:
$$2\ PbO_2\ (s) \longrightarrow 2\ PbO\ (s) + 1\ O_2\ (g)\ |\ endotherm$$

2. Ableiten des Stoffmengenverhältnisses aus der Reaktionsgleichung:
Aus 2 mol Bleioxid entstehen 1 mol Sauerstoff, daraus folgt:
$n(O_2) = 1/2 \cdot n(PbO_2)$

3. Berechnen der Stoffmengen:
$$n(PbO_2) = \frac{m(PbO_2)}{M(PbO_2)} = \frac{9\,560\ g}{239 \frac{g}{mol}} = 40\ mol$$
$n(O_2) = 1/2 \cdot n(PbO_2) = 1/2 \cdot 40\ mol = 20\ mol$

4. Berechnen des Volumens an Sauerstoff:
$V(O_2) = n(O_2) \cdot V_m = 20\ mol \cdot 24 \frac{l}{mol} = 480\ l$

Antwort: Bei der Thermolyse von 9,56 kg Bleioxid (PbO_2) entstehen 480 Liter elementarer Sauerstoff.

Aufgaben

1 Berechne aus der Stoffmenge das jeweilige Volumen und die Masse der Gasportion (unter Normbedingungen):
  a $n(NH_3) = 2,5\ mol$
  b $n(CO_2) = 0,2\ mol$
  c $n(O_2) = 0,6\ mol$

2 Berechne das Volumen oder die Masse der Gasportion (unter Normbedingungen):
  a $m(SO_2) = 1,28\ kg$
  b $V(N_2O_4) = 67,2\ l$

3 Ein Kohlenbrikett mit der Masse 24 g wird an der Luft vollständig verbrannt. Berechne das jeweilige Volumen (bei Raumtemperatur):
  a an entstandenem Kohlenstoffdioxid
  b an benötigtem Sauerstoff

Auf einen Blick

Quantitative Betrachtungen

Stoffmenge	Die Stoffmenge $n = 1$ mol gibt an, dass diese Stoffportion aus etwa $6 \cdot 10^{23}$ gleichartigen Teilchen besteht.
Avogadro-Konstante	Dieser Wert gibt an, wie viele Teilchen in einem Mol eines Stoffes enthalten sind. $$N_A = 6{,}022\,1367 \cdot 10^{23}\,\tfrac{1}{\text{mol}}$$
Molare Masse	Quotient aus der Masse und der Stoffmenge einer Stoffportion. Die Einheit der molaren Masse ist $1\,\tfrac{\text{g}}{\text{mol}}$. Sie ist für jeden Stoff charakteristisch. Die molare Masse eines Stoffes entspricht anschaulich der Masse (in g) einer Stoffportion, in der genau 1 mol Teilchen enthalten ist. Für Elemente kann die molare Masse direkt aus dem Periodensystem abgelesen werden. Der Zahlenwert der molaren Masse in $\tfrac{\text{g}}{\text{mol}}$ entspricht dabei dem Zahlenwert der Atommasse in u. $$M = \frac{m}{n}$$
Satz von Avogadro	Gleiche Volumina aller Gase enthalten bei gleicher Temperatur und gleichem Druck die gleiche Anzahl von Teilchen.
Molares Volumen	Quotient aus dem Volumen und der Stoffmenge einer Stoffportion eines Gases $$V_m = \frac{V}{n}$$ Unter Normbedingungen ($\vartheta = 0\,°\text{C}$ und $p = 1\,013\,\text{hPa}$) beträgt das molare Volumen $V_m \approx 22{,}4\,\tfrac{1}{\text{mol}}$. Bei Raumtemperatur ($\vartheta = 20\,°\text{C}$ und $p = 1\,013\,\text{hPa}$) beträgt das molare Volumen $V_m \approx 24\,\tfrac{1}{\text{mol}}$.
Quantitative Beziehungen zwischen Größen in der Chemie	

Masse m
$m = M \cdot n$

Teilchenanzahl N
$N = n \cdot N_A$

Volumen V
$V = n \cdot V_m$

molare Masse M
$M = \dfrac{m}{n}$

Stoffmenge n
$n = \dfrac{m}{M}\quad n = \dfrac{N}{N_A}\quad n = \dfrac{V}{V_m}$

molares Volumen V_m
$V_m = \dfrac{V}{n}$

Aufgaben

1 Bestimme jeweils die Stoffmenge (für Gase bei Raumtemperatur):

a $N(Al) = 1,8 \cdot 10^{24}$ **b** $N(MgO) = 3,6 \cdot 10^{21}$

c $m(C) = 48\,g$ **d** $m(Ca) = 8\,kg$

e $V(H_2) = 96\,l$ **f** $V(CO_2) = 44,8\,ml$

2 Sand besteht überwiegend aus Siliciumdioxid (SiO_2). Um das für die Computerchips benötigte reine Silicium zu erhalten, wird Siliciumdioxid mit Holzkohle (elementarer Kohlenstoff) umgesetzt, wobei entstehendes Kohlenstoffdioxid entweicht.

a Formuliere die Reaktionsgleichung.

b Bestimme die Masse an Siliciumdioxid, die benötigt wird, um 5,6 kg reines Silicium zu gewinnen.

c Bestimme die Masse an benötigtem Kohlenstoff und das Volumen an Kohlenstoffdioxid bei Raumtemperatur.

3 Chlorwasserstoffgas (HCl) wird aus Wasserstoff und Chlorgas hergestellt.

a Formuliere die Reaktionsgleichung für die Synthese von Chlorwasserstoff aus den Elementen.

b Bestimme mithilfe des Satzes von AVOGADRO und der Reaktionsgleichung das benötigte Volumen an Wasserstoff und das entstehende Volumen an Chlorwasserstoff bei der vollständigen Umsetzung von 24 ml Chlorgas.

c Berechne die Massen aller beteiligten Stoffe bei der vollständigen Umsetzung von 24 ml Chlorgas unter Normbedingungen.

4 Bei der Thermolyse von Silberoxid (Ag_2O) entsteht neben elementarem Silber auch Sauerstoff.

a Formuliere die Reaktionsgleichung.

b Berechne die Masse an Silber, die aus 10 kg Silberoxid gewonnen werden kann.

c Bestimme die Masse und das Volumen des dabei freigesetzten Sauerstoffs bei Raumtemperatur.

5 Bei chemischen Reaktionen ist es interessant, welche Masse an Edukten man einsetzen muss, um eine bestimmte Masse an Produkten zu erhalten, oder welche Masse an Produkten man beim Einsatz einer bestimmten Masse an Edukten erhält. Dazu muss man einige Größen berechnen.

a Bestimme die molaren Massen folgender Verbindungen: Na_2O, Fe_2O_3 und $CaCO_3$.

b Bestimme die Stoffmenge und Teilchenanzahl für folgende Stoffportionen: 12 g Magnesium, 14,4 g Eisenoxid (FeO), 1,068 kg Aluminiumbromid ($AlBr_3$).

c Bestimme die Masse folgender Teilchenportionen: 2 mol Kupferoxid (Cu_2O), 4 mmol Zinkoxid (ZnO), $9 \cdot 10^{23}$ Kupferatome.

6 Der Sportlehrer bittet den Chemielehrer um 2 kg Magnesia (MgO) für den Turnunterricht.

a Formuliere die Reaktionsgleichung zur Bildung von Magnesia aus den Elementen.

b Bestimme die Masse an einzusetzendem Magnesium.

7 Eine Stoffportion von 300 g Magnesium reagiert mit Kohlenstoffdioxid zu Magnesiumoxid und elementarem Kohlenstoff.

a Formuliere die Reaktionsgleichung.

b Berechne die Stoffmenge an Magnesium und die entstehende Masse an Magnesiumoxid.

c Berechne die Masse an einzusetzendem Kohlenstoffdioxid und entstehendem Kohlenstoff bei der Reaktion.

8 In vielen Produkten wird weißes Titanoxid (TiO_2) als Weißpigment eingesetzt.
Berechne die Masse an Titan, die umgesetzt werden muss, um 2 t Titanoxid zu erhalten.

Hilfe zu den Aufgaben findest du auf den Seiten ...			
1	12 ff.	**5**	12 ff.
2	14 ff.	**6**	14 ff.
3	16 ff.	**7**	14 ff.
4	14 ff.	**8**	14 ff.

▶ Die Lösungen findest du im Anhang.

Weitergedacht

Material A: Kalkbrennerei

Seit Tausenden von Jahren wird in Deutschland Kalkstein ($CaCO_3$) abgebaut, um daraus den vielseitigen und unverzichtbaren Branntkalk (CaO) zu gewinnen. Die zu brennenden Kalksteine (ca. 500 kg pro Füllung) werden über dem Gewölbe vorsichtig aufeinandergeschichtet und auf 900 bis 1200 °C erhitzt. Die Feuerung erfolgt durch ein Schürloch und dauert mindestens 100 Stunden. Pro Stunde werden dabei rund 60 kg Kohle gebraucht. Der Ofen ist innen mit Steinen aus Kalk gemauert und außen mit Erde umgeben, damit der Ofen dem Druck des Füllmaterials standhält. Bei diesem Vorgang entweicht Kohlenstoffdioxid, wobei Branntkalk entsteht.

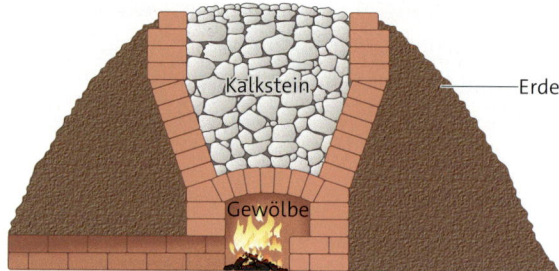

A1 Schema eines historischen Kalkofens

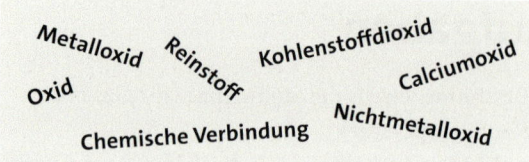

Metalloxid Reinstoff Kohlenstoffdioxid
Oxid Calciumoxid
Chemische Verbindung Nichtmetalloxid

A2 Ein wahres Begriffschaos

1 Im Text und in der Abbildung ist die historische Branntkalkherstellung beschrieben (▸ **A1**).
 a Formuliere die Reaktionsgleichung für die Herstellung von Branntkalk (CaO).
 b Berechne die Masse an Branntkalk (CaO), die bei einem Ofengang entsteht.
 c Berechne die Gesamtmasse und das vollständige Volumen (unter Normbedingungen) an freigesetztem Kohlenstoffdioxid bei einem Ofengang.

2 Nenne jeweils eine Möglichkeit, wie die beiden Produkte auch gebildet werden können. Formuliere dazu jeweils eine Reaktionsgleichung.

3 Ordne das Begriffschaos (▸ **A2**), indem du sinnvolle Beziehungen zwischen den Begriffen herstellst und diese erläuterst.

Material B: Raketentreibstoff

Die Messenger-Sonde, die u. a. zum Planeten Merkur flog, wird über kleine Raketenmotoren gesteuert. Als Treibstoff dienen flüssiges Hydrazin (N_2H_4) und gasförmiges Distickstofftetraoxid (N_2O_4), die bei Kontakt sofort reagieren. Der Treibstoff setzt sich dabei in elementaren Stickstoff und Wasserdampf um. Die gasförmigen Reaktionsprodukte sorgen für den notwendigen Schub.

Bei einer Gesamtmasse von 1 093 kg der Messenger-Sonde entfielen alleine 609 kg auf den mitgeführten Treibstoff.

1 Hydrazin ist sehr giftig. Der Vorteil der guten Lagerfähigkeit macht ihn zurzeit aber noch unentbehrlich.
 a Formuliere die vollständige Reaktionsgleichung mit allen Angaben zur Umsetzung von Hydrazin (N_2H_4) mit Distickstofftetraoxid (N_2O_4).
 b Bestimme das Volumen an Stickstoff (unter Normbedingungen), das bei der Umsetzung von 320 kg Hydrazin entsteht.
 c Ermittle aus dem Stoffmengenverhältnis der Reaktion die Masse an Hydrazin im Treibstoff der Messenger-Sonde.

■ Material C: Schülermeinungen

Im Chemieunterricht gab es bei der Berechnung von Massen und Stoffmengen ein Streitgespräch, bei dem u. a. folgende Schülermeinungen geäußert wurden:

> Stoffportionen unterschiedlicher Elemente mit einer Masse von $m = 1$ g enthalten bei gleichen Bedingungen immer 1 mol Atome. **1**

> Stoffportionen unterschiedlicher Elemente mit einer Masse von $m = 1$ g enthalten bei gleichen Bedingungen immer die gleiche Anzahl von Atomen. **2**

n = Stoffmenge in mol

N = Teilchenanzahl

$1 \text{ mol} = 6 \cdot 10^{23}$ Teilchen

> **3** Stoffportionen unterschiedlicher Elemente mit einer Stoffmenge von $n = 1$ mol enthalten bei gleichen Bedingungen immer die gleiche Anzahl von Atomen.

> **4** Stoffportionen unterschiedlicher Elemente mit einer Stoffmenge von $n = 1$ mol enthalten bei gleichen Bedingungen immer die gleiche Teilchenanzahl wie 12 g Kohlenstoff.

C1 Schülermeinungen zu quantitativen Beziehungen in der Chemie

1 Finde die richtige(n) Meinung(en) heraus und begründe sie (▶ **C1**).

2 Begründe, warum unterschiedliche Stoffproben eines Stoffes, z. B. von Eisen, immer eine unterschiedliche Masse besitzen, aber der Stoff Eisen immer die gleiche molare Masse besitzt.

3 Erläutere die Zusammenhänge zwischen Masse, molarer Masse und Stoffmenge.

- -

■ Material D: Lachgas

Lachgas (Distickstoffmonooxid, N_2O) wurde früher als Narkosemittel eingesetzt. Heute dient es als Treibgas, z. B. in Sprühflaschen zur Schlagsahneherstellung. Mithilfe von Wertetabellen lässt sich ermitteln, welche Massen an Stickstoff, Sauerstoff und Distickstoffmonooxid bei der Herstellung von Lachgas umgesetzt werden.

$m(N_2)$	7 g	?	28 g	?	?
$m(O_2)$	?	8 g	?	32 g	?
$m(N_2O)$	?	?	?	88 g	176 g

D1 Ermittelte Massen bei der Herstellung von Lachgas aus verschiedenen Experimenten

1 Übertrage die Tabelle (▶ **D1**) in dein Heft und vervollständige sie. Stelle das kleinste ganzzahlige Massenverhältnis fest.
$m(N_2) : m(O_2) : m(N_2O) = \ldots : \ldots : \ldots$

2 Stelle die vollständigen Angaben aus der Tabelle (▶ **D1**) grafisch in einem Koordinatensystem dar [x-Achse: $m(N_2)$; y-Achse: $m(N_2O)$].
   a Kennzeichne die zusammengehörigen Paare als Punkte im Koordinatensystem und verbinde die Punkte mit einem Lineal.
   b Ermittle mithilfe dieses Koordinatensystems die erforderlichen Massen Stickstoff zur Herstellung von 20 g, 34 g und 50 g Lachgas.

3 Ermittle mithilfe dieses Koordinatensystems die erforderlichen Massen Sauerstoff, die benötigt werden, wenn 4 g, 10 g und 30 g Stickstoff reagieren. Überprüfe die Ergebnisse rechnerisch mithilfe der entsprechenden Größengleichungen.

Elementfamilien

Die Elemente unterscheiden sich in vielen ihrer Eigenschaften: Helium wird aufgrund seiner geringen Dichte zur Füllung von Luftballons genutzt, Chlor kommt wegen seiner Reaktivität als Desinfektionsmittel im Schwimmbad zum Einsatz und Magnesium schützt die scharfe Stahlklinge im Bleistiftanspitzer vor Korrosion – auch wird es neben anderen Metallen in Feuerwerkskörpern verwendet.

Und doch gibt es Gemeinsamkeiten, sodass sie zu Elementfamilien zusammengefasst werden.

Eigenschaften von Alkali- und Erdalkalimetallen

Exp. 1 — Verhalten von Natriumchlorid (Kochsalz) in der Brennerflamme

Vorsicht! Spritzgefahr! Tauche ein Magnesiastäbchen in 35%ige Salzsäure (GHS05|07). Erhitze es in der nicht leuchtenden Brennerflamme bis zum Glühen. Tauche das Stäbchen anschließend in Natriumchlorid, sodass etwas davon am Stäbchen haftet. Halte das Stäbchen erneut in die nicht leuchtende Brennerflamme.

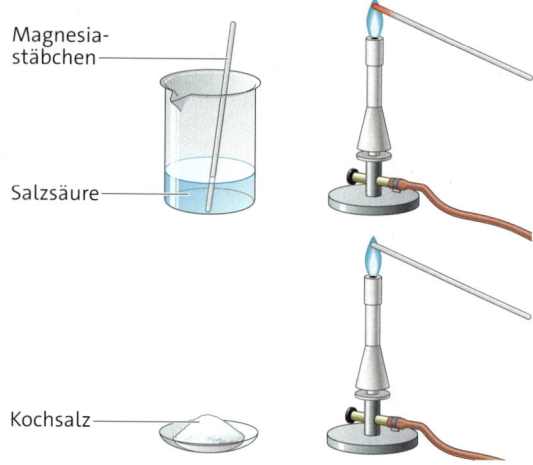

Magnesia-
stäbchen

Salzsäure

Kochsalz

Notiere deine Beobachtungen.
Formuliere einen Auswertungssatz zum Versuch.
Entsorgung: Feststoffe in den Hausmüll, Salzsäure-
lösung in den Behälter für saure und alkalische
Abfälle geben.

Exp. 2 — Reaktion von Lithium mit Wasser

Vorsicht! Spritzgefahr! Schneide ein etwa erbsengroßes Stück Lithium (GHS02|05) ab und entrinde es falls nötig. Gib das Stück Lithium in einer Kristallisier-
schale auf Wasser.
Notiere deine Beobachtungen.
Vergleiche die Beobachtungen mit den Eigenschaften eines anderen Metalls, z. B. Eisen.
Entsorgung: Lösung für Experiment 3 verwenden, Lithiumreste mit Ethanol (GHS02) umsetzen.

Exp. 3 — Wässrige Lösung der Reaktion von Lithium mit Wasser

Vorsicht! Spritzgefahr! Nimm 4 ml der Lösung (GHS05) aus Experiment 2. Dampfe auf einem Uhrglas 2 ml dieser Lösung ein.
Notiere deine Beobachtungen.
Gib zu den restlichen 2 ml Lösung zwei Tropfen Phenolphthaleinlösung.

Phenolphthalein-
lösung

Notiere deine Beobachtungen. Deute die Beobachtungsergebnisse.
Entsorgung: Lösung in das Abwasser geben.

Exp. 4 — Verhalten von Lithium-, Kalium-, Rubidium- und Caesiumchlorid in der Brennerflamme

Vorsicht! Spritzgefahr! Tauche ein Magnesiastäbchen in 35%ige Salzsäure (GHS05|07). Erhitze es in der nicht leuchtenden Flamme bis zum Glühen. Tauche das Stäbchen anschließend in Lithiumchlorid (GHS07), sodass etwas davon am Stäbchen haftet. Halte das Stäbchen erneut in die nicht leuchtende Brennerflamme. Wiederhole die Durchführung mit Kalium-, Rubidium- und Caesiumchlorid. Beobachte die Flamme auch durch ein Cobaltglas. Notiere deine Beobachtungen.
Vergleiche deine Beobachtungsergebnisse. Vergleiche auch mit den Beobachtungen von Experiment 1.
Entsorgung: Feststoffe in den Hausmüll, Salzsäure-
lösung in den Behälter für saure und alkalische Abfälle geben.

Exp. 5 Verhalten von Magnesium, Calcium und Barium in Wasser

Fülle in drei Reagenzgläser jeweils etwa 5 ml Wasser. Gib anschließend in ein Reagenzglas einige Späne Magnesium (GHS02), in die anderen Calcium- (GHS02) bzw. Bariumspäne (GHS02). Beobachte. Erhitze nun das Reagenzglas mit den Magnesiumspänen sehr vorsichtig in der Brennerflamme. Versetze die drei entstandenen Lösungen mit jeweils drei Tropfen Phenolphthaleinlösung. Notiere deine Beobachtungen. Vergleiche das Verhalten der drei Stoffe miteinander.
Entsorgung: Feststoffe in den Hausmüll, Flüssigkeiten in das Abwasser geben.

Exp. 6 Verhalten von Calcium-, Strontium- und Bariumchlorid in der Brennerflamme

Vorsicht! Spritzgefahr! Tauche ein Magnesiastäbchen in 35%ige Salzsäure (GHS05|07). Erhitze es dann in der nicht leuchtenden Brennerflamme bis zum Glühen. Tauche das Stäbchen in Calciumchlorid (GHS07), sodass etwas davon am Stäbchen haftet. Halte das Stäbchen erneut in die nicht leuchtende Brennerflamme. Wiederhole die Durchführung mit Strontium- und Bariumchlorid (GHS06). Beobachte die Flamme auch durch ein Cobaltglas. Notiere deine Beobachtungen. Vergleiche deine Beobachtungsergebnisse.
Entsorgung: Feststoffe in den Hausmüll, Salzsäurelösung in den Behälter für saure und alkalische Abfälle geben.

Exp. 7 Lösen von Calcium- und Magnesiumoxid in Wasser

Gib in je ein Reagenzglas zwei Spatelspitzen Calcium- (GHS05) bzw. Magnesiumoxid zu 3 ml destilliertem Wasser. Beurteile die Löslichkeit und überprüfe mit Indikatorpapier. Notiere deine Beobachtungen. Vergleiche das Verhalten der beiden Oxide.
Entsorgung: Lösung in das Abwasser geben.

Exp. 8 Wärmeentwicklung bei der Reaktion von Magnesium, Calcium und Barium mit Wasser

Fülle in das Reagenzglas eines Thermoskops 3 ml destilliertes Wasser. Notiere den Wasserstand im Manometerrohr. Gib in das Reagenzglas 200 mg Magnesiumspäne (GHS02). Beobachte den Wasserstand. Untersuche in gleicher Weise Calciumspäne (GHS02) und Bariumspäne (GHS02).

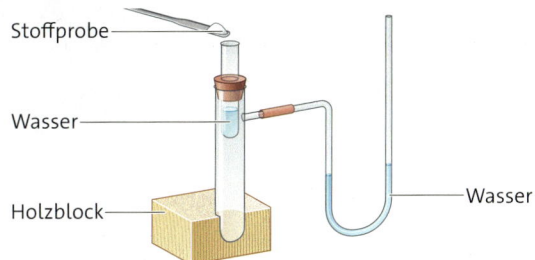

Deute die Veränderung des Wasserstands am Manometerrohr. Vergleiche die Beobachtungsergebnisse.
Entsorgung: Feststoffe in den Hausmüll, Flüssigkeiten in das Abwasser geben.

Exp. 9 Verhalten von Calcium in Wasser

Vorsicht! Entzündungsgefahr! Gib in ein Reagenzglas mit Wasser einige Stückchen Calcium (GHS02). Verschließe es mit einem Stopfen, durch den ein Gasableitungsrohr führt. Fange das entstehende Gas pneumatisch auf und prüfe es mit der Knallgasprobe. Versetze die Lösung im Reagenzglas mit fünf Tropfen Phenolphthaleinlösung.

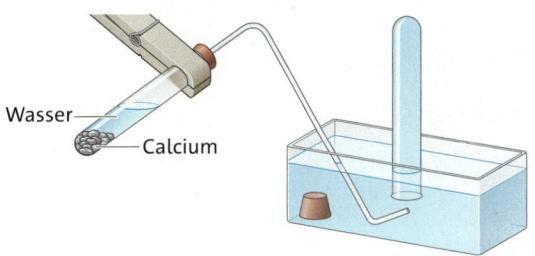

Notiere deine Beobachtungen. Interpretiere die Versuchsergebnisse.
Entsorgung: Lösung in den Behälter für giftige anorganische Abfälle geben.

Natrium und seine chemischen Reaktionen

Bei der Beleuchtung von Fußgängerüberwegen kommt Natrium zum Einsatz. Eingeschlossen im Glaskolben erzeugt Natriumdampf unter elektrischem Strom ein sehr durchdringendes gelbes Licht, das einen selbst im Nebel Gegenstände aus größerer Entfernung noch erkennen lässt.

1 Bei Nacht und Nebel immer gut sichtbar – Fußgängerüberweg

Exp. 10 L

Schneiden von Natrium

Vorsicht! Schutzbrille! Ein Stück Natrium (GHS02|05) aus der Vorratsflasche wird mit Filterpapier abgetupft. Mit einem Messer wird eine Probe angeschnitten und die Schnittfläche betrachtet.

2 Die silbrig glänzende Schnittfläche von Natrium läuft an der Luft schnell an.

Vorkommen Natrium kommt in der Natur nur in chemisch gebundener Form vor. Eine wichtige Natriumverbindung ist z.B. das Kochsalz (Natriumchlorid, NaCl). Gewaltige Massen lagern als Steinsalz in unterirdischen Salzlagerstätten, die durch das Austrocknen von salzhaltigen Meeren entstanden sind. Darüber hinaus sind in den Ozeanen etwa 50 Billiarden Tonnen Natriumchlorid gelöst. Das elementare Natrium wird aus geschmolzenem Natriumchlorid mithilfe des elektrischen Stroms gewonnen. Jährlich werden so über 400 000 t Natrium produziert.

Verwendung und Bedeutung Die Verwendungsmöglichkeiten des Natriums sind zahlreich. Wegen der guten Lichtausbeute werden z.B. Natriumdampflampen oft im Straßenverkehr eingesetzt (▶1). Die typische Gelbfärbung von Natrium und seinen Verbindungen dient auch als Hinweis auf sein Vorhandensein. Schon geringe Mengen färben die nicht leuchtende Brennerflamme intensiv gelb (▶ Exp. 1, S. 24). In der Industrie wird Natrium als Reduktionsmittel bei der Herstellung von Metallen, wie z.B. Titan, verwendet und im Labor findet es Verwendung als Trocknungsmittel für bestimmte Lösemittel.

Besonders groß ist die biologische Bedeutung von Natrium. Der menschliche Körper benötigt pro Tag etwa 2 bis 3 g Kochsalz, um die Körperfunktionen aufrechtzuerhalten. Fehlt das im Kochsalz gebundene Natrium, kommt es zu Störungen in der Muskulatur und in den Nerven.

Eigenschaften Natrium gehört aufgrund seiner Eigenschaften zu den Metallen (▶3). Es ist ungewöhnlich weich, sodass es mit einem Messer geschnitten werden kann. Die frischen Schnittflächen von Natrium glänzen silbrig, laufen an der Luft aber schnell wieder an (▶ Exp. 10). Daher muss es in Paraffinöl unter Luftabschluss gelagert werden.

Reaktionen von Natrium Wird Natrium an der Luft erhitzt, entzündet es sich und verbrennt mit gelber Flamme zu Natriumoxid. Natriumbrände können nicht mit Wasser, aber mit Kochsalz oder trockenem Zement gelöscht werden.

Natrium + Sauerstoff $\longrightarrow$ Natriumoxid | exotherm

Wird Natrium in Wasser gegeben, findet eine heftige chemische Reaktion statt (▸ Exp. 11). Durch die stark exotherme Reaktion schmilzt das Natrium und bewegt sich lebhaft auf der Wasseroberfläche. Es kann auch zur Flammenbildung kommen (▸ 3). Wird die bei der chemischen Reaktion entstehende Lösung mit Phenolphthalein untersucht, färbt sich der Indikator violett. Die wässrige Lösung reagiert alkalisch.

Dampft man die Lösung ein, wird ein weißer, fester Stoff erhalten (▸ 5). Es handelt sich um **Natriumhydroxid**. Der Name weist darauf hin, dass in der Verbindung die Elemente Natrium, Wasserstoff (lat. *hydrogenium*) und Sauerstoff (lat. *oxygenium*) enthalten sind. Beim Umgang mit Natriumhydroxid sind besondere Vorsichtsmaßnahmen nötig, da es beim Kontakt zu Verätzungen von Haut und Augen kommen kann. Natriumhydroxid trägt auch die Bezeichnung Ätznatron.

Exp. 11 | L

Reaktion von Natrium mit Wasser

Vorsicht! Schutzscheibe! Ein entrindetes, erbsengroßes Stück Natrium (GHS02|05) wird in einer Kristallisierschale auf Wasser gegeben.

3 Flammenbildung bei Einbringen von Natrium in Wasser

5 Natriumhydroxid

Eigenschaft	Natrium	Natriumoxid	Natriumhydroxid
Dichte in g/cm³	0,97	2,27	2,13
Schmelztemperatur in °C	98	1132	322
Siedetemperatur in °C	892	1950	1390
Farbe	silbrig glänzend (frische Schnittfläche)	weiß	weiß
Härte	sehr weich	spröde	spröde
Elektrische Leitfähigkeit	sehr gut	keine	keine

4 Ausgewählte Eigenschaften von Natrium, Natriumoxid und Natriumhydroxid

Aufgaben

1 Nenne drei typische Eigenschaften, die zeigen, dass Natrium ein Metall ist.

2 Im Labor soll untersucht werden, ob ein unbekanntes Pulver Natriumverbindungen enthält. Beschreibe ein mögliches Untersuchungsverfahren.

3 Erläutere, warum Natriumbrände nicht mit Wasser gelöscht werden dürfen.

4 Erkläre, warum Natrium bei der Reaktion mit Wasser auf der Oberfläche schwimmt.

5 Begründe, warum Natrium mit einer Pinzette und Gummihandschuhen angefasst werden muss.

6 Beschreibe den Bau von Natrium.

7 Berechne die notwendige Masse Natriumchlorid, um jährlich 400 000 t Natrium zu produzieren.

Verhältnisformel von Natriumhydroxid

Exp. 12 **L**

Quantitative Untersuchung der Reaktion von Natrium mit Wasser

Ein vollständig entrindetes, erbsengroßes Stück Natrium ($d < 0,4\,\text{cm}$; GHS02|05) wird gewogen und in einen Erlenmeyerkolben mit Wasser gegeben, der sofort mit einem durchbohrten Stopfen verschlossen wird. *Achtung! Das Natriumstück darf nicht schwerer als 90 mg sein.* Der Wasserstoff (GHS02) wird in einem Kolbenprober aufgefangen und das Volumen bestimmt.

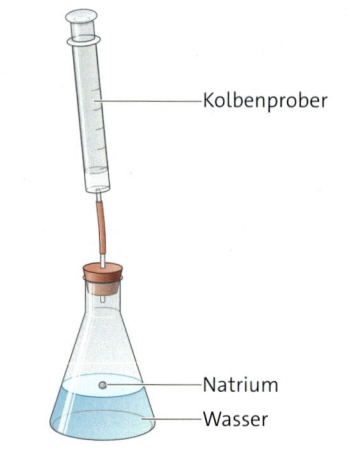

Kolbenprober

Natrium
Wasser

Aufgaben

1 Berechne die notwendige Masse an Natrium, um einen Ballon mit 1000 l Wasserstoff zu füllen.

2 Bei einem Versuch sind 108 ml Wasserstoff entstanden. Berechne die dafür notwendige Masse an Natrium ($V_\text{m} = 24\,\text{l/mol}$).

Ermitteln der Verhältnisformel von Natriumhydroxid Um die Frage nach der Verhältnisformel von Natriumhydroxid zu beantworten, muss man die Reaktion von Wasser mit Natrium genauer untersuchen. Drückt man Natrium mit einem Sieblöffel unter Wasser, kann man eine heftige Gasentwicklung beobachten. Das entstandene Gas reagiert positiv auf die Knallgasprobe. Dies deutet darauf hin, dass bei der chemischen Reaktion von Natrium mit Wasser Wasserstoff entsteht.

$$\text{Natrium} + \text{Wasser} \longrightarrow \text{Natriumhydroxid} + \text{Wasserstoff} \mid \text{exotherm}$$

Aus dem Reaktionsschema sind zwar alle beteiligten Ausgangsstoffe und die entstehenden Produkte erkennbar, aber noch nicht deren Formeln. Fängt man den entstandenen Wasserstoff auf und bestimmt sein Volumen, das bei der Reaktion einer zuvor abgewogenen Stoffportion Natrium entsteht, kann man daraus das Stoffmengenverhältnis von Natrium zu Wasserstoff bestimmen (▸ Exp. 12). Mit diesem Verhältnis lässt sich eine vermutete Verhältnisformel von Natriumhydroxid über die Reaktionsgleichung bestätigen oder verwerfen.

Behauptung: Die Verhältnisformel von Natriumhydroxid lautet NaOH. Die dazu passende Reaktionsgleichung ist:

$$2\,\text{Na} + 2\,\text{H}_2\text{O} \longrightarrow 2\,\text{NaOH} + \text{H}_2 \mid \text{exotherm}$$

Aufgabe: Bei der Reaktion von 0,09 g Natrium wurde ein Volumen von 47 ml Wasserstoff bestimmt. Berechne das Stoffmengenverhältnis von Wasserstoff zu Natrium.

Gegeben: $m(\text{Natrium}) = 0,09\,\text{g}$ **Gesucht:** $n(\text{Natrium})$
$V(\text{Wasserstoff}) = 47\,\text{ml}$ $n(\text{Wasserstoff})$

Lösung:

1. Berechnung der Stoffmenge $n(\text{Natrium})$:

$$M(\text{Natrium}) = \frac{m(\text{Natrium})}{n(\text{Natrium})} \qquad n(\text{Natrium}) = \frac{m(\text{Natrium})}{M(\text{Natrium})}$$

$$n(\text{Natrium}) = \frac{0,09\,\text{g}}{23\,\text{g/mol}} = \underline{0,0039\,\text{mol}}$$

2. Berechnung der Stoffmenge $n(\text{Wasserstoff})$:

$$n(\text{Wasserstoff}) = \frac{V(\text{Wasserstoff})}{V_\text{m}} = \frac{0,047\,\text{l}}{24\,\text{l/mol}} = \underline{0,001\,96\,\text{mol}}$$

$$n(\text{Natrium}) = 2 \cdot n(\text{Wasserstoff}) \Rightarrow 2:1$$

3. Das Stoffmengenverhältnis der Reaktion ist 2 : 1. Es stimmt mit dem Stoffmengenverhältnis der Reaktionsgleichung überein: Aus 2 mol Natrium entstehen 1 mol Wasserstoff. Die Verhältnisformel lautet daher NaOH.

Feuerwerk

1 Barockes Feuerwerk in Dresden

Schwarzpulver – ein explosiver Stoff Mit der Erfindung des Schwarzpulvers vor mehr als 1 000 Jahren in China beginnt die Geschichte des Feuerwerks.

Nach Europa kam das Wissen um das Schwarzpulver vermutlich gegen Ende des 13. Jahrhunderts durch Seefahrer. Wie im alten China wurden die ersten Feuerwerke verwendet, um Angst zu verbreiten, zur Kommunikation während der Schlacht und als Freudenfeuer nach dem Sieg.

Das erste friedliche Feuerwerk in Europa fand 1379 in Vicenza (Italien) statt. Seine Blütezeit erlebte das Spektakel im Barock und Rokoko. Hier waren Feuerwerke ein Symbol von Reichtum und Macht. Die erste deutsche Fabrik für Feuerwerkskörper wurde im 19. Jahrhundert gegründet.

Professionelles Feuerwerk Während Privatpersonen nur zum Jahreswechsel Feuerwerkskörper kaufen und zünden dürfen, haben professionelle Feuerwerker ganzjährig verschiedene Pyrotechnik (griech. *pyr:* Feuer) in Gebrauch. Die Farben, das Flackern und Blinken oder die Leuchtspuren kommen durch verschiedene Effektpulver sowie deren Pressung und Anordnung in den Feuerwerkskörpern zustande.

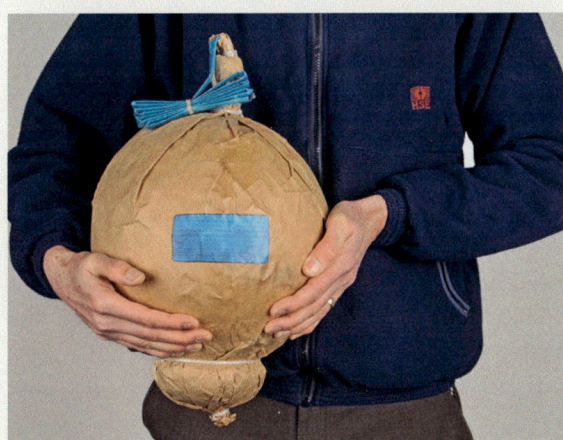

2 Professionelle Kugelbombe

Info 1 Bengalos

Eine weitere Form von Feuerwerk sind bengalische Feuer (Bengalos). Sie werden häufig in Form von Fackeln eingesetzt, z. B. als Notsignale für die Seefahrt. Bei der Verwendung dieser Fackeln ist besondere Vorsicht nötig. Die Temperatur eines Bengalos kann 2 500 °C erreichen. Ein Löschen mit Wasser ist nicht möglich und der entstehende Rauch ist gesundheitsschädlich. Aus diesen Gründen ist z. B. der Gebrauch von bengalischem Feuer in Fußballstadien verboten.

3 Bengalos beim Fußball: gefährlich und verboten!

Aufgaben

1 Informiere dich im Internet, über die Kennzeichnung von in Deutschland zugelassenen Feuerwerksartikeln.

2 Recherchiere über die Gefahren von Feuerwerk. Diskutiere, warum der Umgang mit Feuerwerk in Deutschland stark eingeschränkt ist.

Die Elementfamilie der Alkalimetalle

Holzasche war in früheren Zeiten ein gut bezahltes Abfallprodukt. In sogenannten Pottaschesiedereien wurde daraus in großen Kesseln – dem Pott – durch Auslaugen die bei Glasherstellern ebenso wie bei Seifenproduzenten und Eisenschmelzern beliebte Pottasche hergestellt.

1 Für die Herstellung von Glas ist Pottasche ein wichtiger Ausgangsstoff.

2 Verbrennen von Kalium an der Luft

Kalium Hinter dem Namen Pottasche verbirgt sich die chemische Verbindung Kaliumcarbonat. Wie Natrium kommt auch Kalium in der Natur nicht elementar vor. Erst 1807 gelang es HUMPHRY DAVY (1778 bis 1829), das Metall mittels Elektrolyse zu gewinnen.
Während Kaliumcarbonat ein spröder, kristalliner Feststoff ist, ähnelt Kalium in seinen Eigenschaften dem Metall Natrium.

Wie Natrium ist es an der Luft nicht beständig und wird daher unter Paraffin aufbewahrt. Kaliumstücke sind mit einer dicken Kruste von Kaliumoxid überzogen, die es nicht wie ein Metall aussehen lassen. Wird das sehr weiche Kalium aufgeschnitten, glänzen die frischen Schnittflächen nur kurzzeitig, bevor sie matt anlaufen. An der Luft verbrennt es mit einer rotvioletten Flamme (▶ **2**).
Genauso wie Natrium reagiert Kalium mit Wasser unter Bildung einer alkalischen Lösung und Wasserstoff.

Alkalimetalle Auch Lithium ähnelt in seinen Eigenschaften den beiden Metallen Natrium und Kalium. Von den drei Metallen lässt sich Lithium allerdings am schwersten schneiden und auch die Reaktion mit Wasser ist weniger stark, sodass es im Schülerexperiment genutzt werden kann (▶ Exp. 2, 3; S. 24).

Zusammen mit Rubidium, Caesium und dem radioaktiven Element Francium bilden die Metalle aufgrund ihrer sich ähnlichen Eigenschaften die **Elementfamilie (Elementgruppe)** der **Alkalimetalle**. Der Name der Gruppe leitete sich von der Pottasche (arab. *al-qali*: Asche) ab.

> **Eine Elementfamilie umfasst Elemente mit sehr ähnlichen Eigenschaften und Reaktionen.**

Exp. 13 | **L**

Reaktivität der Alkalimetalle

Vorsicht! Schutzscheibe! Entrindete, erbsengroße Stücke Lithium (GHS02|05), Natrium (GHS02|05) und Kalium (GHS02|05) werden in einer Kristallisierschale auf mit Phenolphthaleinlösung versetztes Wasser gegeben.

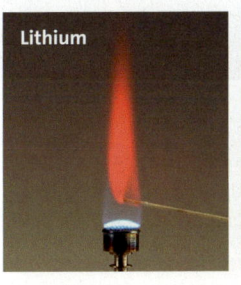
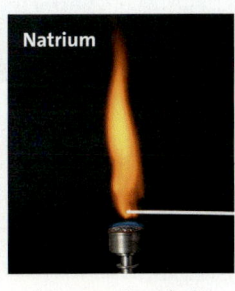
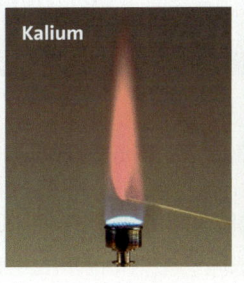

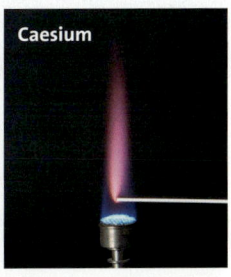

3 An der Flammenfärbung können die Alkalimetalle unterschieden werden.

Name (Symbol des Elements)	Relative Atommasse in u	Schmelztemperatur in °C	Siedetemperatur in °C	Dichte in g/cm³ bei 20 °C	Härte	Flammenfärbung	Reaktivität mit Wasser/ Sauerstoff
Lithium (Li)	6,9	180	1 372	0,53		rot	
Natrium (Na)	23	98	892	0,97		gelb	
Kalium (K)	39	64	760	0,86	nimmt ab	rotviolett	nimmt zu
Rubidium (Rb)	85,5	38,9	688	1,53		dunkelrot	
Caesium (Cs)	133	28,4	679	1,88		blauviolett	

4 Eigenschaften der Alkalimetalle

Eigenschaften der Alkalimetalle Alle Vertreter der Elementfamilie sind Leichtmetalle. Die Dichten von Lithium, Natrium und Kalium sind sogar kleiner als 1 g/cm³. Ihre Schmelz- und Siedetemperaturen sind für Metalle vergleichsweise niedrig (▶ 4).

Trotz ihrer Gemeinsamkeiten lassen sich innerhalb der Elementfamilie klare Abstufungen in den Eigenschaften finden: Vergleicht man die Reaktivität der Alkalimetalle mit Wasser (▶ Exp. 13; ▶ 4), so ist eine Zunahme von Lithium zu Caesium feststellbar. Auch andere Eigenschaften wie Schmelz- und Siedetemperaturen, Dichte und Härte verändern sich innerhalb der Gruppe (▶ 4). Die Alkalimetalle und ihre Verbindungen zeigen typische Verfärbungen der nicht leuchtenden Brennerflamme (▶ Exp. 4, S. 24; ▶ 3).

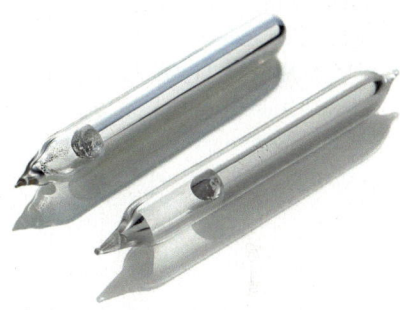

5 Rubidium (links) und Caesium (rechts) werden luftdicht in Glasampullen aufbewahrt.

> Innerhalb einer Elementfamilie ändern sich die Eigenschaften regelmäßig.

Aufgaben

1 Begründe, warum Alkalimetalle in der Natur nur als Verbindungen vorkommen.

2 Nenne die Mitglieder der Elementfamilie der Alkalimetalle. Erläutere, warum sie zu einer Elementfamilie zusammengefasst werden.

3 Formuliere das Reaktionsschema für die chemische Reaktion von Kalium mit Sauerstoff.

4 Die Eigenschaften der Alkalimetalle ändern sich regelmäßig von Lithium bis Caesium. Bestätige diese Aussage anhand zweier Beispiele.

5 Im Gegensatz zum Lithium entzündet sich Kalium bei der Reaktion mit Wasser. Finde eine Erklärung. Erstelle die Reaktionsgleichungen für die Reaktionen von Lithium bzw. Kalium mit Wasser.

Calcium – ein Alkalimetall?

1 Eierschalen bestehen aus gebundenem Calcium in Form von Calciumcarbonat.

Calcium

Farbe: silberweiß

Glanz: glänzend, leicht anlaufend

Schmelztemperatur: 838 °C

Siedetemperatur: 1 490 °C

Verformbarkeit: leicht, weich

Dichte: 1,55 g/cm³

Elektrische Leitfähigkeit: gut

Wärmeleitfähigkeit: gut

Flammenfärbung: orangerot bis ziegelrot

Exp. 14 | **L** **Reaktion von Calcium mit Sauerstoff**

Vorsicht! Einige blank gefeilte Calciumspäne (GHS02) werden auf einem Eisenblech bis zu ihrer Entzündung erhitzt.

Aufgabe

1 Berechne die Stoffmenge und das Volumen an Wasserstoff, die bei der Reaktion von 1 g Calcium mit Wasser entstehen.

Vorkommen und Verwendung Calcium ist das dritthäufigste Element auf der Erde. In der Natur kommt es nur in gebundener Form vor. So spielt es in Form von Mineralien eine entscheidende Rolle am Erscheinungsbild der Erde. Große Gebirge wie die Alpen oder die Dolomiten bestehen aus Calciumverbindungen. Insgesamt sind mehr als 700 Calciumminerale bekannt, einige der bekanntesten sind Kalkstein, Marmor, Gips, Kreide und Flussspat. Auch Lebewesen enthalten zahlreiche Calciumverbindungen. Schneckenhäuser, Muschel- und Eierschalen (▶1) bestehen ebenso aus Calciumverbindungen wie Knochen.

Unser Körper muss täglich ausreichend chemisch gebundenes Calcium aufnehmen, sei es für den Bau unserer Knochen, für die Blutgerinnung oder für die Funktionsfähigkeit der Muskeln und Nerven. Bei einem gesunden Menschen sind in 100 ml Blut 10 mg gebundenes Calcium enthalten.

Calcium findet Verwendung bei der Herstellung einiger Metalle wie Uran und als Legierungszusatz in Aluminium- und Magnesiumlegierungen. Calciumverbindungen werden beispielsweise als Düngemittel, bei der Herstellung von Glas und Papier sowie im Bauwesen benötigt.

Eigenschaften Calcium ist ein silberglänzendes Metall, das in vielen Eigenschaften den Alkalimetallen ähnelt: Es ist weich, dehnbar und leitet den elektrischen Strom. Calcium ist an trockener Luft bei Normaltemperatur beständig, überzieht sich aber in Gegenwart von Luftfeuchtigkeit sehr rasch mit einer grauweißen Schicht. Bei höheren Temperaturen entzündet es sich an der Luft und verbrennt mit orange- bis ziegelroter Flamme zu Calciumoxid (▶ Exp. 14). Auch reagiert Calcium mit Wasser zu Wasserstoff und Calciumhydroxid (▶ Exp. 9, S. 25).

Vergleicht man die Reaktionen von Calcium und einem anderen Alkalimetall mit Wasser quantitativ, dann entsteht bei gleicher Stoffmenge von Calcium aber immer das doppelte Volumen an Wasserstoff. So entstehen bei einem Einsatz von 2,5 mmol Calcium nicht 30 ml Wasserstoff, sondern 60 ml. Calcium reagiert nicht in einem Stoffmengenverhältnis von 2 : 1 zu Wasserstoff, sondern in einem Stoffmengenverhältnis von 1 : 1. Aus dem veränderten Stoffmengenverhältnis ist ableitbar, dass in Calciumhydroxid die beteiligten Elemente in einem anderen Teilchenanzahlverhältnis vorliegen. Calciumhydroxid hat die Verhältnisformel $Ca(OH)_2$, d. h., in einer Baueinheit sind doppelt so viele Sauerstoff- und Wasserstoffatome enthalten wie in einer Baueinheit Natriumhydroxid.

$$Ca + 2\,H_2O \longrightarrow Ca(OH)_2 + H_2 \mid exotherm$$

Calcium ist deshalb trotz ähnlicher Eigenschaften kein Alkalimetall, sondern gehört zur Elementfamilie der **Erdalkalimetalle**.

Die Elementfamilie der Erdalkalimetalle

Erdalkalimetalle In der Natur gibt es eine Reihe weiterer Metalle, die in ihrem Verhalten mit den Alkalimetallen vergleichbar sind. Magnesium, Calcium, Strontium und Barium reagieren in ähnlicher Weise mit Wasser unter Wasserstoffentwicklung zu Hydroxiden wie die Alkalimetalle (▸ Exp. 5, 8, 9; S. 25). Auch an der Luft sind die Metalle nicht beständig und laufen schnell an, sie kommen in der Natur nur in Verbindungen vor. Dennoch werden sie nicht zu den Alkalimetallen gezählt. Sie sind deutlich härter, haben sehr viel höhere Schmelztemperaturen und bilden Oxide und Hydroxide mit einer anderen Zusammensetzung (▸ 2). Zusammen mit Beryllium (und dem radioaktiven Radium) bilden diese Metalle die Elementfamilie der **Erdalkalimetalle**.

Erdalkalimetalle gehören wegen ihrer geringen Dichte ($\varrho < 5\,\text{g/cm}^3$) zu den Leichtmetallen. Genauso wie bei den Alkalimetallen ändern sich auch bei den Erdalkalimetallen die Eigenschaften innerhalb der Gruppe. Schmelz- und Siedetemperaturen sowie Dichte nehmen ab, die Reaktivität mit Wasser und Sauerstoff nimmt zu (▸ 4).

Calcium, Strontium und Barium sowie ihre Verbindungen zeichnen sich dadurch aus, dass die nicht leuchtende Brennerflamme gefärbt wird (▸ Exp. 6, S. 25; ▸ 3). Diese Eigenschaft wird als wichtiger Hinweis auf das Vorhandensein dieser Elemente bzw. deren Verbindungen genutzt.

Element	Oxid	Hydroxid
Beryllium	BeO	$Be(OH)_2$
Magnesium	MgO	$Mg(OH)_2$
Calcium	CaO	$Ca(OH)_2$
Strontium	SrO	$Sr(OH)_2$
Barium	BaO	$Ba(OH)_2$

2 Verhältnisformel der Erdalkalioxide und Erdalkalihydroxide

Aufgaben

1 Vergleiche die Eigenschaften der Alkalimetalle mit denen der Erdalkalimetalle.

2 Erläutere, warum die Erdalkalimetalle eine eigene Elementfamilie bilden.

3 Formuliere die Reaktionsgleichungen für die Reaktionen von Calcium, Strontium und Barium mit Wasser.

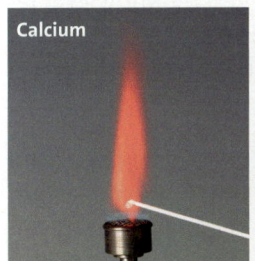 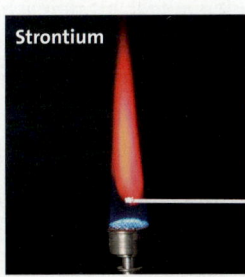 

Calcium — Strontium — Barium

3 Flammenfärbung der Erdalkalimetalle Calcium, Strontium und Barium

Name (Symbol des Elements)	Relative Atommasse in u	Schmelztemperatur in °C	Siedetemperatur in °C	Dichte in g/cm³ bei 20 °C	Härte	Flammenfärbung	Reaktivität mit Wasser (* heißes Wasser)
Beryllium (Be)	9,0	1278	2970	1,85		keine	nicht
Magnesium (Mg)	24,3	650	1110	1,74		keine	schwach*
Calcium (Ca)	40,1	838	1490	1,55	nimmt ab	orangerot	schwach
Strontium (Sr)	87,6	757	1364	2,58		rot	heftig
Barium (Ba)	137,3	714	1640	3,50		grün	stürmisch

4 Eigenschaften der Erdalkalimetalle

Die Elementfamilie der Halogene

Damit das Wasser im Schwimmbad immer schön klar erscheint und auch gesundheitlich unbedenklich ist, wird es zum Schutz vor Keimen gechlort.
Chlor wirkt aufgrund seiner Giftigkeit desinfizierend.

1 Gechlortes Wasser im Schwimmbad brennt in den Augen.

Neben den bisher kennengelernten Metallen gibt es auch unter den Nichtmetallen Elementsubstanzen, die eine enge chemische Verwandtschaft aufweisen.

Fluor Fluor ist bei 20 °C ein gasförmiges, fast farbloses Nichtmetall. Es ist aus zweiatomigen Molekülen aufgebaut und sehr reaktiv. Mit Wasser reagiert Fluor bereits bei Raumtemperatur. Es ist sehr giftig, der Hautkontakt führt zu starken Verätzungen. Sein Name (lat. *fluor:* Fluss) leitet sich vom Mineral Calciumfluorid (Flussspat) ab.

Chlor Bei 20 °C ist Chlor ein gelbgrünes Gas (griech. *chloros:* gelbgrün) mit stechendem Geruch (▸**3**). Genauso wie Fluor ist es aus zweiatomigen Molekülen aufgebaut und sehr reaktiv. Chlor ist ein gefährliches Atemgift und in Wasser mäßig löslich.

2 Flutlichtanlage mit Halogenbeleuchtung

Brom Als eins von nur zwei Elementen ist Brom bei 20 °C eine dunkelrotbraune Flüssigkeit (▸**3**). Schon bei dieser Temperatur bilden sich braune Dämpfe, die unangenehm riechen (griech. *bromos:* Gestank) und giftig sind. Auch Brom ist aus zweiatomigen Molekülen aufgebaut. Auf der Haut führt es zu schmerzhaften Verätzungen. Ähnlich wie Chlor ist Brom sehr reaktionsfähig, aber in Wasser nur wenig löslich.

Iod Iod liegt bei 20 °C in Form von weichen, grauvioletten, metallisch glänzenden Kristallen vor (▸**3**). Es ist aus zweiatomigen Molekülen aufgebaut. Schon bei leichter Erwärmung bildet Iod violette Dämpfe (griech. *ioeides:* veilchenfarbig), die stark schleimhautreizend wirken. Iod ist im Vergleich zu Fluor, Chlor und Brom am wenigsten reaktiv. In Wasser ist es kaum löslich, dafür aber in Alkohol. Diese braune Lösung wurde früher zur Desinfektion von Wunden verwendet (Iodtinktur).

3 Stoffproben von Chlor, Brom und Iod

Halogen	Molekülformel und Molekülmodell	Farbe des Gases	Schmelztemperatur in °C	Siedetemperatur in °C	Löslichkeit in Wasser	Reaktionsfähigkeit
Fluor	F_2	schwach grünlich	−220	−188	reagiert mit Wasser	
Chlor	Cl_2	grüngelb	−101	−35	mäßig	nimmt ab
Brom	Br_2	dunkelrotbraun	−7	58	gering	
Iod	I_2	blauviolett	114	183	schlecht	

4 Elementfamilie der Halogene

Halogene Fluor, Chlor, Brom und Iod bilden aufgrund ihrer gemeinsamen Eigenschaften die Elementfamilie der **Halogene** (griech. *hals:* Salz; *gennan:* bilden). Sie weisen einen charakteristischen Geruch auf und sind aus zweiatomigen Molekülen aufgebaut. Obwohl ihre Reaktivität von Fluor zu Iod abnimmt, sind sie sich chemisch sehr ähnlich (▸**4**). So ist nicht nur Chlor in der Lage, organische Farbstoffe zu zerstören (▸ Exp. 15, ▸**5**). In der Natur kommen die vier Elemente nur in Form ihrer Verbindungen vor. Mit dem gleichen Reaktionspartner, z. B. Natrium, bilden sie Verbindungen mit vergleichbarer Verhältnisformel. Zu den Halogenen zählt weiterhin das Element Astat (At).

Bedeutung Um Karies vorzubeugen, werden fluorhaltige Verbindungen in geringen Mengen Zahnpasten und Speisesalz zugesetzt. Auch zur Herstellung von Kunststoffen wie Teflon wird Fluor benötigt. Chlor wird zur Desinfektion z. B. in Schwimmbädern eingesetzt. Es ist ein wichtiger Ausgangsstoff für Kunststoffartikel aus Polyvinylchlorid (PVC), Pflanzenschutzmittel, Lösemittel, Medikamente und Farbstoffe. Brom und Bromverbindungen werden in der Medizin und in der anlogen Fotografie benutzt. Iod und seine Verbindungen haben für die Industrie eine weit geringere Bedeutung als die übrigen Halogene. Für den menschlichen Organismus sind sie jedoch sehr wichtig. So werden dem Speisesalz Iodverbindungen zugefügt (▸ S. 37).

> **Exp. 15** | **L**
>
> **Wirkung von Chlor auf Blütenblätter**
>
> *Vorsicht! Abzug!* Ein trockener Standzylinder wird mit Chlor (GHS06|09) gefüllt. Es werden farbige Blütenblätter dazugegeben. Der Standzylinder wird verschlossen.

5 Bleichende Wirkung von Chlor

Aufgaben

1 Erläutere, wie sich die Schmelz- und Siedetemperaturen sowie die Wasserlöslichkeit innerhalb der Elementgruppe der Halogene verändern.

2 Informiere dich, welche chlorhaltigen Stoffe im Haushalt verwendet werden.

3 Vergleiche die Eigenschaften der Halogene mit denen der Alkali- oder Erdalkalimetalle. Gehe dabei besonders auf die Veränderungen innerhalb der Gruppen ein.

Halogenide – die Salze der Halogene

1 Natrium und Chlor nach zwei Tagen im Standzylinder

Exp. 16 | **L**

Chemische Reaktion von Brom mit Aluminium

Vorsicht! Abzug!

Ein trockenes Reagenzglas wird mit Bromdampf (GHS06|05|09) gefüllt. Hierzu werden Aluminiumstücke gegeben. Das Reagenzglas wird mit einem Wattebausch verschlossen. Anschließend wird es so lange in der Brennerflamme erhitzt, bis das Aluminium aufglüht.

Metallhalogenid	Verhältnisformel
Natriumchlorid	NaCl
Natriumbromid	NaBr
Natriumiodid	NaI
Magnesiumchlorid	$MgCl_2$
Magnesiumbromid	$MgBr_2$
Magnesiumiodid	MgI_2
Aluminiumchlorid	$AlCl_3$
Aluminiumbromid	$AlBr_3$
Aluminiumiodid	AlI_3

3 Verhältnisformeln einiger Metallhalogenide

Natriumchlorid Kommt Chlor mit Natrium in Kontakt, so entstehen nach einiger Zeit weiße Kristalle (▸ **1**). Wird das Metall Natrium erhitzt, verläuft diese Reaktion unter starken Wärme- und Lichterscheinungen sehr rasch (▸ **2**). Es entsteht Natriumchlorid, das im Alltag als Kochsalz oder einfach als Salz bezeichnet wird.

$$\text{Natrium (s)} + \text{Chlor (g)} \longrightarrow \text{Natriumchlorid (s)} \quad | \text{ exotherm}$$
$$2\,\text{Na (s)} \quad + \text{Cl}_2\,\text{(g)} \longrightarrow 2\,\text{NaCl (s)} \quad | \text{ exotherm}$$

2 Reaktion von Natrium mit Chlor im Reaktionsrohr

Metallhalogenide Generell reagieren unedle Metalle mit den Halogenen. Bei der Reaktion z. B. von Brom mit Aluminium entsteht Aluminiumbromid (▸ Exp. 16). Die aus solchen Reaktionen entstandenen Fluoride, Chloride, Bromide und Iodide werden zur Stoffgruppe der **Halogenide** zusammengefasst. Sie werden aufgrund ihrer ähnlichen Eigenschaften wie Kochsalz häufig auch als Salze bezeichnet.

❗ Halogene reagieren mit Metallen zu Metallhalogeniden.

Eigenschaften und Verwendung Die meisten Metallhalogenide sind weiße, feste Stoffe mit vergleichsweise hohen Schmelztemperaturen. Einige von ihnen treten in typischen Kristallformen auf, an denen sie erkennbar sind. Metallhalogenide sind bis auf wenige Ausnahmen gut in Wasser löslich. Die entstandenen Lösungen sind farblos.

Natriumchlorid ist einer der wichtigsten Ausgangsstoffe der chemischen Industrie. Es dient zur Herstellung aller Natriumverbindungen, z. B. des Natriumhydroxids, der Salzsäure und von Chlor. Andere Halogenide, z. B. Fluoride, werden als Konservierungsmittel für Holz und Leder eingesetzt. Bromide finden in der analogen Fotografie als lichtempfindliche Substanz oder Entwicklerzusatz Verwendung.

Aufgaben

1 Formuliere die Reaktionsgleichungen für die Reaktionen:
  a Aluminium mit Chlor   **b** Magnesium mit Brom
  c Natrium mit Iod

2 Bei chemischen Reaktionen werden Stoffe umgewandelt und es entstehen neue Stoffe mit anderen Eigenschaften. Belege diese Aussage anhand der Reaktion von Natrium mit Chlor.

Halogenide – lebensnotwendige Mineralien

Fluor, Chlor und Iod müssen in Form ihrer Verbindungen (Halogenide) regelmäßig mit der Nahrung aufgenommen werden. Sie sind lebensnotwendig, um die Körperfunktionen aufrechtzuerhalten.

Halogen	Zufuhrempfehlung für Jugendliche und Erwachsene pro Tag	Bedeutung für den Körper
Fluor	3,1 – 3,8 mg	Härtung von Zähnen und Knochen
Chlor	3 – 5 g	Regulation des Wasserhaushalts, Bestandteil der Magensäure
Brom	–	unbekannt
Iod	150 µg bis 200 µg	Bildung von Schilddrüsenhormonen

1 Bedarf an Halogenen

Mangelerscheinungen

Werden zu wenig der Halogenverbindungen aufgenommen, kommt es zu Mangelerscheinungen. Iodmangel führt beispielsweise zur Vergrößerung der Schilddrüse. Hierdurch kann es zur Bildung eines Kropfs kommen. Fluormangel führt zur verstärkten Anfälligkeit der Zähne für Karies und zu einem erhöhten Knochenbruchrisiko.

Aber auch eine Überversorgung bietet Risiken; so soll die Überversorgung mit Chlorid eine Ursache für Bluthochdruck sein.

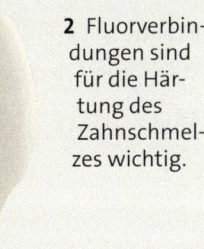

2 Fluorverbindungen sind für die Härtung des Zahnschmelzes wichtig.

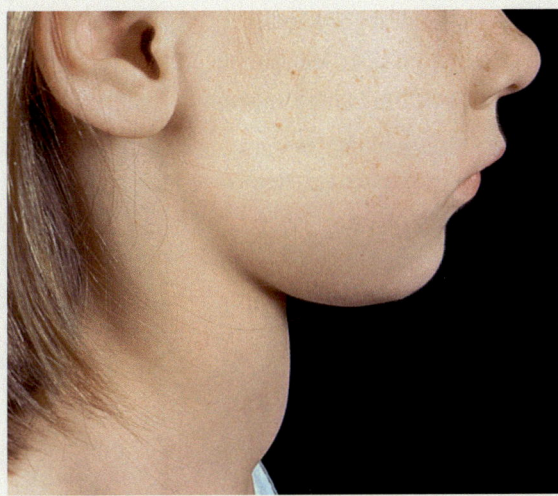

3 Kropfbildung als Folge von Iodmangel

Vorkommen in Lebensmitteln

Chlor in Form der Chloride ist in vielen Lebensmitteln enthalten. Vor allem als Natriumchlorid wird es zum Würzen von Speisen eingesetzt. Mit der Nahrung nehmen wir daher eher zu viel als zu wenig davon auf.

Fluor spielt eine besondere Rolle bei der Härtung von Zähnen, deshalb wird es z. B. Zahnputzcremes hinzugefügt. In manchen Ländern wird auch das Trinkwasser fluoriert, um Mangelerscheinungen vorzubeugen. Die meisten natürlichen Lebensmittel sind iodarm. Nur Meereslebewesen, z. B. Fische, spielen als natürliche Iodlieferanten eine Rolle in der menschlichen Ernährung. Daher werden Nahrungsmittel mit Iodverbindungen angereichert.

Aufgaben

1 Informiere dich über die Fluoridierung von Trinkwasser. Stelle Vor- und Nachteile gegenüber.

2 Recherchiere Lebensmittel, die besonders reich an Iodverbindungen sind.

3 Durch die überwiegende Nutzung von iodiertem Speisesalz zählt Deutschland nicht mehr zu den Ländern mit Iod-Unterversorgung. Erkläre.

4 Ermittle die Masse an Natriumchlorid, die in den Lebensmitteln enthalten ist, die du gerne isst.

Edelgase – eine Familie für sich

Las Vegas – eine Flut blinkender, farbiger Lichter erhellen die Nacht. Aufmerksamkeit um jeden Preis – das Motto dieser Glitzerstadt. Und viele der ausgedienten Neonreklamen landen nicht im Recyclinghof, sondern auf dem Friedhof der Neonschilder, einem Museum.

1 Las Vegas bei Nacht

Schon gewusst?

Aufgrund seiner Reaktionsträgheit wird Helium in der Lebensmittelindustrie als Schutz- oder Treibgas eingesetzt. Es ist der Lebensmittelzusatzstoff E 939.

Die Elementfamilie der Edelgase In „Neonröhren" werden die Gase Neon und Helium einer Hochspannung ausgesetzt. Hierdurch leuchten sie mit rotem oder gelbem Licht. Auch die Gase Argon und Xenon leuchten beim Anlegen einer Hochspannung. Vergleicht man die Eigenschaften von Neon, Helium, Argon, Krypton und Xenon, lassen sich viele Übereinstimmungen finden. Sie sind z. B. farb- und geruchlose Gase mit sehr niedrigen Siede- und Schmelztemperaturen (▶ 3).

Das auffälligste Merkmal dieser Gase ist aber ihre Reaktionsträgheit; bis 1962 waren gar keine Verbindungen bekannt. Auch sind sie – im Gegensatz zu allen anderen Gasen – nur aus einzelnen Atomen aufgebaut. Zusammen mit dem radioaktiven Element Radon bilden sie die Elementfamilie der **Edelgase**. Im chemischen Sinn sind Stoffe edel, wenn sie nicht oder nur unter besonderen Bedingungen mit anderen Stoffen reagieren wie die Edelmetalle, z. B. Gold, Silber oder Platin.

2 Xenonlampen im Frontscheinwerfer am Automobil

3 Eigenschaften der Edelgase

Edelgas	Symbol	Relative Atommasse	Schmelz-temperatur (* bei 3 MPa)	Siede-temperatur	Volumen-anteil in der Luft in %
Helium	He	4,0 u	−271 °C*	−269 °C	0,000 46
Neon	Ne	20,2 u	−249 °C	−246 °C	0,001 61
Argon	Ar	40,0 u	−189 °C	−186 °C	0,932 7
Krypton	Kr	83,8 u	−157 °C	−153 °C	0,000 108
Xenon	Xe	131,3 u	−112 °C	−108 °C	0,000 008 7

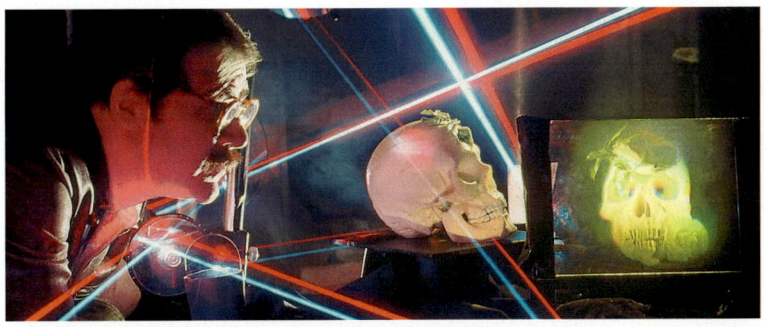

4 Erzeugung eines Hologramms mit einem Argonlaser

Schon gewusst?
Im Vergleich zur Luft bewegt sich Schall in Helium mit der doppelten Geschwindigkeit.
Das erklärt nach dem Einatmen von Helium die Veränderung der Stimme zur „Micky-Maus-Stimme".

Bedeutung und Verwendung Mit fast einem Volumenprozent ist Argon das häufigste Edelgas in der Atmosphäre. Alle anderen Edelgase sind nur in Spuren vorhanden. So wird Helium nicht etwa aus der Luft gewonnen, sondern aus Erdgaslagerstätten, wo es beim radioaktiven Zerfall von Mineralien entsteht.

Aufgrund ihrer Eigenschaften gibt es für die Edelgase viele Verwendungsmöglichkeiten, die z. T. aus dem Alltag bekannt sind oder eine bedeutende Rolle in Medizin und Technik spielen (▶ 6).

5 Zeppeline sind mit Helium gefüllt.

Edelgas	Verwendung
Helium	Schutzgas in der Technik; Traggas für Ballons und Luftschiffe; Atemgas (mit 20 % Sauerstoff) zum Tauchen in großen Tiefen; Kühlmittel für Supraleiter (als Flüssigkeit)
Neon	als aktives Medium in Helium-Neon-Lasern; selten als Leuchtgas in der „Neonröhre"
Argon	Füllgas in Leuchtmitteln; Schutzgas beim Schweißen; in Argonlasern als optisch aktives Medium, z. B. für operative Eingriffe („Augenlaser"); Füllgas zur Wärmeisolation, z. B. in Fenstern
Xenon	Füllgas für leistungsstarke Lampen, wie Filmprojektoren oder Autoscheinwerfer; Narkosemittel (seit 2005)
Radon	zur Behandlung von chronischen Leiden, wie Arthritis und Asthma

6 Bedeutung und Verwendung ausgewählter Edelgase

7 Argon (grüner Schlauch) verhindert den Luftzutritt beim Schweißen.

Aufgaben

1 Vergleiche die Eigenschaften von Fluor und Argon und begründe die Zuordnung zu ihren Elementfamilien.

2 Die meisten Edelgase werden aus der Luft gewonnen, indem diese zunächst so lange abgekühlt wird, bis alle Gase flüssig sind. Dann wird langsam erwärmt. Gib die Reihenfolge an, in der die Edelgase aufgefangen werden können.

3 Informiere dich über „Tiefenrausch" und „Taucherkrankheit". Nutze dafür das Internet.

4 Begründe die Verwendungsmöglichkeit von Helium als Traggas und Argon als Schutzgas beim Schweißen.

Elementfamilien

Auf einen Blick

Elementfamilie (Elementgruppe)	Elemente mit ähnlichen Eigenschaften und Reaktionen werden zu Elementfamilien zusammengefasst. Innerhalb der Elementfamilie verändern sich viele Eigenschaften regelmäßig mit zunehmender Atommasse.
Alkalimetalle	Elementfamilie mit den Leichtmetallen Lithium, Natrium, Kalium, Rubidium, Caesium und dem radioaktiven Francium

Alkalimetalle sind sehr reaktionsfreudig.
Alkalimetalle reagieren mit Sauerstoff zu Alkalimetalloxiden.
Alkalimetalle reagieren heftig mit Wasser zu Alkalimetallhydroxiden.
Alkalimetalle zeigen typische Verfärbungen der nicht leuchtenden Brennerflamme.

Lithium	Natrium	Kalium	Rubidium	Caesium
rot	gelb	rotviolett	dunkelrot	blauviolett

Erdalkalimetalle	Elementfamilie mit den Leichtmetallen Beryllium, Magnesium, Calcium, Strontium, Barium und dem radioaktiven Radium

Erdalkalimetalle sind im Vergleich zu den Alkalimetallen nicht so reaktionsfreudig.
Erdalkalimetalle reagieren mit Sauerstoff zu Erdalkalioxiden.
Erdalkalimetalle (bis auf Beryllium) bilden mit Wasser Hydroxide und Wasserstoff. |
| **Halogene** | Elementfamilie mit den Nichtmetallen Fluor, Chlor, Brom, Iod und dem radioaktiven Astat

Halogene sind aus zweiatomigen Molekülen aufgebaut.
Halogene sind sehr reaktionsfreudig.
Halogene bilden mit Metallen die Halogenide. |
| **Edelgase** | Elementfamilie mit den Nichtmetallen Helium, Neon, Argon, Krypton, Xenon und dem radioaktiven Radon

Die Edelgase bestehen aus Atomen.
Die Edelgase sind sehr reaktionsträge. |

Aufgaben

1 In einem Chemikalienlager sind die Stoffe alphabetisch sortiert. Sie sollen neu geordnet werden, sodass immer Elemente einer Elementfamilie zusammenstehen. Unter anderem sind folgende Elemente vorhanden: Argon, Barium, Beryllium, Brom, Caesium, Calcium, Chlor, Fluor, Helium, Iod, Kalium, Krypton, Lithium, Magnesium, Natrium, Neon, Rubidium, Strontium und Xenon.

  a Nenne die Elementfamilien, von denen Elemente vertreten sind.

  b Ordne die aufgezählten Elemente den Elementfamilien zu.

2 Nenne typische Eigenschaften der Alkalimetalle und Erdalkalimetalle.

3 Die Bestimmung der Flammenfärbung ist ein wichtiger Hinweis auf das Vorhandensein von Alkali- und Erdalkalimetallen.

  a Beschreibe die Durchführung dieser Methode.

  b Nenne die auftretenden typischen Farben bei Stoffen, die Verbindungen von Natrium, Lithium, Strontium und Barium enthalten.

4 Die Schnittflächen von Lithium, Natrium und Kalium überziehen sich an feuchter Luft rasch mit einem Belag. An trockener Luft dauert es wesentlich länger, bis sich ein Belag bildet. Erkläre diesen Sachverhalt.

5 In einer Petrischale befindet sich destilliertes Wasser, das mit Phenolphthaleinlösung versetzt ist. Ein kleines Stückchen Kalium wird in das Wasser gegeben.

  a Beschreibe die zu erwartenden Beobachtungen und leite daraus entsprechende Schlussfolgerungen ab.

  b Formuliere die Reaktionsgleichung für die chemische Reaktion.

6 Nenne typische Eigenschaften der Halogene.

7 Erläutere, warum beim Umgang mit Halogenen besondere Vorsichtsmaßnahmen nötig sind.

8 Erläutere Gemeinsamkeiten der Halogene auf Teilchenebene.

9 Aluminium reagiert mit Brom unter Wärmeentwicklung und Lichterscheinungen.

  a Erstelle die Reaktionsgleichung für die chemische Reaktion.

  b Benenne das Reaktionsprodukt und die Stoffklasse, zu der es gehört.

10 Entwickle beispielhaft für Magnesiumbromid, Lithiumchlorid, Natriumiodid, Kaliumfluorid, Calciumchlorid oder Bariumiodid das Reaktionsschema für die Synthese aus den Elementen. Sortiere nach Alkalimetall- und Erdalkalimetallhalogeniden.

11 Besonders Sportler müssen auf eine Ernährung achten, die viele Mineralien wie beispielsweise chemisch gebundenes Magnesium, Calcium und Chlor enthält. Erkläre.

12 Im Gegensatz zu den Edelgasen kommen die Alkalimetalle, Erdalkalimetalle und Halogene in der Natur nur in ihren Verbindungen vor. Nenne Gründe für dieses Phänomen.

13 Nenne zwei Eigenschaften von Helium, die die Verwendung dieses Gases als Füllung für Ballons und Luftschiffe begründet.

Hilfe zu den Aufgaben findest du auf den Seiten ...			
1	30 f., 33 ff., 38 f.	8	35
2	30 f., 33	9	36
3	24, 30 f.	10	36
4	30	11	32, 37
5	30	12	30 f., 33 ff., 38 f.
6	34 f.	13	38 f.
7	34 f.		

▶ Die Lösungen findest du im Anhang.

Weitergedacht

■ Material A: **Entdeckung der Edelgase**

Die Elementfamilie der Edelgase umfasst eine Gruppe von Gasen, die äußerst reaktionsträge sind und im Vergleich zu anderen Elementen erst sehr spät entdeckt wurden.

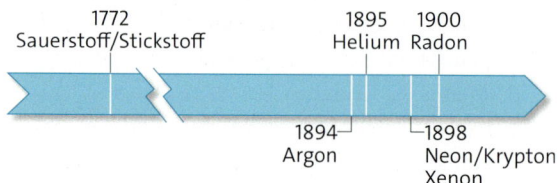

```
1772                        1895   1900
Sauerstoff/Stickstoff       Helium Radon

         1894               1898
         Argon              Neon/Krypton
                            Xenon
```

A1 Zeitstrahl zur Entdeckung der Edelgase, die zwei Hauptbestandteile der Luft zum Vergleich

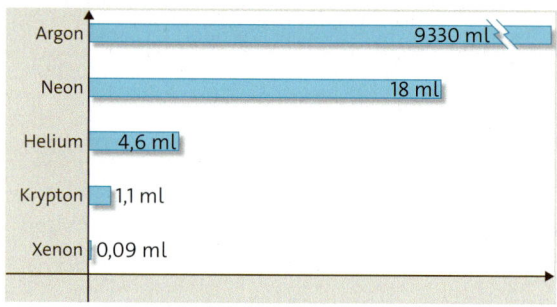

Argon	9330 ml
Neon	18 ml
Helium	4,6 ml
Krypton	1,1 ml
Xenon	0,09 ml

A2 Volumen der Edelgase in 1000 l Luft

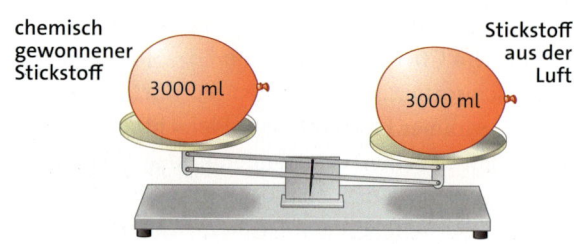

chemisch gewonnener Stickstoff 3000 ml

Stickstoff aus der Luft 3000 ml

A3 Zwei gleich große Gasportionen Stickstoff – chemisch hergestellt und aus der Luft gewonnen

1 Stelle Vermutungen darüber an, warum die Edelgase im Vergleich zu Sauerstoff und Stickstoff erst so spät entdeckt wurden (▶ **A1, A2**).

2 Material ▶ **A3** illustriert eine Beobachtung von Ramsay, die zur Entdeckung von Argon führte.
  a Erläutere die Beobachtung und gib an, welche Schlussfolgerungen daraus gezogen werden können.
  b Beschreibe jeweils eine Möglichkeit, die anderen Luftbestandteile Sauerstoff, Wasserdampf und Kohlenstoffdioxid zuvor aus der Luft zu entfernen.

- -

■ Material B: **Feuerwerk**

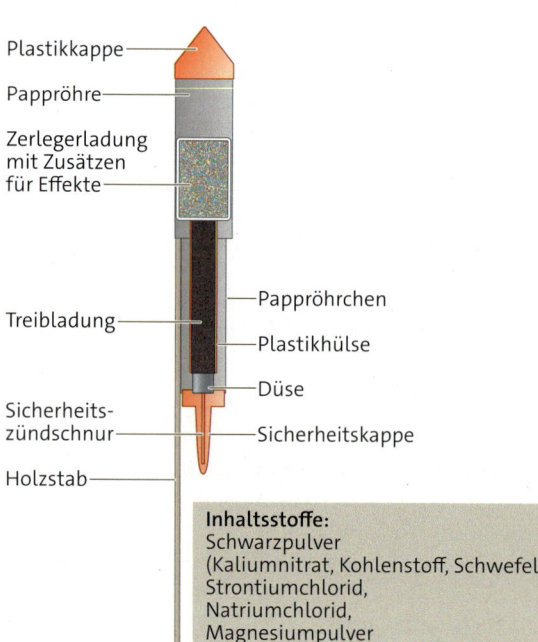

Plastikkappe
Pappröhre
Zerlegerladung mit Zusätzen für Effekte
Pappröhrchen
Treibladung
Plastikhülse
Düse
Sicherheits- zündschnur
Sicherheitskappe
Holzstab

Inhaltsstoffe:
Schwarzpulver (Kaliumnitrat, Kohlenstoff, Schwefel), Strontiumchlorid, Natriumchlorid, Magnesiumpulver

B1 Aufbau und Inhaltsstoffe einer Silvesterrakete

1 Beschreibe den Aufbau der Silvesterrakete. Erläutere dabei die Funktion der Treib- und Zerlegerladung (▶ **B1**).

2 In Feuerwerk werden Alkali- und Erdalkalimetallverbindungen verwendet.
  a Begründe ihre Verwendung im Feuerwerk. Gib an, in welchen Farben die Leuchteffekte der Rakete erscheinen (▶ **B1**).
  b Gib an, welche Verbindungen in einer Rakete verbaut werden müssen, deren Effekte grün und blau leuchten sollen.

3 In der Rakete wird elementares Magnesium als Pulver verwendet (▶ **B1**).
  a Erläutere die Verwendung des Magnesiums. Gib dazu auch eine Reaktionsgleichung an.
  b Begründe, warum elementares Magnesium verwendet werden kann, elementares Natrium aber nicht.

■ **Material C: Halogenlampen**

Glühlampen erzeugen Licht, indem elektrischer Strom durch einen Draht aus Wolfram – der Glühwendel – fließt. Je heißer dabei die Wendel wird, desto heller leuchtet die Lampe. Bei Temperaturen um 3 000 °C sublimiert aber ein Teil

C1 Glühlampe mit Wolframdraht

des Wolframs, sodass die Glühwendel während des Betriebs immer dünner wird, bis sie bricht.

Mit der Zeit nimmt die Lichtausbeute einer herkömmlichen Glühlampe ab. Durch resublimiertes Wolfram färbt sich die Innenseite des Glaskolbens nach und nach schwarz. Ein Teil des erzeugten Lichts wird dadurch absorbiert.

Mehr Licht durch Halogene

In Glühlampen werden lediglich 5 % der elektrischen Energie zur Lichterzeugung genutzt. Der Rest geht als Wärme verloren. Halogenlampen sind energieeffizienter und halten gegenüber herkömmlichen Glühlampen mit 3 000 Betriebsstunden auch etwa 3-mal so lang.

Im Unterschied zu Glühlampen enthalten sie geringste Mengen eines Halogens, z. B. Iod oder Brom. Hierdurch wird eine höhere Glühtemperatur der Glühwendel ermöglicht, was eine größere Lichtausbeute und weißeres Licht bewirkt. Zudem findet keine Kolbenschwärzung statt. Das Glas bleibt immer klar.

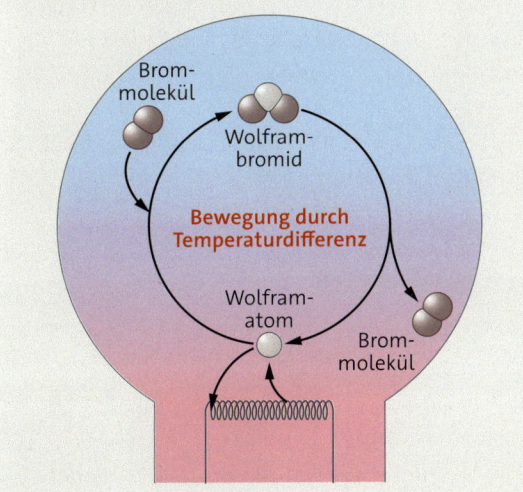

C2 Vorgänge in einer Halogenlampe im Modell

Der Glaskolben einer Glühlampe ist meistens mit einem Gemisch aus Argon und Stickstoff gefüllt. Die Gase verhindern, dass die Glühwendel verbrennt. Gleichzeitig sorgt diese Gasfüllung aber auch für eine gewisse Kühlung, indem die Gasteilchen die Wärme von der heißen Glühwendel zur Wand des Glaskolbens transportieren. Die Glühwendel kühlt ab.

Neben der geringen Menge Halogen in einer Halogenlampe besteht das restliche Füllgas bei ihnen vollständig aus Argon, denn je schwerer die Gasteilchen sind, desto kleiner ist die Wärmeleitfähigkeit des Gases. Der Wärmeverlust ist bei Halogenlampen nicht so groß, sodass weniger elektrische Energie notwendig ist, um die Glühwendel aufzuheizen.

C3 Auf das Füllgas kommt es an …

1 Glühlampen haben im Vergleich zu Halogenlampen einen viel größeren Glaskolben.

　a Beschreibe, wie es bei einer Glühlampe nach längerer Betriebsdauer zum Lichtverlust kommt (▸ **C1**).

　b Begründe, warum Glühlampen einen größeren Glaskolben als Halogenlampen besitzen.

2 Bei Halogenlampen findet keine Schwärzung des Kolbens statt, weil sich kein Wolfram an der Innenwand absetzen kann.

　a Erläutere mithilfe von ▸ **C2** die Vermeidung der Kolbenschwärzung.

　b Fertige von den chemischen Vorgängen in der Halogenlampe zwei Energiediagramme an und erläutere diese. Stelle dazu passende Reaktionsgleichungen auf.

3 In sehr hochwertigen Halogenlampen wird statt Argon Xenon als Füllgas verwendet.

　a Erkläre die Vorteile von Xenon als Füllgas gegenüber Argon (▸ **C3**).

　b Begründe, warum Xenon nur in sehr hochwertigen Lampen zum Einsatz kommt.

4 Gelegentlich werden Halogenlampen als „selbstheilende Lichtquellen" bezeichnet, da Wolfram sich an der Glühwendel wieder anlagert. Beurteile diese Bezeichnung (▸ **C2**).

Weitergedacht

Atombau und Perioden-
system der Elemente

Das Atomium – das Wahrzeichen von Brüssel – stellt Eisenatome in 165-millionenfacher Vergrößerung dar. Während die Alchemisten noch glaubten, alles würde aus den vier „Urelementen" bestehen, sind bis heute über 110 Elemente bekannt. Im heutigen Periodensystem der Elemente sind diese u. a. nach ihren Eigenschaften geord-net. Diese Anordnung der Elemente lässt sich jedoch nur verstehen, wenn man sich die Atome nicht als feste, starre Kugeln vorstellt. Zum Verständnis sind weitergehende Modelle des Atombaus notwendig.

Auf der Suche nach Ordnung

Zu Beginn des 19. Jahrhunderts waren bereits über 50 chemische Elemente bekannt. Ebenso wie wir heute feststellen, erkannten schon damals die Wissenschaftler, dass es Gruppen von Elementen mit ähnlichen Eigenschaften gibt. Es war an der Zeit, die Elemente in eine sinnvolle Ordnung zu bringen.

Die Triaden Döbereiners JOHANN WOLFGANG DÖBEREINER (1780–1849), Professor der Chemie an der Universität Jena, beschäftigte sich intensiv mit der Ordnung der Elemente. Er fasste die Elemente in Gruppen von je drei sich chemisch ähnelnden Elementen (Triaden) zusammen. Dabei ordnete er die Elemente so, dass das Atomgewicht (heute die Atommasse) des mittleren Elements etwa dem Mittelwert der Atomgewichte der beiden äußeren Elemente entsprach. Seine Triaden veröffentlichte DÖBEREINER bereits im Jahr 1828.

Element	Atommasse in u	Arithmetisches Mittel der Atommassen
Lithium	6,94	
Natrium	22,99	23,02
Kalium	39,10	

1 Triade DÖBEREINERS

Dieses Ordnungsprinzip gelang u. a. bei den damals bekannten Alkalimetallen (Lithium, Natrium, Kalium).

Problematisch war jedoch z. B. die Einordnung des Elements Fluor, das aufgrund seiner Eigenschaften in die Triade der Salzbildner (Chlor, Brom, Iod) gehört hätte. DÖBEREINER vermutete, dass Fluor das erste Glied einer neuen Triade bilden würde, deren Elemente noch unentdeckt waren.

Das periodische System nach JULIUS LOTHAR MEYER und DMITRI I. MENDELEJEW Erst etwa 30 Jahre später wurde die Idee, die chemischen Elemente nach ihren Atommassen zu ordnen, fast zeitgleich sowohl von dem deutschen Chemiker MEYER als auch von dem russischen Chemiker MENDELEJEW aufgegriffen. MEYER verwendete in seinen Vorlesungen ein System, in dem die Elemente nach steigenden Atommassen geordnet waren.

2 JULIUS LOTHAR MEYER (1830–1895)

3 DMITRI I. MENDELEJEW (1830–1895)

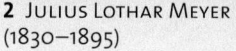

Versuche eines Systems der Elemente nach ihren Atomgewichten und chemischen Functionen.

Von

D. Mendeleeff,

Professor an der Universität zu St. Petersburg.

	Ti = 50	Zr = 90	? = 180	
	V = 51	Nb = 94	Ta = 182	
	Cr = 52	Mo = 96	W = 186	
	Mn = 55	Rh = 104,4	Pt = 197,4	
	Fe = 56	Ru = 104,4	Ir = 198	
	Ni = Co = 59	Pl = 106,6	Os = 199	
H = 1	Cu = 63,4	Ag = 108	Hg = 200	
Be = 9,4	Mg = 24	Zn = 65,2	Cd = 112	
B = 11	Al = 27,4	? = 68	Ur = 116	Au = 197?
C = 12	Si = 28	? = 70	Sn = 118	
N = 14	P = 31	As = 75	Sb = 122	Bi = 210?
O = 16	S = 32	Se = 79,4	Te = 128?	
F = 19	Cl = 35,5	Br = 80	I = 127	
Li = 7 Na = 23	K = 39	Rb = 85,4	Cs = 133	Tl = 204
	Ca = 40	Sr = 87,6	Ba = 137	Pb = 207
	? = 45	Cé = 92		
	?Er = 56	La = 94		
	?Yt = 60	Di = 95		
	?In = 75,6	Th = 118?		

4 Das erste Periodensystem von MENDELEJEW

MENDELEJEWS Ordnung der Elemente In seinem Lehrbuch „Grundlagen der Chemie" stellte MENDELEJEW die Bedeutung der chemischen Verwandtschaften der Elemente heraus. Er begann den ersten Band mit den Halogenen, den zweiten mit den Alkalimetallen. Wie aber sollte die Ordnung vertieft werden?

MENDELEJEW notierte die Namen der Elemente mit ihren Atommassen auf kleinen Kärtchen und ordnete sie so an, dass chemisch ähnliche Elemente waagerecht nebeneinanderstanden. Er erkannte eine gesetzmäßige Wiederkehr bestimmter Eigenschaften.

Chemie erlebt

Reihen	Gruppe I. $\overline{R^2O}$	Gruppe II. $\overline{RO}$	Gruppe III. $\overline{R^2O^3}$	Gruppe IV. RH⁴ RO²	Gruppe V. RH³ R²O⁵	Gruppe VI. RH² RO³	Gruppe VII. RH R²O⁷	Gruppe VIII. RO⁴
1	H=1							
2	Li=7	Be=9,4	B=11	C=12	N=14	O=16	F=19	
3	Na=23	Mg=24	Al=27,3	Si=28	P=31	S=32	Cl=35,5	
4	K=39	Ca=40	—=44	Ti=48	V=51	Cr=52	Mn=55	Fe=56, Co=59, Ni=59, Cu=63
5	(Cu=63)	Zn=65	—=68	—=72	As=75	Se=78	Br=80	
6	Rb=85	Sr=87	?Yt=88	Zr=90	Nb=94	Mo=96	—=100	Ru=104, Rh=104, Pd=106, Ag=108
7	(Ag=108)	Cd=112	In=113	Sn=118	Sb=122	Te=125	J=127	
8	Cs=133	Ba=137	?Di=138	?Ce=140	—			
9		(—)	—					
10	—	—	?Er=178	?La=180	Ta=182	W=184		Os=195, Ir=197, Pt=198, Au=199
11	(Au=199)	Hg=200	Tl=204	Pb=207	Bi=208	—		
12				Th=231	—	U=240		

5 Mendelejews Periodensystem der Elemente aus dem Jahre 1869

Bei den Elementen Iod und Tellur fiel Mendelejew auf, dass die Ordnung nach steigender Atommasse die Ordnung nach ähnlichen Eigenschaften unterbrach, da die Atommasse von Tellur größer ist als die von Iod. Durch Vertauschen der Elemente wurde diese Ordnung wiederhergestellt. Mendelejew erkannte, dass die chemischen Eigenschaften hier das wichtigere Ordnungsprinzip darstellten und die Atommassen evtl. noch korrigiert werden müssten. Mendelejews System wies noch absichtlich gesetzte „Lücken" auf. Die Eigenschaften dieser damals noch unbekannten Elemente sagte er erstaunlich genau voraus. So vermisste er z. B. ein zum Element Silicium analoges Element, dem er eine Atommasse von 70 u

zuschrieb. Er nannte das fehlende Element Eka-Silizium. Das Element wurde noch zu seinen Lebzeiten im Jahr 1886 von Clemens Winkler (1838 bis 1904) entdeckt und nach Deutschland als Germanium bezeichnet.

Das heutige Periodensystem der Elemente In den folgenden Jahrzehnten haben Mendelejew, Meyer und zahlreiche weitere Wissenschaftler ihre Darstellung des Periodensystems mehrfach verändert und in eine uns heute geläufige Form gebracht. Die wahre Ursache für das periodische Verhalten der Elemente wurde aber erst zu Beginn des 20. Jahrhunderts entdeckt: der Aufbau der Atome.

Aufgaben

1 Recherchiere weitere Triaden von Döbereiner. Prüfe, welche Eigenschaften ähnlich sind und ob die Atommasse des mittleren Elements dem Mittelwert der beiden äußeren entspricht.

2 Erkläre, warum Mendelejew Vorhersagen bezüglich noch unentdeckter Elemente anstellen konnte.

3 Notiere auf 20 Karteikarten die Namen der ersten 20 Elemente im heute gültigen Periodensystem und ihre jeweilige Atommasse.
 a Ordne die Karten in einer Reihe hintereinander nach steigender Atommasse an. Welche Gesetzmäßigkeiten lassen sich erkennen?

b Ordne die Karten nun so, dass unter Beibehaltung der steigenden Atommasse die Elemente der dir bereits bekannten Elementfamilien untereinanderstehen. Beurteile das Ergebnis und vergleiche es mit dem heute gültigen Periodensystem.

4 Neben dem Eka-Silizium sagte Mendelejew noch die Existenz weiterer Elemente voraus, so auch die des Eka-Aluminiums. Ermittle, um welches Element es sich tatsächlich handelt. Gib den Namen dieses Elements und fünf seiner charakteristischen Eigenschaften an.

Elektrizität und das Atommodell von Thomson

Stehen dir nach dem Kämmen manchmal die Haare „zu Berge"? Sie stoßen sich gegenseitig voneinander ab, werden aber vom Kamm angezogen. Auch Gummi, Wolle oder Papier können sich durch Reibung elektrisch aufladen.

1 Mädchen mit elektrisch aufgeladenen Haaren

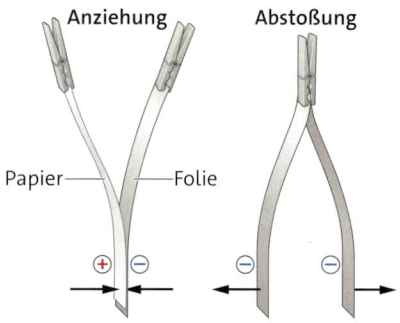

2 Elektrostatische Anziehung und Abstoßung

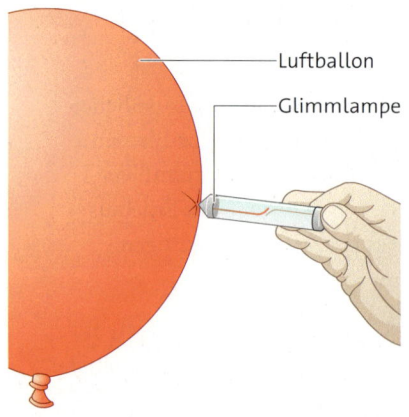

3 Nachweis von elektrischer Ladung durch eine Glimmlampe

Elektrizität durch Reibung Hält man einen Luftballon, den man zuvor an einem Wollpullover gerieben hat, an eine Wand oder an die eigenen Haare, bleibt er daran haften (►Exp. 1). Durch das Reiben wurde der Luftballon elektrisch geladen. Berührt mit dem geladenen Luftballon eine Glimmlampe, leuchtet diese kurz auf. Die elektrische Ladung fließt als elektrischer Strom durch die Glimmlampe ab und bringt sie zum Leuchten (►3).

Schon im Jahr 1743 erkannte Benjamin Franklin (1706–1790), dass es zwei Arten von elektrischer Ladung gibt: **positive** und **negative Ladung**. Normalerweise sind alle Stoffe ungeladen, sie sind **elektrisch neutral**. Ein Gegenstand wird als geladen bezeichnet, wenn entweder die positive oder die negative Ladung überwiegt.

Sind zwei Gegenstände gleichnamig geladen, so stoßen sie sich ab. Zwei ungleichnamig geladene Gegenstände ziehen sich hingegen gegenseitig an (►2). Dabei kann es auch zu elektrischen Entladungen kommen, die als Knistern wahrgenommen werden können. **Reibungselektrizität** ist ein häufig im Alltag beobachtetes Phänomen (►1).

Exp. 1 **Verhalten eines geladenen Luftballons**

Reibe einen aufgeblasenen Luftballon fest an einem Wollpullover oder einer Fensterscheibe. Halte ihn anschließend an deine Haare oder gegen die Zimmerdecke. Notiere deine Beobachtungen und deute sie.
Entsorgung: Luftballon einsammeln.

Entdeckung des Elektrons Mithilfe des Atommodells von DALTON lassen sich diese elektrischen Phänomene nicht deuten, denn Atome galten bis dahin als unteilbar und sind zudem elektrisch neutral.

Versuche zur Elektrizität des englischen Physikers JOSEPH J. THOMSON (1856–1940) führten 1897 zur Entdeckung des **Elektrons**. Er wies nach, dass Elektronen elektrisch negativ geladene Teilchen sind. Es sind Ladungsträger, die nur aus den Atomen stammen können. Jedes Elektron ist dabei gleich geladen.

Im Gegensatz zu den Atomen sind Elektronen auch in festen Stoffen leicht beweglich. Durch Reibung, z. B. einer Kunststofffolie an Papier, werden Elektronen von den Atomen des Papiers auf die Folie übertragen. Die Folie wird dadurch negativ geladen, da sie einen Elektronenüberschuss besitzt. Das Papier ist aufgrund des Elektronenmangels positiv geladen (▸5). Die Kunststofffolie und das Papier ziehen sich an, wohingegen sich zwei Kunststofffolien voneinander abstoßen (▸2).

Noch gewusst?
Nach DALTONS Atommodell sind Atome winzige, kugelförmige, unteilbare Teilchen. Die Atome desselben Elements besitzen die gleiche Masse und Größe.

Schon gewusst?
Bereits in der Antike war bekannt, dass sich Bernstein elektrostatisch auflädt, wenn er an textilen Stoffen wie Wolle gerieben wird. Der Begriff Elektrizität leitet sich ab vom Griechischen für den honiggelben Schmuckstein: Er wurde ēlektron genannt.

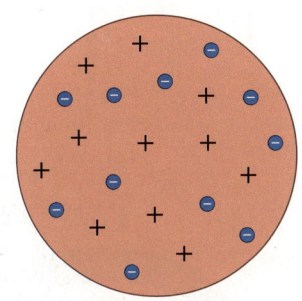

4 Bernstein

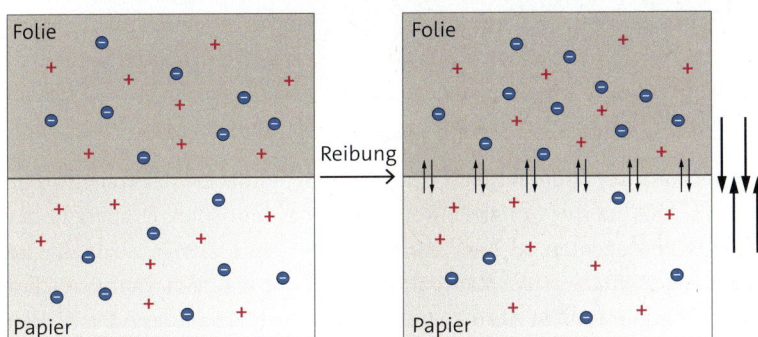

5 Elektrostatische Aufladung im Modell

Rosinenkuchen-Modell von THOMSON Aus der Tatsache, dass Stoffe elektrisch geladen sein können, folgerte THOMSON, dass ein Atom gleichmäßig aus Masse und positiver Ladung sowie negativ geladenen Teilchen, den Elektronen, besteht. Diese gleichen die positive Ladung aus, sodass die Ladung in einem Atom insgesamt ausgeglichen ist. Die Vorstellung von DALTON, dass Atome unteilbar seien, musste daher aufgegeben werden.

Die Elektronen stoßen sich zwar gegenseitig ab, werden aber durch die Anziehungskraft der positiven Ladung festgehalten. Die Elektronen sind in THOMSONS Atommodell verteilt wie Rosinen in einem Kuchen. Man spricht daher auch vom **Rosinenkuchen-Modell des Atoms** (▸6).

6 Rosinenkuchen-Modell nach THOMSON

Aufgaben

1 Erkläre, weshalb man gelegentlich ein „Knistern" hören kann, wenn ein zuvor geriebener Luftballon in die Nähe von Haaren gebracht wird, die von ihm angezogen werden.

2 **a** Vergleiche die Atommodelle von DALTON und von THOMSON miteinander. Stelle dabei Gemeinsamkeiten und Unterschiede heraus.

b Erläutere anhand selbst gewählter Beispiele erklärbare und nicht erklärbare Sachverhalte zu den beiden Atommodellen.

Kern-Hülle-Modell nach Rutherford

ERNEST RUTHERFORD (1871–1937), ein Schüler von JOSEPH J. THOMSON, und seine Mitarbeiter führten im Jahre 1909 ihren berühmten Streuversuch durch. Nachdem der österreichisch-ungarische Physiker PHILIPP LENARD (1862–1947) bewiesen hatte, dass Aluminiumatome für Elektronen durchlässig waren, wollte RUTHERFORD Licht ins Dunkel des Atombaus bringen.

1 RUTHERFORDS Laboratorium

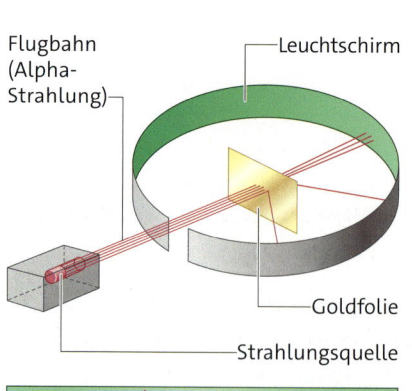

2 Flugbahnen radioaktiver Strahlung im elektrischen Feld

Entdeckung der Radioaktivität Im Jahr 1886 entdeckte der französische Physiker HENRI BECQUEREL (1852–1908), dass ein Stück Uranerz in der Lage ist, Fotoplatten zu schwärzen. MARIE CURIE (1867–1934) nannte diese Eigenschaft später **Radioaktivität**. Es ist eine Art energiereicher Strahlung, die aus den Atomen kommt und auch bei anderen Elementen auftreten kann.

Bei Ablenkversuchen im elektrischen Feld mit dem stark radioaktiven Element Radium entdeckten RUTHERFORD und CURIE, dass es drei Arten radioaktiver Strahlung gibt: **Alpha-Strahlung**, die aus positiv geladenen Teilchen, sogenannten Alpha-Teilchen, besteht, **Beta-Strahlung** aus sehr schnellen negativ geladenen Elektronen und **Gamma-Strahlung**, eine elektrisch neutrale sehr energiereiche Strahlung (▸ 2).

Der Versuch von RUTHERFORD Um den Bau der Atome genauer zu untersuchen, bestrahlten RUTHERFORD und seine Mitarbeiter sehr dünne Goldfolien (ca. 1 000 Atomlagen) mit Alpha-Strahlung. Die positiv geladenen Alpha-Teilchen erzeugen auf dem Leuchtschirm einen winzigen Lichtblitz, den RUTHERFORD mithilfe eines Mikroskops beobachten konnte. So konnten erstmals submikroskopische Teilchen indirekt beobachtet und abgezählt werden.

Genau wie bei den Versuchen von LENARD mit Elektronenstrahlen erwartete RUTHERFORD, dass die Alpha-Teilchen ungehindert durch die Goldfolie flogen. Das war zwar tatsächlich für fast alle Teilchen der Fall, aber ein Teil der Strahlung wurde dabei aus seiner Flugbahn abgelenkt und etwa 1 von 100 000 Teilchen wurde zu seiner Überraschung ganz zurückgeworfen (▸ 3).

3 Aufbau und Ergebnis des Streuversuchs von RUTHERFORD

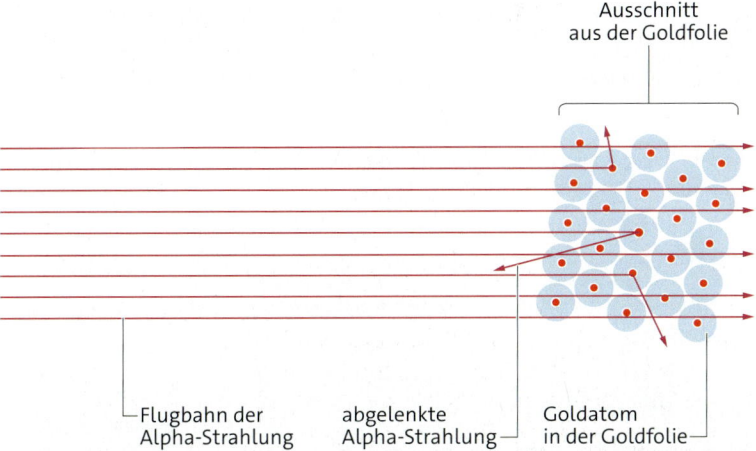

4 Modelldarstellung des Streuversuchs von RUTHERFORD

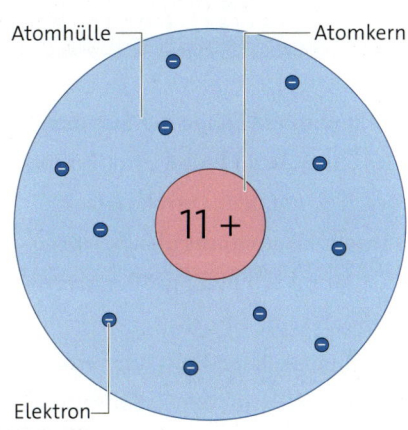

5 Kern-Hülle-Modell des Natriumatoms

Kern-Hülle-Modell RUTHERFORD entwickelte aus den Beobachtungen das **Kern-Hülle-Modell**. Es besagt, dass Atome keine massiven Kugeln sein können. Atome können stattdessen nur einen winzigen, positiv geladenen Kern besitzen, der praktisch die gesamte Atommasse enthält (mehr als 99,9 %). Nur wenn Alpha-Teilchen direkt auf diesen **Atomkern** treffen, werden sie zurückgeworfen. Berühren sie nur den Kern, so werden sie aus ihrer Flugbahn abgelenkt (▸**4**).

In der im Vergleich zum Atomkern riesigen **Atomhülle** befinden sich die elektrisch negativ geladenen Elektronen. Atome haben einen Durchmesser von ca. 10^{-10} m. Der Durchmesser des Atomkerns selbst ist etwa 10 000-mal kleiner als das Atom (10^{-14} m).

Da Atome nach außen elektrisch neutral sind, muss die Anzahl der Ladungen im Kern (**Kernladungszahl**) genauso groß sein wie die Anzahl der Ladungen in der Hülle. Die Kernladungszahl der Atome eines Elements entspricht dessen Ordnungszahl im Periodensystem der Elemente.

> Atome bestehen aus einem sehr kleinen, massereichen und elektrisch positiv geladenen Atomkern und einer Atomhülle mit elektrisch negativ geladenen Elektronen.

DALTON	Atome sind harte, unteilbare Kugeln, die sich in ihrer Größe und Masse unterscheiden.
THOMSON	Atome bestehen aus einer positiv geladenen Masse, in der die negativ geladenen Elektronen verteilt sind.
RUTHERFORD	Atome bestehen aus einem sehr kleinen, massereichen, elektrisch positiv geladenen Atomkern und einer Atomhülle mit elektrisch negativ geladenen Elektronen.

6 Atommodelle im Vergleich

Aufgaben

1 Erläutere die Ergebnisse des Streuversuchs mithilfe der Modelldarstellung (▸**3**).

2 Erkläre, woraus RUTHERFORD schließen konnte, dass Atomkerne positiv geladen sein müssen.

3 Erkläre mit dem Kern-Hülle-Modell, warum Atome elektrisch neutral sind.

4 Zeichne das Kern-Hülle-Modell von Neon (Ordnungszahl 10).

5 Berechne, wie groß ein Atom wäre, wenn der Kern die Größe eines Fußballs hätte (⌀ 22 cm).

6 Entwickle analog zu ▸**4** den möglichen Verlauf der Alpha-Teilchen durch die Goldfolie, wie er nach dem Atommodell von DALTON und dem Rosinenkuchen-Modell des Atoms nach THOMSON zu erwarten wäre. Erkläre jeweils den möglichen Verlauf der Alpha-Strahlung.

Der Atomkern

Setzt man die Länge der Startbahn des ehemaligen Flughafens Tempelhof z. B. mit dem Durchmesser eines Lithiumatoms gleich, würde der Atomkern nicht größer als ein Fußball sein.

Das Foto müsste dann über einen Meter breit sein, damit der Fußball zumindest als winziger Punkt dargestellt werden könnte.

1 Ehemaliger Flughafen Berlin-Tempelhof als Bolzplatz. Wo ist der Fußball?

Element	Kern-ladungszahl	Atom-masse in u
Wasserstoff	1	1,008
Helium	2	4,003
Lithium	3	6,941

2 Kernladungszahl und Atommassen der ersten drei Elemente

Elementar-teilchen	Symbol und Modell	Masse in u
Proton	p^+	1,0073
Neutron	n	1,0087
Elektron	e^-	0,0005

3 Die drei wichtigsten Elementarteilchen

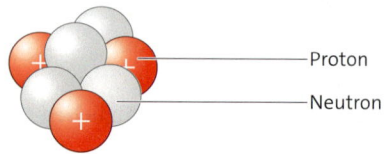

Proton
Neutron

4 Modell eines Lithiumatomkerns

Kernladungszahl und Atommasse Nach dem Kern-Hülle-Modell vereint der Atomkern mehr als 99,9 % der gesamten Atommasse und ist elektrisch positiv geladen.

Betrachtet man die ersten drei Elemente genauer, fällt auf, dass die Atommasse beinahe genauso ganzzahlig ist wie die Kernladungszahl. Sie steigt aber schneller an als die Kernladungszahl. Das leichteste Element Wasserstoff hat die Ordnungszahl 1. Seine Atomkerne sind einfach positiv geladen und die Atommasse beträgt annähernd 1 u. Das Heliumatom mit der Kernladungszahl 2 besitzt jedoch eine Masse von annähernd 4 u. Und ein Lithiumatom mit der Kernladungszahl 3 wird mit einer Atommasse von fast 7 u angegeben (▸ **2**). Diese ganzzahligen Sprünge lassen den Schluss zu, dass der Atomkern aus Teilchen aufgebaut sein muss.

Modell des Atomkerns Atomkerne werden von zwei verschiedenen **Elementarteilchen** gebildet. Die positive Ladung des Atomkerns wird von den **Protonen** getragen. Daneben enthalten – bis auf den Kern des Wasserstoffatoms – alle Atomkerne noch **Neutronen**, die zwar annähernd gleich schwer wie Protonen, aber elektrisch ungeladen sind (▸ **3**, **4**). Beide Teilchen werden auch als **Nukleonen** (lat. *nucleus*: Kern) bezeichnet.

Die Atome der verschiedenen Elemente unterscheiden sich voneinander durch die Anzahl der Protonen in ihrem Kern (Kernladungszahl). Die Anzahl der Neutronen hat keinen Einfluss auf die Kernladung, aber auf die Atommasse. Die Anzahl aller Nukleonen nennt man deshalb **Massenzahl**. Sie gibt die Summe aus der Anzahl der Protonen und der Neutronen im Atomkern an.

> **Atomkerne bestehen aus Protonen und Neutronen. Alle Atome eines Elements haben die gleiche Anzahl an Protonen im Kern.**

Reinelemente Betrachtet man die Atommassen der Elemente, findet man nur wenige Beispiele mit annähernd ganzzahligen Atommassen (▸ 5). Diese Elemente bestehen nur aus einer einzigen Atomsorte, d. h., alle Atomkerne dieses Elements haben nicht nur die gleiche Anzahl an Protonen, sondern auch die gleiche Anzahl an Neutronen. Solche Elemente werden **Reinelemente** genannt. In der Natur existieren nur 19 stabile Reinelemente.

Isotope Für viele andere Elemente findet man hingegen im Periodensystem gebrochene Atommassen, so hat z. B. Chlor eine Atommasse von 35,45 u und Magnesium eine Atommasse von 24,31 u. Im Kern des Chlor- bzw. Magnesiumatoms können jedoch nur ganze Elementarteilchen enthalten sein. Die Atomkerne eines Elements können sich bei gleicher Protonenanzahl in der Zahl ihrer Neutronen unterscheiden. Solche Atome eines Elements mit unterschiedlicher Neutronenanzahl werden **Isotope** (griech. *iso:* gleich; *topos:* Ort) genannt.

Es gibt zwei Isotope des Chlors, die sich chemisch gleich verhalten. Das Isotop mit der Massenzahl 35 besitzt neben den 17 Protonen weitere 18 Neutronen im Kern. Das zweite Isotop hat 20 Neutronen und damit die Massenzahl 37. Das Element Chlor kommt damit in der Natur als Isotopengemisch vor.

Um die Isotope voneinander zu unterscheiden, werden Massenzahl und Kernladungszahl am Elementsymbol notiert (▸ 6).

Im Periodensystem ist immer die durchschnittliche Atommasse für das Element angegeben. Diese wird unter Berücksichtigung der relativen Häufigkeit der einzelnen Isotope eines Elements aus den dazugehörigen Atommassen berechnet (▸ 7).

Obwohl die Atommasse von Wasserstoff 1,008 u beträgt, ist es kein Reinelement. Von Wasserstoff existieren noch zwei weitere Isotope, die aber nur in sehr geringen Anteilen vorkommen. Wegen ihrer Bedeutung haben sie eigene Namen bekommen: Deuterium (^{2}H) und Tritium (^{3}H).

> **Isotope eines Elements sind Atome, deren Kerne sich bei gleicher Anzahl Protonen durch die Anzahl an Neutronen unterscheiden.**

Element	Atom-masse in u	Massen-zahl
Natrium	22,99	23
Fluor	19,00	19
Aluminium	26,98	27
Phosphor	30,97	31
Iod	126,90	127

5 Einige Reinelemente

Massenzahl
Kernladungszahl

$$^{35}_{17}\text{Cl}$$

6 Symbolschreibweise für das Element Chlor

Isotop	Atommasse in u	Häufigkeit in %
^{35}Cl	34,97	75,77
^{37}Cl	36,97	24,23
Berechnung der durchschnittlichen Atommasse		

$$m_a(\text{Cl}) = 34,97\,\text{u} \cdot 0,7577$$
$$+ 36,97\,\text{u} \cdot 0,2423$$
$$m_a(\text{Cl}) = 35,45\,\text{u}$$

7 Mithilfe der Atommassen und relativen Häufigkeiten der Isotope kann die Atommasse berechnet werden.

Aufgaben

1 Gib an, welche Informationen sich den folgenden Angaben entnehmen lassen: $^{12}_{6}$C, $^{20}_{10}$Ne, $^{63}_{29}$Cu.

2 Gib in einer Tabelle die Ordnungszahl, die Kernladungszahl, die Massenzahl, die Zahl der einzelnen Elementarteilchen sowie die Symbolschreibweise für die Atome der Elemente der zweiten Periode an.

3 Begründe, warum die Angabe der Kernladungszahl bei der Symbolschreibweise weggelassen werden kann (z. B. ^{35}Cl statt $^{35}_{17}$Cl).

4 Recherchiere, welche Isotope des Urans existieren. Stelle die Angaben (Atommasse, Massenzahl, Kernladungszahl, relative Häufigkeit) tabellarisch dar.

5 Berechne aus den Angaben zu den zwei Bromisotopen die durchschnittliche Atommasse in u: ^{79}Br (50,7 %; 78,9 u) und ^{81}Br (49,3 %; 80,9 u).

6 Recherchiere die Bedeutung und Verwendung von Deuterium und Tritium.

Die Atomhülle

Polarlichter treten vor allem an den Polen der Erde auf. Sie entstehen, wenn der Sonnenwind, ein Strom geladener Teilchen, auf die Erdatmosphäre trifft. Durch die Kollision der bis zu 800 km/s schnellen Elektronen werden die Teilchen der Lufthülle zum Leuchten angeregt.

1 Polarlichter

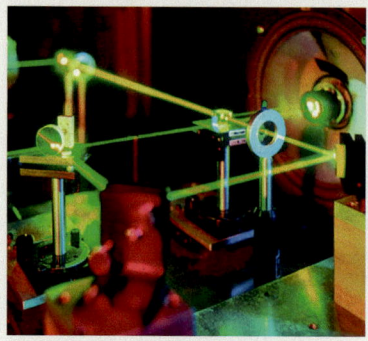

2 Laser in der Forschung

Ionisierungsenergie Aufgrund ihrer gegensätzlichen Ladungen ziehen sich die negativ geladenen Elektronen und der positiv geladene Atomkern an. Die Elektronen werden so in der Atomhülle gehalten.

Für die Abspaltung von Elektronen aus der Hülle muss daher Energie aufgewandt werden. Diese Energie nennt man **Ionisierungsenergie**. Sie dient zur Überwindung der Anziehungskraft zwischen Elektron und Atomkern. Aus dem elektrisch neutralen Atom entsteht ein positiv geladenes Teilchen, das **Ion** genannt wird.

Nach dem Kern-Hülle-Modell von RUTHERFORD müssten sich die Elektronen in der Atomhülle wahllos verteilen. In Experimenten wurde untersucht, wie groß die Ionisierungsenergien für die verschiedenen Elektronen eines Atoms sind, so z. B. für das Chloratom (▶3). Mit jedem Elektron, das aus der Hülle entfernt wird, wächst die Ionisierungsenergie. Auffällig ist dabei aber der sprunghafte Anstieg zwischen dem elften und zehnten Elektron und der noch deutlichere Sprung zwischen dem dritten und zweiten Elektron.

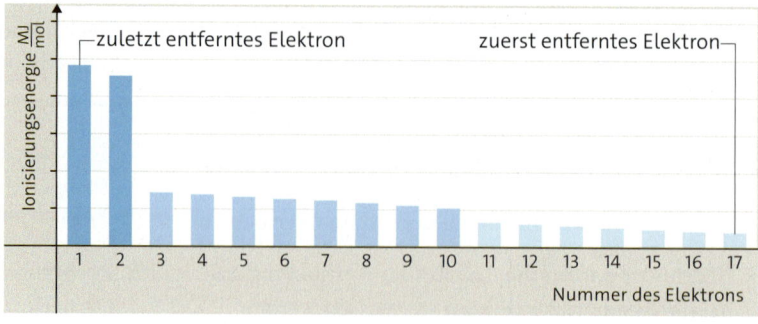

3 Ionisierungsenergie für die 17 Elektronen des Chloratoms

Energiestufenmodell der Atomhülle Das Chloratom enthält in seiner Atomhülle 17 Elektronen. Aus dem Diagramm erkennt man, dass zum Abspalten des ersten Elektrons aus der Hülle die geringste Ionisierungsenergie, zum Abspalten des letzten Elektrons die größte Ionisierungsenergie aufgebracht werden muss (▶3). Abgesehen von den größeren Sprüngen nehmen die Werte dazwischen kontinuierlich zu. Dieser grundsätzliche Anstieg der Ionisierungsenergien ist damit zu erklären, dass nach dem Abspalten eines Elektrons aus der Hülle die elektrostatische Anziehungskraft des Atomkerns auf die verbliebenen Elektronen zunimmt. Um ein weiteres Elektron abzuspalten, muss deshalb eine größere Ionisierungsenergie aufgewandt werden.

An zwei Stellen – zwischen dem elften und zehnten sowie zwischen dem dritten und zweiten Elektron – sind größere Sprünge zwischen den Werten der Ionisierungsenergie erkennbar. Grundsätzlich gilt auch hier, dass der Anstieg mit der zunehmenden Anziehungskraft zwischen Atomkern und den verbliebenen Elektronen zusammenhängt. Wieso steigt diese Anziehungskraft aber sprunghaft an?

Erklären lassen sich diese Sprünge, wenn man annimmt, dass sich nicht alle Elektronen im gleichen Abstand zum Atomkern befinden: Je geringer der Abstand zum Atomkern, desto größer ist seine Anziehungskraft auf die Elektronen. Die Elektronen in der Atomhülle mit ähnlicher Ionisierungsenergie werden deshalb zu einer gemeinsamen **Energiestufe** zusammengefasst.

Im Chloratom existieren drei Energiestufen, auf die sich die 17 Elektronen verteilen. Dabei gilt: Je niedriger die Energiestufe, desto geringer ist der Abstand zum Atomkern und desto größer ist die Ionisierungsenergie der sich darauf befindenden Elektronen.

Schalenmodell der Atomhülle Wie lassen sich diese unterschiedlichen Energiestufen mit Modellvorstellungen zum Bau der Atomhülle erklären? Nach dem Kern-Hülle-Modell bewegen sich die Elektronen regellos in der Atomhülle in unterschiedlicher räumlicher Entfernung zum Atomkern. Je näher sich ein Elektron dabei am Atomkern befindet, desto stärker wird es von ihm angezogen und desto größer ist seine Ionisierungsenergie. Energiestufen können mit dem Kern-Hülle-Modell nicht erklärt werden.

Alle Elektronen, die sich auf einer Energiestufe befinden, haben einen ähnlichen Abstand zum Atomkern und bilden jeweils eine gemeinsame **Elektronenschale**, die den Atomkern kugelförmig umgibt. So verteilen sich im Modell des Chloratoms die 17 Elektronen auf drei Elektronenschalen (▶5). Dieses erweiterte Modell vom Atom wird als **Schalenmodell der Atomhülle** bezeichnet. Von innen nach außen werden die Schalen mit den Buchstaben K, L, M, N usw. bezeichnet.

> **Nach dem Schalenmodell werden Elektronen mit ähnlicher Energie (und Abstand zum Atomkern) gemeinsamen Elektronenschalen zugeordnet.**

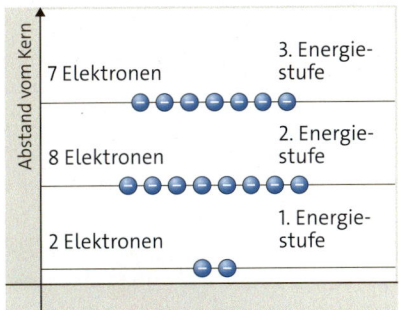

4 Energiestufen des Chloratoms

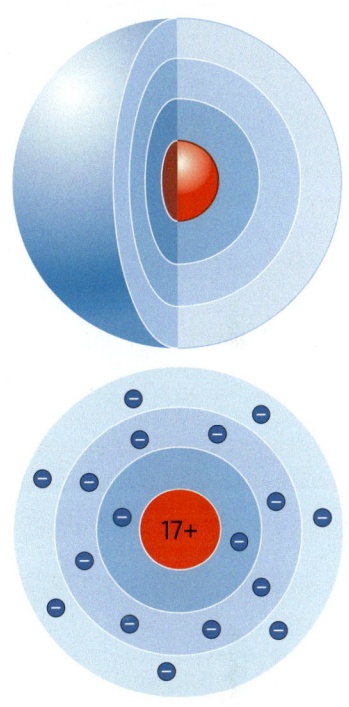

5 Schalenmodell des Chloratoms – räumlich und zweidimensional

Aufgaben

1 Vergleiche die Ionisierungsenergien der Chlorelektronen (▶3) mit den Energiestufen (▶4).
Erläutere dabei, wie man von der Darstellung der Ionisierungsenergien zu den Energiestufen kommt.

2 Vergleiche das Kern-Hülle-Modell mit dem Schalenmodell der Atomhülle. Erläutere dabei, warum man das Schalenmodell als Erweiterung betrachten kann.

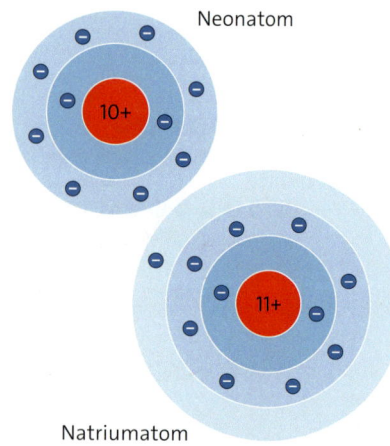

Neonatom

Natriumatom

1 Vergleich der Schalenmodelle zweier Elemente

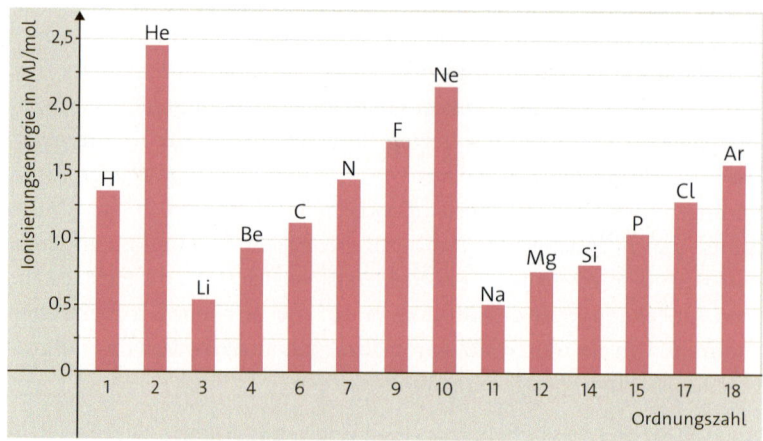

2 Erste Ionisierungsenergie für ausgewählte Elemente

Elektronenschale	Elektronenanordnung	
	bei Chlor	bei maximaler Besetzung
1 ≙ K	2	2
2 ≙ L	8	8
3 ≙ M	7	18
4 ≙ N	0	32
n		$2\,n^2$

3 Elektronenanordnung bei Chlor und bei einer nach dem Schalenmodell maximalen Besetzung

Aufgaben

1 Gib die jeweilige Elektronenanordnung für ein Lithium-, Fluor- und Neonatom an. Erläutere die Gemeinsamkeiten und Unterschiede.

2 Zeichne das jeweilige Schalenmodell für ein Calcium- und ein Kaliumatom.

3 Erkläre, warum die erste Ionisierungsenergie in der Reihe Helium, Neon und Argon abnimmt (▸ 2).

Erste Ionisierungsenergie Um weitere Rückschlüsse zum Atombau zu treffen, kann man statt der verschiedenen Ionisierungsenergien der Elektronen für ein einzelnes Element auch die erste Ionisierungsenergie verschiedener Elemente vergleichen. Die **erste Ionisierungsenergie** ist die Energie, die zum Abspalten des jeweils ersten Elektrons aus der Atomhülle eines Elements aufgebracht werden muss.

Aus dem Diagramm lässt sich ablesen, dass die erste Ionisierungsenergie vom Wasserstoff zum Helium, vom Lithium zum Neon und vom Natrium zum Argon jeweils stetig steigt (▸ 2).

Die Anziehungskraft des Atomkerns auf die Elektronen wächst in diesen Reihen aufgrund der größer werdenden Kernladungszahl. Zum Abspalten des ersten Elektrons muss deshalb eine immer größer werdende Energie aufgewandt werden.

Der sprunghafte Abfall der ersten Ionisierungsenergie von Helium zu Lithium und von Neon zu Natrium ergibt sich dadurch, dass sich bei den Alkalimetallen Lithium bzw. Natrium das jeweils abgespaltene Elektron auf der nächsthöheren Schale (Energiestufe) befindet (▸ 1). Hieraus lassen sich Schlussfolgerungen zur Anordnung der Elektronen treffen.

Anordnung der Elektronen im Schalenmodell In den einzelnen Elektronenschalen kann sich jeweils nur eine bestimmte Anzahl an Elektronen aufhalten. Die K-Schale – sie ist dem Kern am nächsten und entspricht der 1. Energiestufe – kann maximal zwei Elektronen aufnehmen. Im Wasserstoffatom hält sich dort ein Elektron auf. Im Heliumatom ist die K-Schale mit zwei Elektronen bereits voll besetzt. Kommt ein weiteres Elektron hinzu (Lithiumatom), wird die nächsthöhere Schale (L-Schale) besetzt. Die L-Schale kann maximal acht Elektronen aufnehmen (▸ 3). Bei den Atomen des Elements Neon sind beide Schalen jeweils vollständig gefüllt. Allgemein gilt, dass die Elektronenschalen der Atome mit steigender Ordnungszahl schrittweise von innen nach außen mit Elektronen aufgefüllt werden.

Nummeriert man die Elektronenschalen von innen nach außen, lässt sich aus der Nummer (n) die theoretisch maximal mögliche Anzahl an Elektronen für die Schale zu $2\,n^2$ errechnen (▸ 3).

Entstehung der Elemente

Mit dem Urknall vor 13,7 Milliarden Jahren entstand unser Universum. Nur wenige Sekunden alt, enthielt das junge Universum noch keine Elemente, sondern nur Elementarteilchen wie Protonen, Neutronen und Elektronen. Die uns heute bekannten Elemente entstanden erst viele Tausend Jahre später.

Elemente aus den Sternen

Anfangs bildete sich aus den vorhandenen Elementarteilchen der Wasserstoff. Noch heute ist das leichteste Element gleichzeitig mit über 90 % das häufigste im Weltall. Schwerere Elemente wie Helium, Lithium oder Eisen konnten erst mit den Sternen entstehen. Sterne bilden sich aus Gaswolken. Durch die Gravitation verdichten sie sich so stark, dass in ihrem Innern durch den hohen Druck bei Temperaturen von mehr als 10 Millionen Grad Celsius die Atomkerne des Wasserstoffs zu schwereren Heliumkernen verschmelzen. Diese Kernfusion setzt unvorstellbare Energiemengen frei. Mit zunehmendem Alter eines Sterns fusionieren auch die Heliumkerne. So können sich nach und nach alle Elemente bis zum Eisen bilden.

1 Aus solchen Gaswolken entstehen in Jahrmillionen neue Sterne.

Aufgabe

1 Viele künstliche Elemente wurden nach wichtigen Persönlichkeiten aus der Wissenschaft oder dem Ort der Ersterzeugung benannt. Recherchiere mit dem PSE (▶ Anhang) nach weiteren künstlichen Elementen und finde mehr über ihre Namen und ihre Entstehung heraus.

Info 1

Supernova

Ist nicht mehr genügend „Kernbrennstoff" im Stern vorhanden, kühlt er ab und kollabiert aufgrund der Gravitation innerhalb von Sekunden in einer Supernova (Sternenexplosion). Dabei entstehen extreme Temperaturen von einigen Milliarden Grad Celsius. Bei diesen Bedin-

2 Supernova

gungen können noch schwerere Elemente wie Blei, Bismut oder sogar Uran gebildet werden.

Elemente aus dem Labor

Roentgenium, Bohrium, Copernicium, Meitnerium, Hassium und Darmstadtium sind die Namen künstlicher Elemente. Sie alle wurden zum ersten Mal in Darmstadt am GSI künstlich erzeugt. Dabei werden z. B. Zink-Ionen im Teilchenbeschleuniger auf hohe Geschwindigkeit gebracht und auf eine Bleifolie geschossen. Bei der Kollision entstehen in seltenen Fällen auch ganz neue, superschwere Elemente. Die Lebensdauer dieser künstlichen Elemente ist jedoch sehr begrenzt. Es vergehen meist nur wenige Millisekunden, bis die instabilen Kerne wieder zerfallen.

3 Schwerionenbeschleuniger UNILAC am GSI in Darmstadt

Vom Atombau zum Periodensystem der Elemente

Gegenwärtig sind mehr als 110 verschiedene Elemente bekannt. Sie alle lassen sich im Periodensystem finden. Die Anordnung ermöglicht es, Rückschlüsse zum Atombau der einzelnen Elemente zu treffen.

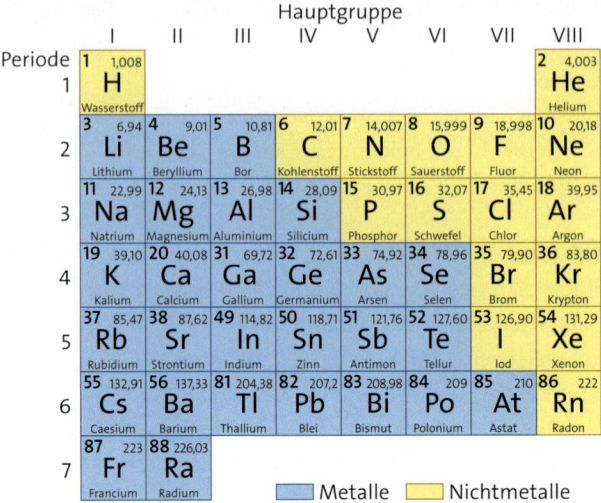

1 Das Periodensystem der Elemente in seiner heutigen Form

2 Lewis-Formel für die Elemente Chlor und Neon

Element und Symbol	Anzahl der Elektronen in der Elektronenschale					
	1	2	3	4	5	6
Helium (He)	2					
Neon (Ne)	2	8				
Argon (Ar)	2	8	8			
Krypton (Kr)	2	8	18	8		
Xenon (Xe)	2	8	18	18	8	
Radon (Rn)	2	8	18	32	18	8

3 Elektronenverteilung der Edelgasatome

Außenelektronen Der Atombau hat einen wesentlichen Einfluss auf die Eigenschaften der Elemente: Es sind aber hauptsächlich die Elektronen der äußeren besetzten Schale, der Außenschale, die die Eigenschaften und ihr chemisches Verhalten prägen. Diese Elektronen werden als **Außenelektronen** oder **Valenzelektronen** (lat. *valens*: stark, wirksam) bezeichnet. Es reicht daher meist aus, nur die Valenzschale der Atome zu kennen, um die Eigenschaften eines Elements zu deuten.

Um nicht jedes Mal komplette Schalenmodelle oder Energiestufendiagramme zu zeichnen, wurde von dem Amerikaner GILBERT N. LEWIS (1875–1946) die **Elektronenschreibweise** – auch als **Lewis-Formel** bezeichnet – eingeführt. In der Lewis-Formel werden nur die Valenzelektronen am Symbol des Elements dargestellt. Beim Schreiben der Lewis-Formel geht man wie folgt vor: Jedes Außenelektron wird als Punkt dargestellt und um das Symbol verteilt. Sind mehr als vier Außenelektronen vorhanden, können zwei Elektronen zu einem Elektronenpaar zusammengefasst werden, das als Strich gekennzeichnet wird (▶**2**).

Edelgaskonfiguration Wie schon bekannt, bilden die Edelgase eine gemeinsame Elementfamilie besonders reaktionsträger Gase (▶S. 38). Betrachtet man die Elektronenverteilung der verschiedenen Edelgasatome, fällt auf, dass bis auf das Heliumatom alle übrigen Atome jeweils acht Elektronen auf der äußersten Elektronenschale haben (▶**3**). Die Elektronenverteilung mit acht Elektronen ist besonders stabil und wird als **Elektronenoktett** bezeichnet. Das erkennt man auch daran, dass die erste Ionisierungsenergie für die Edelgasatome besonders hoch ist. Bei den Atomen des Heliums wird dieser stabile Zustand bereits mit zwei Elektronen erreicht. Da diese nur bei den Atomen der Edelgase auftritt, nennt man sie auch **Edelgaskonfiguration**.

Atombau und Anordnung der Elemente im Periodensystem Grundsätzlich sind die chemischen Elemente im Periodensystem nach steigender Kernladungszahl ihrer Atome angeordnet. In den **Perioden** finden sich die Elemente wieder, die die gleiche Anzahl besetzter Elektronenschalen haben. So haben z. B. alle Atome der Elemente der dritten Periode genau drei besetzte Elektronenschalen.

Innerhalb einer Periode wird von links nach rechts die äußerste Elektronenschale mit jedem hinzukommenden Element um ein Elektron aufgefüllt. So hat Natrium nur ein Außenelektron, Silicium vier und das Edelgas Argon bildet mit acht Außenelektronen den Abschluss (▶5).

Die Atome der Elemente, die im Periodensystem untereinanderstehen, weisen übereinstimmend mit Ausnahme von Helium die gleiche Anzahl an Außenelektronen auf (▶5) und unterscheiden sich nur in der Anzahl voll besetzter Schalen.

In jeder der acht **Hauptgruppen** stehen Elemente, die miteinander chemisch eng verwandt sind und die bekannten Elementfamilien bilden (▶S. 22 f.), wie beispielsweise die Alkalimetalle in der ersten Hauptgruppe, die Halogene in der siebten Hauptgruppe oder die Edelgase in der achten Hauptgruppe. Die Gemeinsamkeiten im Aufbau der Atome erklären ihre sich ähnelnden Eigenschaften und die Einordnung der Elemente im PSE (**Gesetz der Periodizität**).

So kann aus dem Atombau des Aluminiumatoms auf seine Stellung im PSE geschlossen werden (▶4) oder aus der Stellung des Elements im Periodensystem Informationen zum Atombau und den daraus resultierenden Eigenschaften abgeleitet werden (▶S. 61).

Weitere Elemente wie Kupfer, Chrom, Zink, Eisen und Gold bilden die Elemente der **Nebengruppen**. Es handelt sich ausnahmslos um Metalle. In den Hüllen ihrer Atome füllen die Elektronen innere Schalen auf.

> **Die periodisch wiederkehrenden Eigenschaften der Elemente und die Einordnung ins Periodensystem erklären sich aus dem Bau der Atome.**

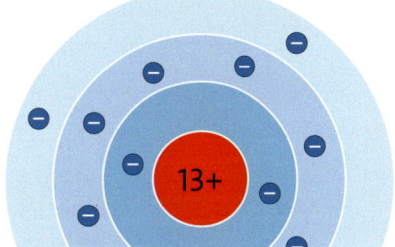

Aluminiumatom

13 Protonen ≅ Ordnungszahl 13
3 Außenelektronen ≅ III. Hauptgruppe
3 besetzte Schalen ≅ 3. Periode

4 Aus dem Bau der Atomhülle ergibt sich die Stellung eines Elements im Periodensystem.

Aufgaben

1 Erläutere die Elektronenverteilung bei Atomen als Ordnungsprinzip des Periodensystems für die Elemente der 2. und 3. Periode.

2 Zeichne ein Schalenmodell der Atomhülle des Elements, das in der V. Hauptgruppe in der 3. Periode steht. Benenne das Element.

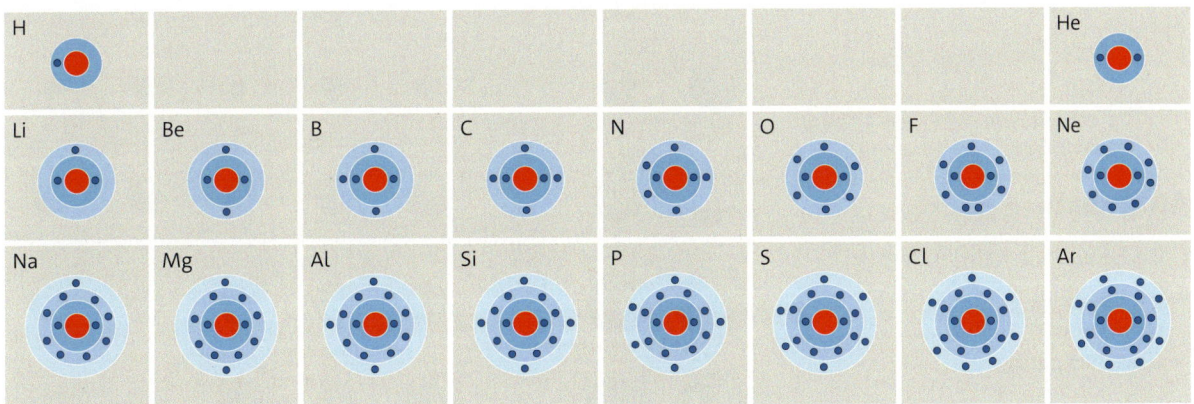

5 Schalenmodelle verschiedener Atome

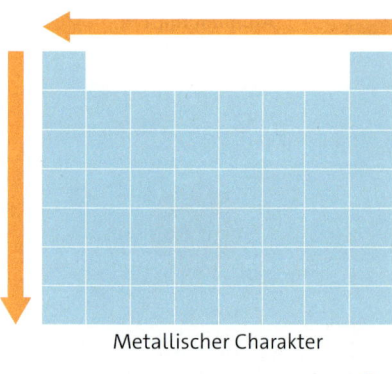

Metallischer Charakter

Nichtmetallischer Charakter

1 Tendenzen im Periodensystem

Metalle im Periodensystem Im Periodensystem überwiegen die Metalle. Sie sind im Periodensystem links einer gedachten Linie von Bor nach Astat zu finden. Ihre Atome besitzen nur wenige Außenelektronen. Diese können leicht abgegeben werden. Sie bewirken als Ladungsträger die elektrische Leitfähigkeit der Metalle. Innerhalb einer Periode nehmen die metallischen Eigenschaften der Elemente nach rechts hin ab (▶1).

Nichtmetalle im Periodensystem Die Elemente der V. bis VII. Hauptgruppe sind vorwiegend Nichtmetalle. Die nicht ganz gefüllte Außenschale bestimmt das besonders reaktionsfreudige Verhalten dieser Salzbildner. Im Gegensatz zu den Metallatomen können sie durch die Aufnahme weiterer Elektronen in die Valenzschale, z. B. eines Elektrons bei den Elementen der VII. Hauptgruppe, die stabile Edelgaskonfiguration erreichen.

Atomradien Ebenfalls periodisch ändern sich die Atomradien der Elemente. Innerhalb einer Gruppe nimmt mit jeder neuen Schale, die mit Elektronen besetzt wird, der Radius zu. Je mehr Elektronenschalen besetzt sind, desto größer ist das Atom. Innerhalb einer Periode nimmt dagegen der Radius mit zunehmender Ordnungszahl ab. Ursache dafür ist die mit steigender Kernladung zunehmende Anziehungskraft der Protonen des Kerns auf die Elektronen der Atomhülle. Diese überwiegt, obwohl die Zahl der Elektronen stetig zunimmt.

I. Hauptgruppe Mithilfe des Atombaus lässt sich auch erklären, dass die Elemente der Alkalimetalle ein ähnliches Reaktionsverhalten zeigen, z. B. bilden sie Halogenide mit derselben Verhältnisformel.
Die Atome der Alkalimetalle besitzen jeweils ein Außenelektron. Durch die Abgabe dieses Elektrons können sie eine stabile Edelgaskonfiguration erreichen. Dabei gilt: Je größer der Atomradius des Alkalimetallatoms, desto leichter wird das Valenzelektron abgegeben. Dies erklärt die zunehmende Reaktivität innerhalb der Elementfamilie.

Aufgaben

1 Beschreibe ▶2. Gib Tendenzen für die Atomradien der Elemente im Periodensystem an. Nenne Ursachen dafür.

2 Alkalimetalle reagieren heftig mit Sauerstoff. Begründe mit dem Atombau.

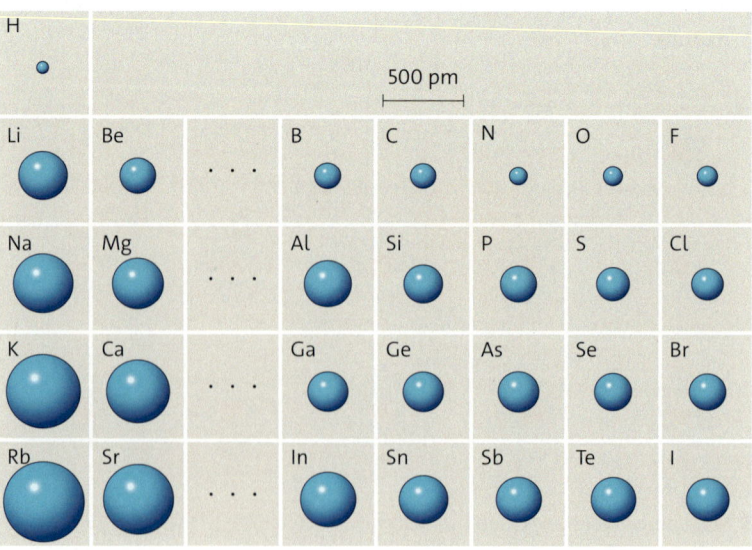

2 Atomradien der Hauptgruppenelemente der ersten fünf Perioden

Ableiten von Aussagen über Elemente aus dem Periodensystem

Aus dem Periodensystem der Elemente lässt sich der Atombau eines Elements ableiten. Mit seiner Hilfe können die Eigenschaften eines Elements abgeschätzt und dessen chemisches Verhalten vorhergesagt werden. Ein Vorgehen nach einer bestimmten Schrittfolge ist dabei sinnvoll.

Leite aus dem Periodensystem Aussagen über das Element Schwefel ab.

1 Suche das Element im Periodensystem.
Schwefel hat das Elementsymbol S. Nutze dir bekannte Eigenschaften, um mit der Suche an der richtigen Stelle im Periodensystem zu beginnen.

2 Ermittle von dem Element Ordnungszahl, Hauptgruppe und Periode.
Schwefel hat die Ordnungszahl 16. Er steht in der VI. Hauptgruppe in der 3. Periode.

3 Leite Aussagen zum Atombau des Elements ab. Ermittle die Zahl der Elektronenschalen und die Zahl der Valenzelektronen seiner Atome.
Bau des Schwefelatoms:
– 16 Protonen im Atomkern
– 16 Elektronen in der Atomhülle
– 3 Elektronenschalen
– 6 Valenzelektronen in der Außenschale

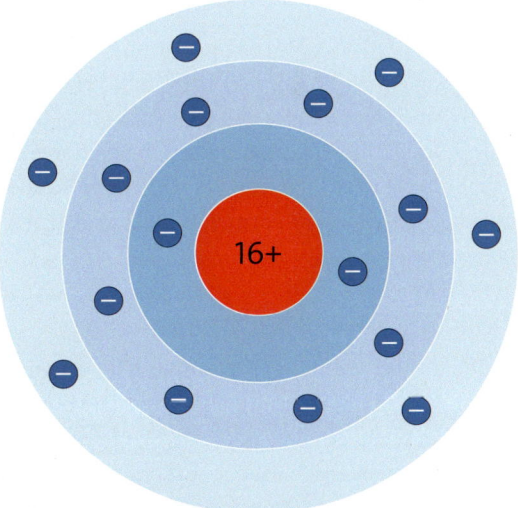

3 Das Schalenmodell des Schwefelatoms veranschaulicht seinen Bau.

4 Schätze den Atomradius ab. Als Grundlage dienen dabei die Tendenzen im Periodensystem.
Innerhalb der Hauptgruppe nimmt der Atomradius von oben nach unten zu. Innerhalb der Periode nimmt er von links nach rechts ab. Schwefelatome besitzen daher z. B. im Vergleich zu Sauerstoffatomen einen größeren Atomradius und im Vergleich zu Phosphoratomen einen kleineren.

5 Schätze die Neigung der Atome des Elements zur Aufnahme bzw. Abgabe von Elektronen ab.
Um die Edelgaskonfiguration zu erreichen, müssten Schwefelatome entweder zwei Elektronen aufnehmen oder sechs Elektronen abgeben. Aufgrund des Energieaufwands bei der Elektronenabgabe ist vermutlich die Neigung zur Elektronenaufnahme stärker.

6 Ermittle aus seiner Stellung im Periodensystem, ob das Element ein Metall, ein Halbmetall oder ein Nichtmetall ist. Leite daraus Vermutungen über weitere Eigenschaften ab.
Schwefel steht im Periodensystem rechts einer gedachten Linie von Bor nach Astat und ist daher ein Nichtmetall. Schwefel ist ebenso wie Phosphor bei Zimmertemperatur fest, dürfte aber eine relativ niedrige Schmelz- und Siedetemperatur aufweisen. Vermutlich leitet Schwefel als Nichtmetall den elektrischen Strom nicht.

7 Stelle Vermutungen darüber an, ob das Element eher mit Metallen oder mit Nichtmetallen reagieren könnte.
Es ist zu vermuten, dass Schwefel als Nichtmetall mit Metallen und auch mit Sauerstoff reagiert.

Entwicklung von Atommodellen

Atommodell	Aussagen des Modells
DALTONS Atommodell (1803)	• Alle Stoffe bestehen aus kleinsten, unteilbaren Teilchen, den Atomen. • Die Atome eines Elements besitzen die gleiche Masse und die gleiche Größe. Atome verschiedener Elemente unterscheiden sich durch ihre Masse und ihre Größe voneinander. • Die Anzahl unterschiedlicher Atomarten entspricht der Anzahl der vorhandenen Elemente. • Bei chemischen Reaktionen ordnen sich die Atome der Ausgangsstoffe neu.
Rosinenkuchen-Modell (1903)	• Atome besitzen eine innere Struktur. • In einer positiv geladenen Masse verteilen sich elektrisch negativ geladene Elektronen gleichmäßig, wie die Rosinen in einem Kuchenteig. • Elektronen können aus dem Atom entfernt werden oder dazukommen. Dadurch werden Ionen gebildet.
Kern-Hülle-Modell (1911)	• Atome bestehen aus einem winzigen Atomkern, in dem sich fast die gesamte Masse des Atoms konzentriert, und einer im Vergleich riesigen Atomhülle. • Im Atomkern befinden sich elektrisch positiv geladene Protonen. • In der Atomhülle bewegen sich elektrisch negativ geladene Elektronen um den Atomkern.
Schalenmodell der Atomhülle (1913)	• In der Atomhülle bewegen sich Elektronen auf ganz bestimmten Kreisbahnen um den Atomkern. • Die Anzahl der Kreisbahnen, die als Elektronenschalen bezeichnet werden, ist begrenzt. • Durch Energiezufuhr können die Elektronen auf Schalen höherer Energie wechseln. Kehren sie wieder in ihre ursprüngliche Schale zurück, wird Energie beispielsweise in Form von Licht abgegeben.

Modelle sind vereinfachte Darstellungen der Wirklichkeit. Sie spiegeln daher nur bestimmte Aspekte der Wirklichkeit wider. Steht ein Modell im Widerspruch zu neuen wissenschaftlichen Erkenntnissen, muss das alte Modell erweitert bzw. ein neues Modell entwickelt werden. Am Beispiel der Entwicklung der Atommodelle lässt sich das gut nachverfolgen.

Bis heute sind zahlreiche Atommodelle entwickelt worden. Mit jedem Atommodell lassen sich bestimmte chemische Sachverhalte erklären, andere dagegen nicht. Neue wissenschaftliche Erkenntnisse führen dazu, dass bestehende Atommodelle weiterentwickelt oder verworfen werden, um neue, geeignetere Modelle zu entwickeln.

Erklärbare Sachverhalte	Nicht erklärbare Sachverhalte
• Aggregatzustände • Lösevorgänge von Stoffen • Unterscheidung von Stoffen und Stoffgemischen • Gesetz von der Erhaltung der Masse • Gesetz der konstanten Massenverhältnisse	• Elektrische Leitfähigkeit von Lösungen • Bildung von Ionen • Stabilität von Atomen • Zusammenhalt zwischen Teilchen
• Elektrisch neutrale Atome • Elektrische Leitfähigkeit von Lösungen • Bildung von Ionen	• Stabilität von Atomen • Zusammenhalt zwischen Teilchen • Chemische Reaktivität (z. B. Alkalimetalle und Halogene) • Isotope eines Elements mit unterschiedlichen Massen
• Zusammenhalt zwischen Teilchen • Reihenfolge der Elemente im Periodensystem	• Stabilität von Atomen • Aufnahme oder Abgabe von Energie bei chemischen Reaktionen • Flammenfärbungen von Alkalimetall- und Erdalkalimetallverbindungen
• Stabilität von Atomen und chemische Reaktivität • Aufnahme oder Abgabe von Energie bei chemischen Reaktionen • Ordnungsprinzipien der Elemente im Periodensystem • Berechnung von Ionisierungsenergien und Atomradien • Isotope eines Elements mit unterschiedlichen Massen	• Stabilität der Edelgaskonfiguration (Elektronenoktett) • Räumliche Anordnung von Atomen und chemische Bindung in Molekülen

Aufgaben

1 Nenne wissenschaftliche Erkenntnisse, die die Entwicklung der einzelnen Atommodelle notwendig machten.

2 Erläutere anhand selbst gewählter Beispiele erklärbare und nicht erklärbare Sachverhalte zu den einzelnen Atommodellen.

3 Zwischen Protonen und Elektronen als elektrisch geladenen Teilchen wirken Kräfte. Prüfe, ob dies im Kern-Hülle-Modell und im Schalenmodell der Atomhülle berücksichtigt wird.

4 Erstelle ein Begriffsnetz (Concept-Map) zur Entwicklung der Atommodelle.

Atombau und Periodensystem der Elemente

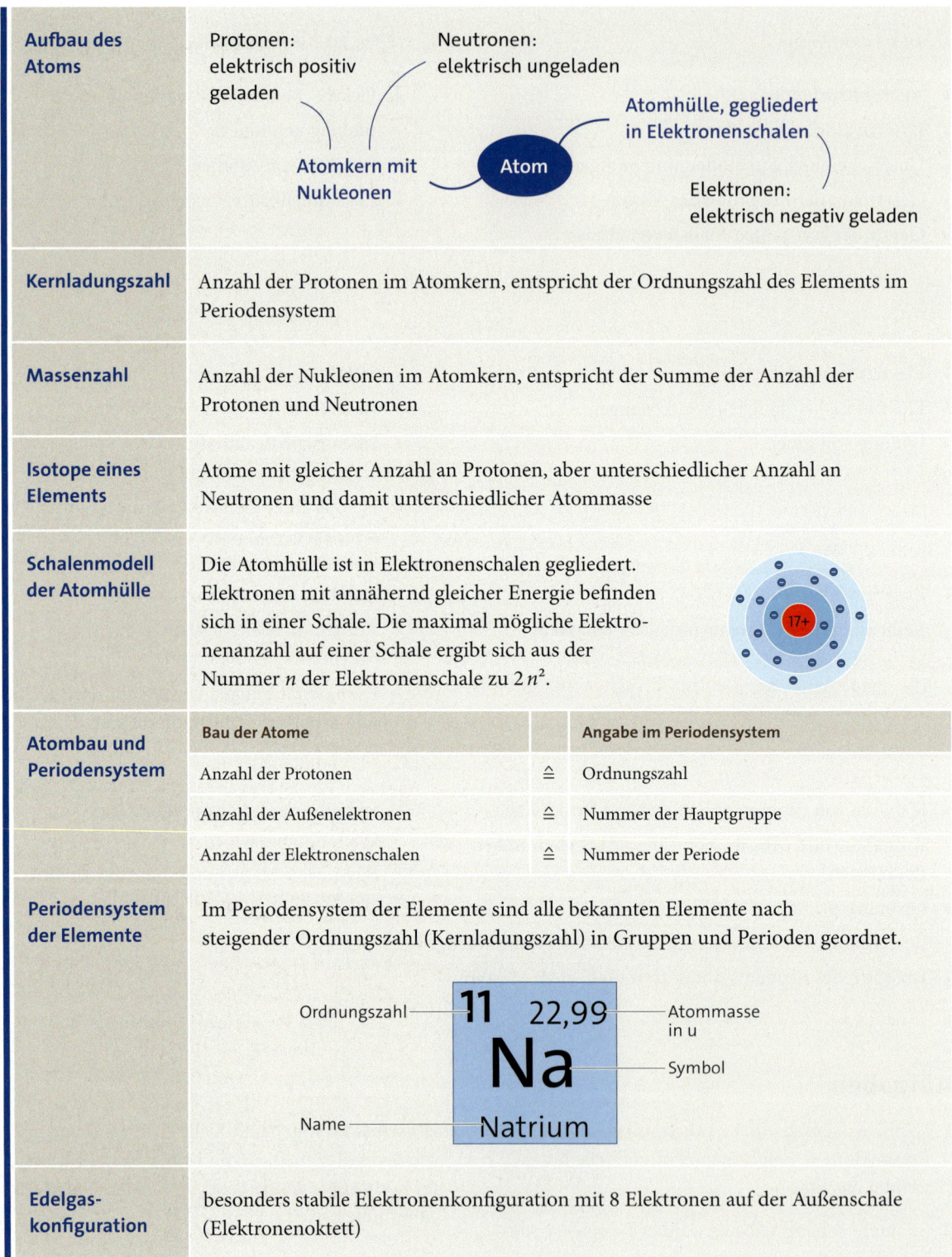

	Bau der Atome		Angabe im Periodensystem
Atombau und Periodensystem	Anzahl der Protonen	≙	Ordnungszahl
	Anzahl der Außenelektronen	≙	Nummer der Hauptgruppe
	Anzahl der Elektronenschalen	≙	Nummer der Periode

Aufbau des Atoms

Protonen: elektrisch positiv geladen

Neutronen: elektrisch ungeladen

Atomhülle, gegliedert in Elektronenschalen

Atomkern mit Nukleonen

Atom

Elektronen: elektrisch negativ geladen

Kernladungszahl — Anzahl der Protonen im Atomkern, entspricht der Ordnungszahl des Elements im Periodensystem

Massenzahl — Anzahl der Nukleonen im Atomkern, entspricht der Summe der Anzahl der Protonen und Neutronen

Isotope eines Elements — Atome mit gleicher Anzahl an Protonen, aber unterschiedlicher Anzahl an Neutronen und damit unterschiedlicher Atommasse

Schalenmodell der Atomhülle — Die Atomhülle ist in Elektronenschalen gegliedert. Elektronen mit annähernd gleicher Energie befinden sich in einer Schale. Die maximal mögliche Elektronenanzahl auf einer Schale ergibt sich aus der Nummer n der Elektronenschale zu $2\,n^2$.

Periodensystem der Elemente — Im Periodensystem der Elemente sind alle bekannten Elemente nach steigender Ordnungszahl (Kernladungszahl) in Gruppen und Perioden geordnet.

Ordnungszahl — **11** 22,99 — Atommasse in u

Na — Symbol

Name — Natrium

Edelgaskonfiguration — besonders stabile Elektronenkonfiguration mit 8 Elektronen auf der Außenschale (Elektronenoktett)

Aufgaben

1 Beschreibe den Streuversuch von Rutherford und erläutere die gemachten Beobachtungen.

2 Gib in einer Tabelle die Anzahl der Protonen, Elektronen und Neutronen sowie die Ordnungszahl für folgende Atome an: $^{3}_{2}He$, $^{4}_{2}He$, $^{54}_{26}Fe$, $^{56}_{26}Fe$, $^{37}_{17}Cl$.

3 Vom Element Kupfer existieren zwei natürlich vorkommende Isotope.

Angaben zu den Kupferisotopen	^{63}Cu	^{65}Cu
Kernladungszahl Z	29	29
Neutronenzahl N	34	36
Massenzahl A	63	65
Atommasse in u	62,93	64,93
rel. Häufigkeit in %	69,2	30,8

a Interpretiere die Angaben der Tabelle.
b Ermittle die durchschnittliche Atommasse in u für Kupfer aus den beiden Isotopen.

4 Vergleiche das Atommodell von Thomson (Rosinenkuchen-Modell) mit dem Atommodell von Rutherford (Kern-Hülle-Modell).

5 Ordne in einer Tabelle die folgenden Elemente Elementfamilien und Hauptgruppen zu: Brom, Beryllium, Krypton, Strontium, Caesium, Xenon, Rubidium, Fluor, Kalium, Iod, Helium, Barium.

6 Zeichne das Energiestufendiagramm für die 16 Elektronen des Schwefelatoms.

7 Erläutere mithilfe des Energiestufendiagramms am Beispiel des Schwefelatoms, warum die Erforschung der Ionisierungsenergien zu einer Weiterentwicklung des Kern-Hülle-Modells der Atome führte.

8 Beschreibe das Schalenmodell der Atomhülle anhand eines selbst gewählten Beispiels.

9 Zeichne die Schalenmodelle der Atome für die Elemente Silicium und Fluor.

10 Notiere die Symbole folgender Elemente in der Elektronenschreibweise nach Lewis: Lithium, Krypton, Calcium, Brom, Stickstoff.

11 Begründe die Stellung des Elements Wasserstoff im Periodensystem der Elemente.

12 Das Element Helium könnte auch an einer anderen Stelle im Periodensystem stehen.
a Benenne diese Stelle und begründe deine Wahl.
b Begründe, warum Helium in der VIII. Hauptgruppe zu finden ist.

13 Erläutere den Zusammenhang zwischen dem Atombau und der Stellung von Elementen im Periodensystem am Beispiel der Elemente Aluminium, Phosphor und Neon.

14 Das Periodensystem der Elemente kann zum Ableiten von Angaben über chemische Elemente genutzt werden.
a Leite Angaben über den Atombau des Elements mit der Ordnungszahl 38 ab.
b Stelle begründete Vermutungen über Eigenschaften des zugehörigen Stoffes an.

15 Erläutere am Beispiel der Erdalkalimetalle das Gesetz der Periodizität.

16 Auch Kohlenstoff ist kein Reinstoff. Berechne aus der Atommasse von 12,01 u die Isotopenverteilung von ^{12}C (12,00 u) und ^{13}C (13,00 u).

Hilfe zu den Aufgaben findest du auf den Seiten ...			
1	50 f.	9	58 f.
2	52 f.	10	58
3	53	11	58 ff.
4	48 ff.	12	58 ff.
5	58 ff.	13	58 ff.
6	55	14	58 ff.
7	54 ff.	15	59
8	56	16	53

▶ Die Lösungen findest du im Anhang.

Weitergedacht

Der deutsche Chemiker Meyer vertrat bereits 1864 die Anordnung der Elemente in Gruppen.

In den Folgejahren arbeitete er daran, ein allgemeines Ordnungssystem der Elemente zu entwickeln. Er gab an, dass ihn eine Rede über das Atom- und Molekulargewicht von 1860 und die Arbeiten von John A. R. Newlands (1837–1898) bei seiner Arbeit maßgeblich beeinflusst haben. Im Jahre 1869 stellte er fast zeitgleich mit Mendelejew sein Ordnungssystem der Elemente vor.

I.	II.	III.	IV.	V.	VI.	VII.	VIII.	IX.
B = 11,0	Al = 27,3	--			?In = 113,4	Tl = 202,7		
	C = 11,97	Si = 28		--		Sn = 117,8		Pb = 206,4
		Ti = 48			Zr = 89,7		--	
N = 14,01	P = 30,9		As = 74,9		Sb = 122,1		Bi = 207,5	
	V = 51,2		Nb = 93,7		Ta = 182,2			
O = 15,96	31,98		Se = 78		Te = 128?		--	
	Cr = 52,4		Mo = 95,6		W = 183,5			
--	F = 19,1	Cl = 35,38		Br = 79,75		J = 126,5		--
	Mn = 54,8		Ru = 103,5		Os = 198,6?			
	Fe = 55,9		Rh = 104,1		Ir = 196,7			
	Co = Ni = 58,6		Pd = 106,2		Pt = 196,7			
Li = 7,01	Na = 22,9	K = 39,04		Rb = 85,2		Cs = 132,7		
		Cu = 63,3		Ag = 107,66		Au = 196,2		
?Be = 9,3	Mg = 23,9	Ca = 39,9		Sr = 87,0		Ba = 136,8		--
		Zn = 64,9		Cd = 111,6		Hg = 199,8		

A1 Periodensystem der Elemente nach Meyer (1870)

1 Beschreibe den Aufbau des Periodensystems von Meyer und vergleiche es mit dem Periodensystem von Mendelejew und dem heute gültigen Periodensystem der Elemente.

2 1869 fand Meyer heraus, dass gleichartige Elemente ein gleichartiges Atomvolumen im Vergleich zu anderen Elementen haben. „Alkinische Elemente" (heute: Alkalimetalle) haben z. B. ein sehr großes Atomvolumen. Erkläre diesen Sachverhalt aus heutiger Sicht.

3 Der englische Chemiker Newlands fand heraus, dass sich bei einer Ordnung der Elemente nach steigender Atommasse die chemischen Eigenschaften in jeder achten Position wiederholen. Dies verglich er mit den Oktaven aus der Musik. Sein Vergleich wurde anfangs als unwissenschaftlich abgelehnt. Beurteile diese Haltung mit dem heutigen Wissen.

Dmitri I. Mendelejew sagte die Eigenschaften mehrerer bis dahin unbekannter Elemente erstaunlich genau voraus. In seinem Periodensystem ließ er einfach an der entsprechenden Stelle eine Lücke.

Atommasse: 72
Schmelztemperatur: hoch
Farbe: dunkelgrau
Weitere Eigenschaften: beständig gegen Säuren und Laugen, Oxid mit hoher Schmelztemperatur, Herstellung aus seinem Oxid

B1 Mendelejews Voraussagen für das Eka-Silizium

1 Erläutere den Atombau für das Element Germanium. Formuliere die Reaktionsgleichung zur Darstellung von reinem Germanium (▶ **B2**).

Germanium (1886 Clemens Winkler)
Ordnungszahl: 32
Hauptgruppe: IV
Periode: IV
Atommasse: 72,61 u
Schmelzpunkt: 938,3 °C
Siedepunkt: 2 833 °C
Oxid: GeO_2 (Schmelzpunkt > 1 000 °C)
Gewinnung: Reaktion von Germaniumoxid mit Kohlenstoff oder Wasserstoff

B2 Aussagen über Germanium

2 Vergleiche die Eigenschaften des 15 Jahre später entdeckten Germaniums mit Mendelejews Voraussagen und beurteile seine Bemerkung, „Eka-Silizium" sei ein Musterbeispiel für die Leistungsfähigkeit seines Periodensystems (▶ **B1**, **B2**).

■ **Material C: Aluminium – ein besonderes Leichtmetall**

Aluminium – ein echtes „Leichtgewicht"

Aluminium ist nach Sauerstoff und Silicium das dritthäufigste chemische Element auf der Erde. Mit einem Massenanteil von 8 % an der Erdkruste ist es das häufigste Metall überhaupt.

Aluminium findet aufgrund seiner Eigenschaften in unserem Alltag eine breite Verwendung. Bauteile aus Aluminium sind etwa zu zwei Dritteln leichter als vergleichbare Bauteile aus Eisen. Weiterhin sind Gegenstände aus Aluminium sehr beständig, da sie sich an der Luft mit einer dünnen Schicht aus Aluminiumoxid überziehen. Selbst wenn Aluminium oft nass wird, korrodiert es nicht wie Eisen.

Diese physikalischen und chemischen Eigenschaften lassen sich auch durch den Aufbau der Aluminiumatome erklären.

Für Aluminium gibt es zahlreiche Verwendungsmöglichkeiten.

C1 Informationen zum Element Aluminium

Eisenisotop	Atommasse in u	Relative Häufigkeit in %
^{54}Fe	53,94	5,8
^{56}Fe	55,94	91,72
^{57}Fe	56,94	2,2
^{58}Fe	57,93	0,28

C2 Stabile Eisenisotope

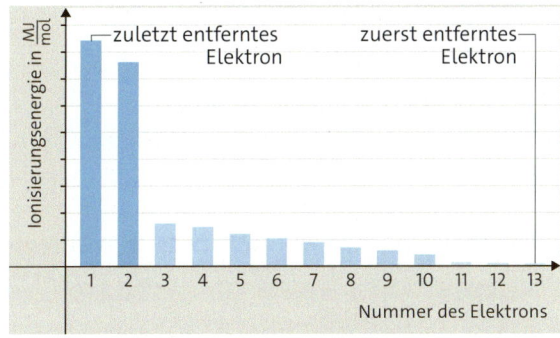

C3 Ionisierungsenergie zur Abspaltung der Elektronen beim Aluminiumatom

1 Begründe die in ▸ **C1** dargestellten Verwendungsmöglichkeiten mit den Eigenschaften von Aluminium.

2 Aus den Ionisierungsenergien in ▸ **C3** lassen sich Aussagen zum Bau von Aluminiumatomen ableiten.

   a Erläutere den energetischen Verlauf zur Abspaltung der Elektronen beim Aluminiumatom.

   b Entwickle aus dem energetischen Verlauf ein Energiestufenmodell für das Aluminiumatom und skizziere ein mögliches Schalenmodell.

3 Die Stabilität von Aluminiumoxid begründet sich auch darauf, dass in der Verbindung das Aluminium als Ion vorliegt.

   a Begründe mithilfe der Oktettregel, in welcher Elektronenanordnung die Aluminium-Ionen im Aluminiumoxid am ehesten vorliegen. Skizziere dazu ein passendes Schalen- oder Energiestufenmodell.

   b Benenne das Element, das die gleiche Elektronenanordnung wie diese Aluminium-Ionen besitzt. Gib seine Position im Periodensystem an.

4 Im Gegensatz zum Aluminium ist Eisen kein Reinelement. Vom Eisen sind vier stabile Isotope bekannt (▸ **C2**).

   a Erläutere anhand des Elements Eisen den Begriff Isotop.

   b Berechne mithilfe von ▸ **C2** die mittlere Atommasse von Eisen in u.

5 Entwickle eine Hypothese zur Erklärung der geringen Dichte von Aluminium im Vergleich zum Eisen.

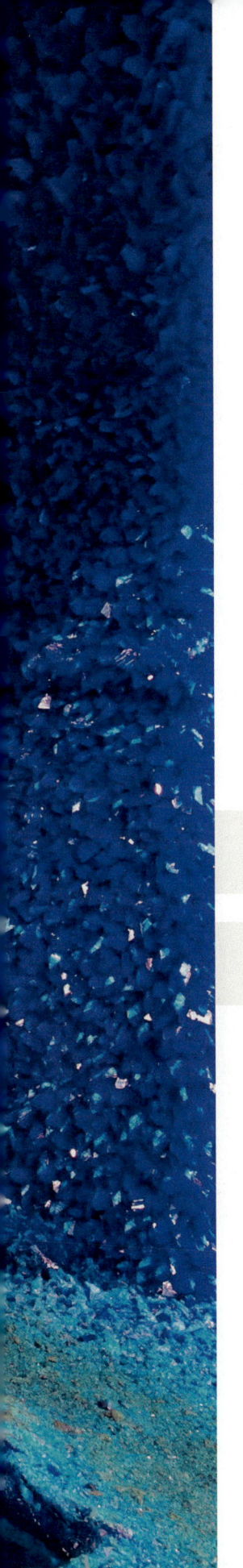

Salze und Metalle –

Elektronenübertragung

Wände, Decken, Böden sind in dieser zu einer Kunst-
installation gewordenen Wohnung von blauen Salzkris-
tallen bedeckt. Dieses blaue Kupfersulfat hat auf den
ersten Blick wenig gemeinsam mit dem rot glänzenden
Kupfer. Jedoch lässt sich Kupfer aus Kupfersulfat gewinnen, ebenso umgekehrt.

Salzbildungen, verchromte Oberflächen und Strom aus
Früchten haben eines gemeinsam: Sie beruhen auf Elektronenübertragungen zwischen Teilchen.

Eigenschaften von Salzen und Salzlösungen

Exp. 1 — Elektrische Leitfähigkeit von Natriumchlorid

Gib in ein Becherglas etwa 10 g trockenes, festes Natriumchlorid, in ein anderes Becherglas einen großen, trockenen Natriumchloridkristall und in ein drittes Becherglas 100 ml destilliertes Wasser. Prüfe zunächst die elektrische Leitfähigkeit des festen Natriumchlorids und des destillierten Wassers. Verrühre die 10 g Natriumchlorid mit dem destillierten Wasser, bis eine klare Lösung entstanden ist. Prüfe die Lösung auf elektrische Leitfähigkeit. Vergleiche die Ergebnisse miteinander.
Entsorgung: Natriumchloridkristall einsammeln. Lösungen in das Abwasser geben.

Exp. 2 — Elektrische Leitfähigkeit wässriger Lösungen

Prüfe die elektrische Leitfähigkeit von entmineralisiertem Wasser. Lege dabei eine Wechselspannung von etwa 5 V an. Prüfe anschließend Leitungswasser, Mineralwasser, eine 10%ige Zinkchloridlösung (GHS07) und eine 25%ige Lösung von blauem Kupfersulfat (GHS07|09) auf ihre Leitfähigkeit. Notiere deine Beobachtungen und deute sie.
Entsorgung: Zinkchlorid- und Kupfersulfatlösung in den Behälter für giftige anorganische Abfälle, restliche Lösungen in das Abwasser geben.

Exp. 3 — Elektrische Leitfähigkeit einer Schmelze

Vorsicht! Spritzgefahr! Nur unter Aufsicht arbeiten!
Erhitze Zinkchlorid (GHS05|07|09) in einem Porzellantiegel bis zum Schmelzen. Prüfe die Schmelze auf elektrische Leitfähigkeit. Untersuche die erstarrte Schmelze erneut auf elektrische Leitfähigkeit. Erkläre deine Beobachtungen.
Entsorgung: Reste in den Behälter für giftige anorganische Abfälle geben.

Exp. 4 — Ionenwanderung

Bereite eine 10%ige Lösung von Kaliumnitrat (GHS03), eine 15%ige Lösung von Kaliumpermanganat (GHS03|07|09) und eine 25%ige Lösung von blauem Kupfersulfat (GHS07|09). Gib zu der Kupfersulfatlösung so lange Ammoniakwasser (GHS05), bis sich die hellblaue Trübung löst und die Lösung tiefblau wird. Fülle in eine Petrischale ($d = 9$ cm) ca. 30 ml der Kaliumnitratlösung. Markiere auf einem Blatt Papier eine ca. 10 cm lange Linie. Stelle die Schale auf das Blatt, sodass die Linie mittig durch die Schale verläuft. Tauche in die Lösung zwei Kohlestabelektroden und befestige sie links und rechts der Mittellinie mit Krokodilklemmen am Glasrand. Lege eine Gleichspannung von $U = 5$ V an. Gib drei Tropfen der blauen Lösung auf die Mittellinie und mit kleinem Abstand darunter einen Tropfen der violetten Lösung. Beobachte die Ausbreitung der Tropfen fünf Minuten lang.

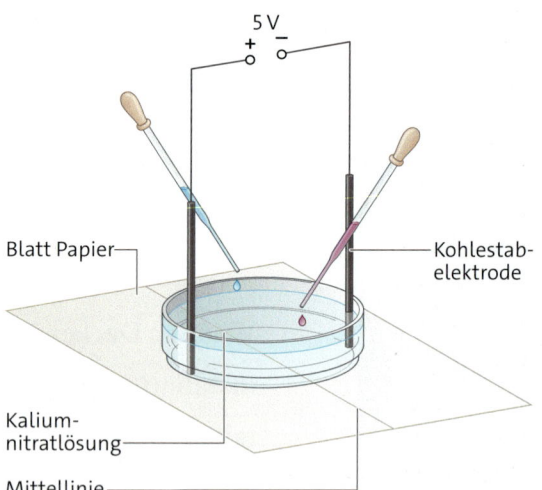

Fertige eine Zeichnung an. Deute das Ergebnis.
Hinweis: Die violette Farbe der Kaliumpermanganatlösung beruht auf negativ geladenen Ionen, die blaue Farbe der Kupfersulfatlösung auf positiv geladenen Ionen dieser Verbindungen.
Entsorgung: Lösungen in den Behälter für giftige anorganische Abfälle geben.

Exp. 5 Verbrennen von Magnesium

Nicht direkt in die Flamme schauen!
Halte ein etwa 5 cm langes Stück Magnesiumband (GHS02) mit der Tiegelzange in die Brennerflamme, bis es sich entzündet. Lass es dann über einer schwarzen Abdampfschale abbrennen.
Notiere diene Beobachtungen, deute das Versuchsergebnis und formuliere die Reaktionsgleichung.
Entsorgung: Feststoffe in den Hausmüll geben.

Exp. 6 Verhalten von Metallen gegenüber Metallsalzlösungen

Stelle folgende vier Lösungen viermal bereit: 5%ige Lösungen von Zinkchlorid (GHS05|07|09), Eisensulfat (GHS07), Kupfersulfat (GHS07|09) und Silbernitrat (GHS03|05|09). Tauche in die erste Reihe jeweils einen gut gereinigten Eisennagel, jeweils gut gereinigte Blechstreifen von Kupfer in die zweite Reihe, von Zink in die dritte Reihe und von Silber in die vierte Reihe.

jeweils Bleche von Eisen, Kupfer, Zink und Silber

| Zink-chlorid-lösung | Eisen-sulfat-lösung | Kupfer-sulfat-lösung | Silber-nitrat-lösung |

Beobachte einige Minuten. Fertige eine Tabelle an, aus der ersichtlich ist, welche Metalle und welche Lösungen miteinander reagieren und welche nicht. Deute die Beobachtungsergebnisse.
Entsorgung: Lösungen in den Behälter für giftige anorganische Abfälle geben. Metalle einsammeln.

Exp. 7 Elektrolyse einer Zinkiodidlösung

Fülle ein U-Rohr mit 10%iger Zinkiodidlösung (GHS07). Tauche in jeden Schenkel des U-Rohrs eine Kohlestabelektrode. Verbinde sie jeweils mit einer Gleichspannungsquelle. Lege an die Elektroden eine elektrische Gleichspannung von $U = 4$ bis $6\,V$ an. Notiere deine Beobachtungen und deute die Versuchsergebnisse.
Entsorgung: Lösungen in den Behälter für giftige anorganische Abfälle geben.

Exp. 8 Verzinken eines Eisennagels

Mische in einem Becherglas 50 ml 15%ige Zinksulfatlösung (GHS05|07|09) und 5 ml verdünnte Essigsäure ($w = 5\,\%$). Tauche in die Lösung einen blank geschmirgelten, großen Eisennagel auf der einen Seite und eine Kohlestabelektrode auf der gegenüberliegenden Seite und befestige sie jeweils mit einer Krokodilklemme an der Glaswand. Verbinde den Eisennagel mit dem Minuspol und die Kohlestabelektrode mit dem Pluspol einer Spannungsquelle. Lege für ca. drei Minuten eine Gleichspannung von $U = 4\,V$ an. Notiere deine Beobachtungen und deute die Versuchsergebnisse.
Entsorgung: Nägel einsammeln, Lösung in den Behälter für giftige anorganische Abfälle geben.

Exp. 9 Verkupfern einer Münze

Mische in einem Becherglas 60 ml 25%ige Kupfersulfatlösung (GHS07|09) und 10 ml 10%ige Schwefelsäure (GHS07). Tauche in die Lösung ein 10-Cent-Stück auf der einen Seite und eine Kohlestabelektrode auf der gegenüberliegenden Seite. Verbinde die Münze mit dem Minuspol und die Kohlestabelektrode mit dem Pluspol einer Spannungsquelle. Lege für ca. drei Minuten eine Gleichspannung von $U = 4\,V$ an. Notiere deine Beobachtungen und deute die Versuchsergebnisse.
Entsorgung: Münze einsammeln, Lösung in den Behälter für giftige anorganische Abfälle geben.

Elektrische Leitfähigkeit von Salzen

Auch wenn die Wellen besonders hoch sind, bei einem herannahenden Gewitter sollte man besser nicht ins Wasser gehen. Im Wasser muss einen der Blitz nicht direkt treffen, um eine Gefahr für Leib und Leben darzustellen.

1 Surfen bei Gewitter – ein gefährliches Wagnis

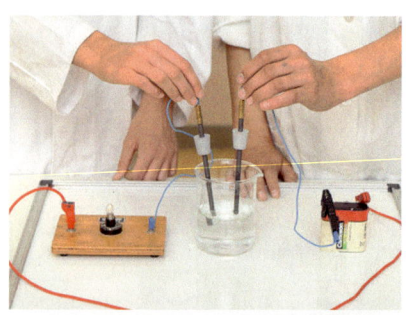

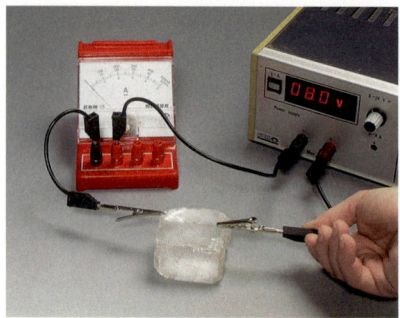

2 Eine Lösung von Natriumchlorid leitet den elektrischen Strom – festes Natriumchlorid nicht.

Elektrische Leitfähigkeit von Salzen und Salzlösungen Im Gegensatz zu den Metallen zeigen Salze beim Anlegen einer elektrischen Spannung kein einheitliches Verhalten.

Im festen Zustand leiten Natriumchlorid und Zinkchlorid den elektrischen Strom nicht. Geschmolzenes Zinkchlorid hingegen ist elektrisch leitfähig. Auch durch die wässrigen Lösungen der Salze fließt beim Anlegen einer Spannung ein elektrischer Strom, während das reine Lösemittel Wasser den elektrische Strom nicht leitet (►Exp. 1, 2, 3; S. 70; ►**2**). Daraus kann geschlossen werden, dass die Teilchen des Salzes Ursache für die elektrische Leitfähigkeit der Lösungen und der Schmelze sind.

| Salze leiten nur als Schmelze und in wässriger Lösung den elektrischen Strom.

Ionenwanderung Im Modell stellt man sich die Teilchen in einem festen Stoff, z. B. die Teilchen in einem Salzkristall, dicht nebeneinandergepackt und regelmäßig angeordnet vor. Die Teilchen können nur kleine Schwingungen an ihrem Platz durchführen. Eine gerichtete Bewegung beim Anlegen einer Spannung ist nicht möglich. Daher leiten feste Salze den elektrischen Strom nicht.

In einer Schmelze oder in einer wässrigen Lösung sind die Teilchen dagegen frei beweglich. Diese Teilchen müssen elektrisch geladen sein. Beim Anlegen einer Spannung fließt durch die gerichtete Bewegung dieser Teilchen ein elektrischer Strom. Salze müssen dabei sowohl aus negativ geladenen Teilchen als auch aus positiv geladenen Teilchen aufgebaut sein, die sich in ihrer Ladung gegenseitig ausgleichen. Denn die Schmelze oder die Lösung selbst ist elektrisch neutral.

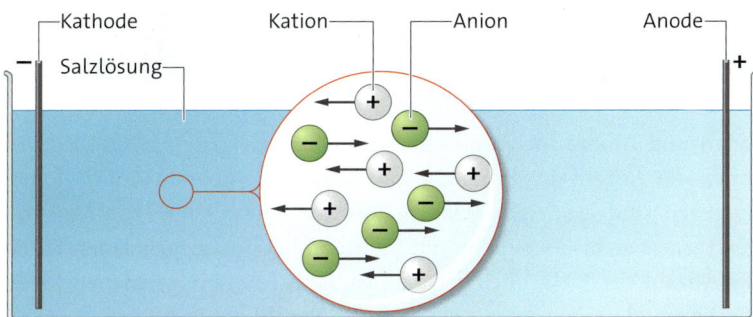

3 Modell der Ionenwanderung in einer Salzlösung

4 Ionenwanderung – sichtbar gemacht: Die blaue Färbung beruht auf positiv geladenen Kupfer-Ionen, die gelbe auf negativ geladenen Chromat-Ionen.

Ionen Experimentell kann die gerichtete Bewegung der elektrisch geladenen Teilchen nachgewiesen werden. Beim Anlegen einer Gleichspannung an ein Gemisch von Lösungen der Salze Kaliumpermanganat (violett) und Kupfersulfat (blau) breitet sich die violette Lösung allmählich in Richtung des Pluspols aus, während sich die blaue Lösung Richtung Minuspol ausdehnt (► Exp. 4, S. 70).

Unter dem Einfluss der angelegten Spannung kommt es zur Wanderung der geladenen Teilchen. Diese Teilchen werden deshalb **Ionen** (griech. *ion:* wandernd) genannt.

Die negativ geladenen Permanganat-Ionen, erkennbar an der violetten Färbung, wandern zur **Anode**, der Elektrode, die mit dem Pluspol der Spannungsquelle verbunden ist. Die positiv geladenen Kupfer-Ionen, erkennbar an der blauen Färbung, wandern zur **Kathode**, der Elektrode, die mit dem Minuspol verbunden ist.

Der Name „Ion" ist auf diese entgegengesetzt gerichtete Bewegung von Ionen in Lösungen und Schmelzen zurückzuführen.

Negativ elektrisch geladene Ionen werden als **Anionen** bezeichnet, die positiv elektrisch geladenen Ionen sind **Kationen**. Salze sind stets aus Anionen und Kationen aufgebaut, da die Stoffe selbst elektrisch neutral sind.

> **Salze sind aus Ionen aufgebaut. Ionen sind positiv oder negativ elektrisch geladene Teilchen in der Größenordnung von Atomen.**

Ion	Elektrische Ladung
Anion	negativ (−)
Kation	positiv (+)

5 Unterscheidung von Ionen nach ihrer elektrischen Ladung

Aufgaben

1 Begründe die elektrische Leitfähigkeit von Salzschmelzen und Salzlösungen.

2 Erkläre, warum man bei herannahendem Gewitter ein Gewässer sofort verlassen sollte.

3 Nenne jeweils die Anionen und Kationen, aus denen die folgenden Salze bestehen:
a Kaliumnitrat **b** Natriumsulfat
c Kupferchlorid **d** Lithiumbromid
e Kupfersulfat **f** Kaliumchromat

4 Formuliere einen Merksatz hinsichtlich der Bewegungsrichtung der Anionen und Kationen.

5 Beschreibe unter Verwendung von Fachbegriffen die Ionenwanderung in ► **3**.

6 In eine Lösung, die Permanganat-Ionen und positiv geladene Nickel-Ionen (erkennbar an der grünen Färbung) enthält, werden zwei Elektroden eingetaucht und Spannung angelegt. Beschreibe die Vorgänge, die beobachtet werden können.

Vom Atom zum Ion

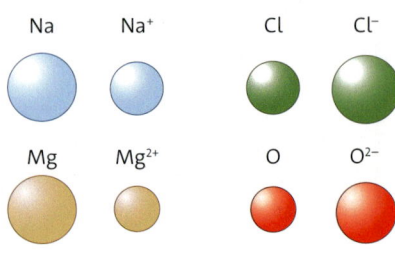

1 Atome und Ionen im Größenvergleich

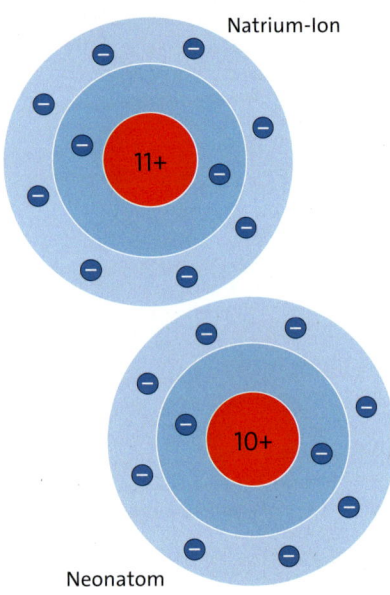

2 Schalenmodell eines Natrium-Ions und eines Neonatoms im Vergleich

Ionen und Atome im Vergleich Atome sind elektrisch neutral, da in ihnen die Anzahl der Protonen und Elektronen übereinstimmt. Ionen hingegen sind elektrisch geladen, weil die Anzahl der Protonen und Elektronen nicht übereinstimmt. Während bei positiv geladenen Ionen die Anzahl der Elektronen geringer ist, ist bei negativ geladenen Ionen die Anzahl der Elektronen größer als die Anzahl der Protonen.

Ist die Anzahl der Elektronen z. B. um eins geringer als die Anzahl der Protonen, ist das Ion einfach positiv geladen. Bei einem zweifach positiv geladenen Ion sind zwei Elektronen weniger vorhanden.

Ionen unterscheiden sich auch in der Größe von den Atomen, aus denen sie gebildet wurden: Bei der Aufnahme eines Elektrons vergrößert sich die Atomhülle aufgrund der Abstoßung der Elektronen. Umgekehrt verkleinert sich die Atomhülle bei der Abgabe von Elektronen (▸1).

Bildung von Ionen aus Atomen Ein Chloratom besitzt in seiner Außenschale sieben Elektronen. Durch Aufnahme eines weiteren Elektrons bildet sich aus dem Chloratom ein einfach negativ geladenes Chlorid-Ion. Die Elektronenkonfiguration eines Chlorid-Ions entspricht damit der des Edelgases Argon.

Die Außenschale eines Natriumatoms ist nur mit einem Elektron besetzt. Durch Abgabe dieses Elektrons bildet sich aus einem Natriumatom ein einfach positiv geladenes Natrium-Ion. Ein Natrium-Ion hat damit eine Elektronenkonfiguration, die der des Edelgases Neon entspricht (▸2).

Natrium- und Chlorid-Ionen besitzen mit acht Außenelektronen voll besetzte Außenschalen. Auch bei anderen Ionen liegen die besonders stabilen Elektronenanordnungen wie bei den Edelgasen (außer Helium) vor. Man sagt, die Ionen haben eine Edelgaskonfiguration. Diese Erkenntnis ist auch als **Edelgasregel** oder **Oktettregel** bekannt.

> **Ionen bilden sich aus Atomen durch Aufnahme oder Abgabe von Elektronen. Sie besitzen eine stabile Edelgaskonfiguration.**

Sulfid-Ion: $S + 2\,e^- \longrightarrow S^{2-}$
Iodid-Ion: $I + e^- \longrightarrow I^-$
Lithium-Ion: $Li \longrightarrow Li^+ + e^-$
Calcium-Ion: $Ca \longrightarrow Ca^{2+} + 2\,e^-$

3 Bildungsgleichung einfacher Ionen

Teilchen	Natriumatom	Natrium-Ion	Chloratom	Chlorid-Ion
Protonenanzahl	11	11	17	17
Elektronen-anzahl	11	10	17	18
Elektrische Ladung des Teilchens	keine	einfach positiv	keine	einfach negativ
Symbol	Na	Na^+	Cl	Cl^-

4 Vergleich zwischen Atom und Ion für Natrium und Chlor

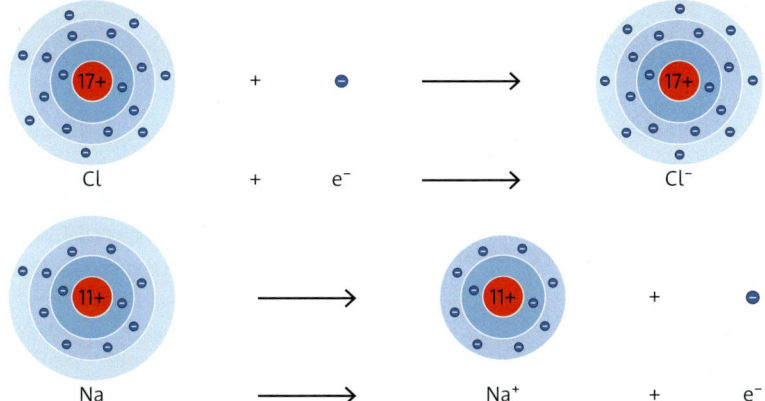

5 Bildung eines Chlorid-Ions und eines Natrium-Ions im Modell und als Reaktionsgleichung

Name des Ions	Chemisches Zeichen und Ladung		Haupt-gruppe
Natrium-Ion	Na^+	+1	I
Kalium-Ion	K^+	+1	I
Calcium-Ion	Ca^{2+}	+2	II
Aluminium-Ion	Al^{3+}	+3	III
Gallium-Ion	Ga^{3+}	+3	III
Nitrid-Ion	N^{3-}	−3	V
Oxid-Ion	O^{2-}	−2	VI
Sulfid-Ion	S^{2-}	−2	VI
Chlorid-Ion	Cl^-	−1	VII
Bromid-Ion	Br^-	−1	VII

6 Einfache Ionen und ihre Ladung

Ladung von Ionen Art und Anzahl der Ladungen von Ionen lassen sich aus der Stellung der Elemente im Periodensystem ableiten. Die Elemente der I. Hauptgruppe (Alkalimetalle) bilden stets einfach positiv geladene Ionen. Die Elemente der II. Hauptgruppe (Erdalkalimetalle) bilden stets zweifach positiv geladene Ionen.

Durch Abgabe ihrer Außenelektronen erreichen die Atome dieser Elemente die Edelgaskonfiguration. Auch alle übrigen Metalle bilden positiv geladene Ionen (▸**6**). Metalle der Nebengruppen bilden oft verschiedene Arten von Kationen. So gibt es sowohl zweifach als auch dreifach positiv geladene Eisen-Ionen (▸**7**).

Nichtmetallatome besitzen im Vergleich zu den Metallatomen viele Valenzelektronen. Die meisten Nichtmetalle bilden daher negativ geladene Ionen. Durch Aufnahme von Elektronen zum Auffüllen ihrer Außenschalen bis auf acht Außenelektronen erreichen die Atome dieser Elemente die Edelgaskonfiguration. So bilden die Elemente der VI. Hauptgruppe zweifach negativ geladene Ionen und die der VII. Hauptgruppe (Halogene) einfach negativ geladene Ionen (▸**6**).

Die Art der elektrischen Ladung eines Ions wird rechts oben am Symbol des Ions angegeben. Die Anzahl der elektrischen Ladungen wird als Ziffer vor dem Plus- oder Minuszeichen eingefügt, wenn das Ion mehr als einfach elektrisch geladen ist (▸**6**).

Name des Ions	Chemisches Zeichen und Ladung	
Eisen(II)-Ion	Fe^{2+}	+2
Eisen(III)-Ion	Fe^{3+}	+3
Kupfer(I)-Ion	Cu^+	+1
Kupfer(II)-Ion	Cu^{2+}	+2
Blei(II)-Ion	Pb^{2+}	+2
Blei(IV)-Ion	Pb^{4+}	+4

7 Bei Metall-Ionen der Nebengruppen-elemente kann zur Unterscheidung die Ladung als römische Ziffer in Klammern im Namen angegeben werden.

Aufgaben

1 Vergleiche in einer Tabelle die Anzahl der Protonen und Elektronen sowie die elektrische Ladung von:
  a Kaliumatomen und Kalium-Ionen
  b Bromatomen und Bromid-Ionen

2 Erläutere, warum bestimmte Atomsorten nur positiv geladene Ionen, andere nur negativ geladene Ionen bilden.

3 Erläutere die Bildung der folgenden Ionen und ermittle die Edelgase, deren Elektronenkonfiguration durch die Ionenbildung erreicht wurde:
  a Barium-Ion **b** Fluorid-Ion **c** Nitrid-Ion

4 Erläutere, warum ein Magnesium-Ion kleiner bzw. ein Oxid-Ion größer als das entsprechende Atom ist.

Redoxreaktionen von Metallen mit Nichtmetallen

1 Reaktion von Magnesium mit Chlor

Exp. 10 | L

Reaktion von Natrium mit Chlor

Vorsicht! Abzug! In einem Reagenzglas mit einem aufgeschmolzenen Loch in der Seitenwand wird ein erbsengroßes Stück Natrium (GHS02|05) bis zum Glühen erhitzt. Das Reagenzglas wird in einen mit Chlor (GHS06|09) gefüllten Standzylinder eingebracht. Den Standzylinder anschließend sofort mit einer Glasplatte abdecken.

Exp. 11 | L

Reaktion von Magnesium mit Chlor

Vorsicht! Abzug! Ein etwa 10 cm langes Stück Magnesiumband (GHS02) wird in der Brennerflamme entzündet und in einen mit Chlor (GHS06|09) gefüllten Standzylinder gegeben. Das Reaktionsprodukt wird anschließend in wenig Wasser gelöst und die Lösung auf elektrische Leitfähigkeit geprüft.

Elektronenübertragung bei chemischen Reaktionen Reagieren Metalle mit Nichtmetallen, entstehen feste, spröde Stoffe, die in Wasser gelöst den elektrischen Strom leiten. Es sind Ionenverbindungen, z. B. Metallhalogenide wie Natriumchlorid und Magnesiumchlorid (▸ Exp. 10, 11), Metallsulfide sowie Metalloxide (▸ Exp. 5, S. 71). In den Ausgangsstoffen liegen jedoch immer Atome bzw. Moleküle vor.

Es ist bekannt, dass sich Ionen durch Elektronenaufnahme oder Elektronenabgabe aus Atomen bilden (▸ S. 74 f.). Bei der Reaktion von Natrium mit Chlor geben die Natriumatome je ein Elektron ab. Die Natriumatome wirken als **Elektronendonatoren**. Es entstehen einfach positiv geladene Natrium-Ionen mit Edelgaskonfiguration.

Elektronenabgabe: $\qquad$ $Na \longrightarrow Na^+ + e^-$

Gleichzeitig werden die Chlormoleküle in Chloratome gespalten. Jedes Chloratom nimmt dabei ein Elektron auf. Chloratome sind **Elektronenakzeptoren**. Aus einem Chlormolekül entstehen so zwei einfach negativ geladene Chlorid-Ionen mit Edelgaskonfiguration.

Elektronenaufnahme: $\qquad$ $Cl_2 + 2\,e^- \longrightarrow 2\,Cl^-$

Elektronenaufnahme und -abgabe laufen immer gleichzeitig ab, deshalb findet bei dieser Reaktion zwischen den Teilchen der Ausgangsstoffe eine **Elektronenübertragung** statt. Die Anzahl der abgegebenen und aufgenommenen Elektronen muss dabei stets gleich sein, sodass immer zwei Natriumatome mit einem Chlormolekül zu einer Baueinheit Natriumchlorid reagieren.

Elektronenübertragung:
$2\,Na + Cl_2 \longrightarrow 2\,Na^+ + 2\,Cl^-$ (Ionengleichung)
$2\,Na + Cl_2 \longrightarrow 2\,NaCl$ (Stoffgleichung)

Bei der Reaktion von Magnesium mit Chlor zu Magnesiumchlorid werden ebenfalls Ionen durch Elektronenübertragung gebildet. Da die Anzahl der abgegebenen und aufgenommenen Elektronen stets gleich ist, reagiert ein Magnesiumatom immer mit einem Chlormolekül, das aus zwei Chloratomen aufgebaut ist.

Elektronenabgabe:	Mg	$\longrightarrow Mg^{2+} + 2\,e^-$
Elektronenaufnahme:	$Cl_2 + 2\,e^- \longrightarrow$	$2\,Cl^-$
Elektronenübertragung:	$Mg + Cl_2$	$\longrightarrow Mg^{2+} + 2\,Cl^-$
	$Mg + Cl_2$	$\longrightarrow MgCl_2$

2 Elektronenübertragung bei der Reaktion von Magnesium mit Chlor

> **Reagieren Metalle mit Nichtmetallen, findet zwischen den Teilchen der reagierenden Stoffe eine Elektronenübertragung statt.**

Sauerstoffübertragungsreaktion als Redoxreaktion Der französische Chemiker A. L. DE LAVOISIER bezeichnete am Ende des 18. Jahrhunderts eine Reaktion, bei der ein Stoff Sauerstoff aufnimmt und ein Oxid entsteht, als **Oxidation**. Die Sauerstoffabgabe bei der Rückführung des Metalls nannte er **Reduktion** (lat. *reducere*: zurückführen). Die bei einer Sauerstoffübertragungsreaktion ablaufenden Teilprozesse der Sauerstoffaufnahme und -abgabe können deshalb auch als **Oxidation** und **Reduktion** bezeichnet werden. Die Sauerstoffübertragungsreaktion ist ein Beispiel für eine **Redoxreaktion** (▸5).

Elektronenübertragung – Redoxreaktionen Auch bei der Reaktion von Magnesium mit Sauerstoff zu Magnesiumoxid findet zwischen den reagierenden Teilchen eine Elektronenübertragung statt. Aus Magnesiumatomen entstehen durch Elektronenabgabe zweifach positiv geladene Magnesium-Ionen. Gleichzeitig nehmen Sauerstoffatome je zwei Elektronen auf und werden zu zweifach negativ geladenen Oxid-Ionen. Die Reaktionen von Magnesium mit Chlor bzw. mit Sauerstoff sind also auf der Ebene der Teilchen vergleichbar. Die Vergleichbarkeit solcher Reaktionen führte dazu, dass die historischen Begriffe Oxidation und Reduktion erweitert wurden. Die Oxidation ist demnach die Teilreaktion der Redoxreaktion, bei der eine Elektronenabgabe stattfindet. Die Reduktion ist die Teilreaktion der Redoxreaktion, bei der eine Elektronenaufnahme stattfindet. Redoxreaktionen sind Reaktionen mit Elektronenübertragungen.

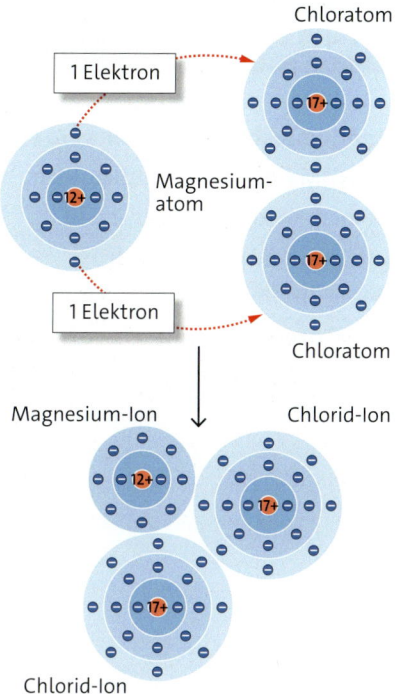

3 Elektronenübertragung bei der Bildung von Magnesiumchlorid

| Elektronenabgabe/Oxidation: | $2\,Mg \longrightarrow 2\,Mg^{2+} + 4\,e^-$ |
| Elektronenaufnahme/Reduktion: | $O_2 + 4\,e^- \longrightarrow 2\,O^{2-}$ |

Elektronenübertragung/Redoxreaktion: $2\,Mg + O_2 \longrightarrow 2\,MgO$

4 Redoxreaktion von Magnesium mit Sauerstoff

> **Redoxreaktionen sind Reaktionen mit Elektronenübertragung. Bei der Oxidation werden Elektronen abgegeben, gleichzeitig werden bei der Reduktion Elektronen aufgenommen.**

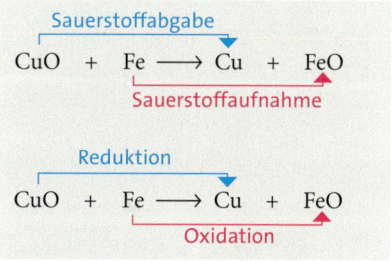

5 Vergleich Sauerstoffübertragungsreaktion und Redoxreaktion

Betrachtung als Sauerstoffübertragungsreaktion auf Stoffebene	Betrachtung als Elektronenübertragungsreaktion auf Teilchenebene
Oxidation ist die Aufnahme von Sauerstoff. $2\,Mg + O_2 \longrightarrow 2\,MgO$	Oxidation ist die Abgabe von Elektronen. $Mg \longrightarrow Mg^{2+} + 2\,e^-$
Reduktion ist die Abgabe von Sauerstoff. $2\,MgO \longrightarrow 2\,Mg + O_2$	Reduktion ist die Aufnahme von Elektronen. $O_2 + 4\,e^- \longrightarrow 2\,O^{2-}$
Redoxreaktionen sind Reaktionen mit Sauerstoffübertragung. $CO_2 + 2\,Mg \longrightarrow C + 2\,MgO$	Redoxreaktionen sind Reaktionen mit Elektronenübertragung. $2\,Mg + O_2 \longrightarrow 2\,MgO$

6 Definitionen von Redoxreaktionen im Vergleich

Aufgaben

1 Aluminium reagiert mit Brom zu Aluminiumbromid. Formuliere die Ionengleichungen für die Elektronenabgabe und Elektronenaufnahme sowie die Reaktionsgleichung für die Elektronenübertragung.

2 Silber reagiert mit Sauerstoff zu Silberoxid und mit Chlor zu Silberchlorid.
Stelle beide Reaktionen als Redoxreaktionen dar und vergleiche sie.

Elektrolysen

Ein Brausekopf aus Metall wäre viel zu schwer und damit unhandlich, deshalb wird er aus Kunststoff gefertigt und erhält durch Beschichtung mit Nickel, Kupfer und Chrom seine pflegeleichte, glänzende Oberfläche.

1 Halterungen mit Rohlingen von Brauseköpfen

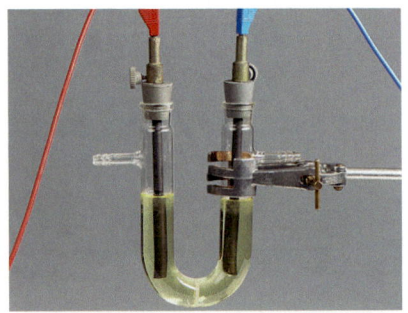

 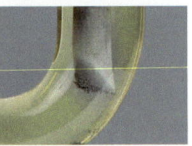

2 Elektrolyse einer Zinkiodidlösung: vor (o.) und während der Reaktion (u.)

Schon gewusst?

Unedle Metalle wie Natrium, Magnesium, Aluminium, aber auch Nichtmetalle wie Chlor und Wasserstoff oder Grundchemikalien wie Natronlauge werden von der chemischen Industrie durch Elektrolyse hergestellt. Natrium und Aluminium werden aber nicht aus einer Salzlösung, sondern aus einer Salzschmelze abgeschieden.

Elektrische Zerlegung von Zinkiodidlösung Taucht man zwei Elektroden, an denen eine elektrische Gleichspannung anliegt, in eine Zinkiodidlösung, scheidet sich nach kurzer Zeit an der **Kathode** ein grauer Belag ab. An der **Anode** bilden sich braune Schlieren (▸ Exp. 7, S. 71). Der elektrische Strom hat eine chemische Reaktion bewirkt, bei der Zinkiodid in die Elemente Iod und Zink zerlegt wurde (▸ 2).

Die Ionen in der Lösung wandern beim Anlegen einer Spannung zu den entgegengesetzt geladenen Elektroden. Beim Erreichen der Elektroden werden sie entladen. Die zweifach positiv geladenen Zink-Ionen nehmen an der Kathode zwei Elektronen auf und werden zu Zinkatomen. Die einfach negativ geladenen Iodid-Ionen werden an der Anode durch Abgabe eines Elektrons zu Iodatomen entladen, die sich anschließend zu Iodmolekülen verbinden. Über die Spannungsquelle erfolgt also eine Elektronenübertragung von den Iodid-Ionen zu den Zink-Ionen (▸ 3).

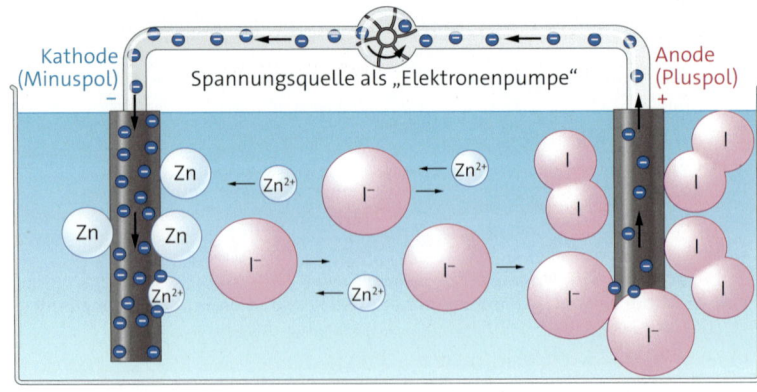

3 Vorgänge bei der Elektrolyse einer Zinkiodidlösung im Modell

Elektronenabgabe/Oxidation:	$2\,I^- \longrightarrow I_2 + 2\,e^-$
Elektronenaufnahme/Reduktion:	$Zn^{2+} + 2\,e^- \longrightarrow Zn$

Elektronenübertragung/Redoxreaktion: $Zn^{2+} + 2\,I^- \longrightarrow Zn + I_2$

4 Elektronenübertragung bei der Elektrolyse einer Zinkiodidlösung

Elektrolysen als Redoxreaktionen Die Zerlegung einer Verbindung durch elektrischen Strom wird als **Elektrolyse** bezeichnet. Bei einer Elektrolyse wandern die Anionen stets zur Anode, dem Pluspol, und die Kationen zur Kathode, dem Minuspol. An den Elektroden werden die Ionen durch Elektronenübertragungen entladen (▸**3**). Da die Anionen an der Anode Elektronen abgeben, werden sie oxidiert. Umgekehrt werden die Kationen an der Kathode reduziert, da sie Elektronen aufnehmen. Elektrolysen sind also Redoxreaktionen, bei denen Oxidation und Reduktion räumlich voneinander getrennt an den Elektroden ablaufen.

> **Elektrolysen sind Redoxreaktionen. Die Anionen in einer Lösung oder Schmelze werden an der Anode oxidiert. Die Kationen werden an der Kathode reduziert.**

Energieumwandlung bei Elektrolysen Bei einer Elektrolyse finden die Elektronenübertragungen an den Elektroden nur dann statt, wenn elektrischer Strom durch die Elektrolytlösung oder Salzschmelze fließt. Wird der Stromfluss unterbrochen, ist die Reaktion sofort beendet. Die Elektrolyse läuft also nicht freiwillig ab, sondern wird erzwungen. Da zur Aufrechterhaltung der Reaktion beständig elektrische Energie zugeführt werden muss, sind Elektrolysen stets endotherm. Die elektrische Energie wird dabei in chemische Energie umgewandelt.

> **Bei einer Elektrolyse werden Elektronenübertragungen erzwungen. Elektrolysen verlaufen immer endotherm.**

Galvanisieren Die Abscheidung von Metallen aus Metallsalzlösungen mithilfe des elektrischen Stroms kann genutzt werden, um Gegenstände mit dünnen Schichten von Metallen zu überziehen (▸ Exp. 8, 9; S. 71). Die Herstellung solcher Metallüberzüge durch Elektrolyse nennt man **Galvanisieren**. Der Metallüberzug schützt den darunterliegenden Gegenstand vor Korrosion oder lässt diesen besonders wertvoll erscheinen.

Schon gewusst?

Aluminium ist zwar ein unedles Metall, aber durch Passivierung vor Korrosion geschützt. Durch das Eloxalverfahren (elektrolytisch oxidiertes Aluminium) wird die schützende Oxidschicht noch verstärkt. Dabei wird der Aluminiumgegenstand als Anode geschaltet. Dort bildet sich durch Oxidation eine dünne, fest haftende Schicht aus Aluminiumoxid. In die Poren der Oxidschicht lassen sich zudem auch Farbstoffe einlagern.

5 Becher mit farbiger Schutzschicht aus eloxiertem Aluminium

6 Versilberte Trompete

Aufgaben

1 Beschreibe die Beobachtungen, die bei der Elektrolyse einer Kupferchloridlösung festgestellt werden können.

2 Erläutere die Reaktionen an den Elektroden beim Herstellen eines Silberüberzugs und begründe das Vorliegen einer Redoxreaktion.

3 Formuliere für die Elektrolyse einer Natriumchloridschmelze die Ionengleichungen für die Teilreaktionen an Kathode und Anode sowie die Reaktionsgleichung für die Elektronenübertragung.

4 Erkläre, warum Elektrolysen stets endotherme Reaktionen sind.

Reaktionen von Metallen mit Salzlösungen

Metallteile aus Eisen werden vom Meerwasser angegriffen. Versunkene Gegenstände aus Gold lassen sich hingegen auch noch nach langer Zeit unversehrt bergen.

1 Schiffswrack – ob hier ein versunkener Schatz liegt?

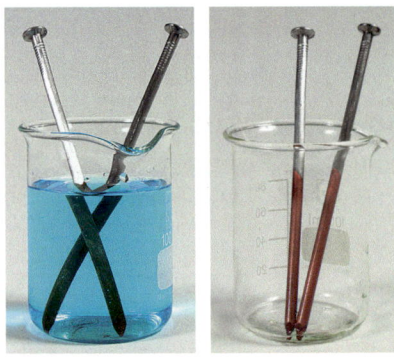

2 Eisennägel tauchen in eine Kupfersulfatlösung.

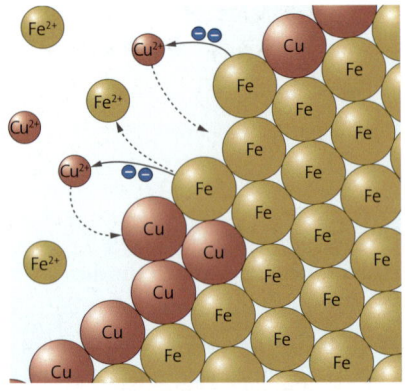

4 Eintauchen eines Eisennagels in Kupfersulfatlösung im Modell

Metallüberzüge auf Metallen Ein Eisennagel, der in eine blaue Kupfersulfatlösung getaucht wird, überzieht sich mit einer Schicht aus rotbraunem Kupfer (▸**2**). Dabei verfärbt sich die blaue Lösung allmählich in ockergelb (▸ Exp. 6, S. 71).

Es handelt sich bei dieser Reaktion um eine Reaktion mit Elektronenübertragung. Die für die Blaufärbung der Lösung verantwortlichen Kupfer-Ionen werden zu Kupferatomen reduziert, sodass die langsame Abnahme der Blaufärbung zu beobachten ist.

Bei den Teilchen an der Oberfläche des Nagels findet eine Elektronenübertragung statt. Die zweifach positiv geladenen Kupfer-Ionen der Lösung wirken als Elektronenakzeptoren. Sie werden durch die Aufnahme von je zwei Elektronen zu Kupferatomen reduziert, die sich als rotbrauner Kupferbelag abscheiden. Die Eisenatome im Nagel sind die Elektronendonatoren. Sie geben jeweils zwei Elektronen ab und lösen sich als zweifach positiv geladene Eisen-Ionen, die die Lösung gelb färben (▸**4**).

Elektronenabgabe/Oxidation:	$Fe \longrightarrow Fe^{2+} + 2\,e^-$
Elektronenaufnahme/Reduktion:	$Cu^{2+} + 2\,e^- \longrightarrow Cu$

Elektronenübertragung/Redoxreaktion: $Fe + Cu^{2+} \longrightarrow Fe^{2+} + Cu$

3 Redoxreaktion zwischen Kupfer-Ionen und Eisenatomen

Weitere Redoxreaktionen Taucht man ein Kupferblech in Silbernitratlösung, scheidet sich darauf Silber ab. Dagegen lässt sich beim Eintauchen eines Kupferblechs in eine Eisensulfatlösung keine Veränderung beobachten (▸ Exp. 6, S. 71). Die Silber-Ionen reagieren mit den Kupferatomen zu Silberatomen und Kupfer-Ionen. Es bilden sich jedoch keine Kupfer-

Ionen bei Einwirkung von Eisen-Ionen auf Kupferatome. Der Grund für das unterschiedliche Verhalten der Metalle liegt in dem verschieden starken Bestreben der Metallatome, ihre Außenelektronen abzugeben und Ionen zu bilden. Eine Reaktion findet nur dann statt, wenn ein Metall in eine Salzlösung taucht, die Ionen eines edleren Metalls enthält.

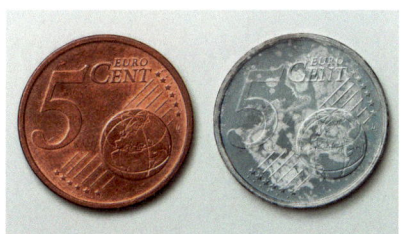

5 Versilberte Kupfermünze

Elektronenabgabe/Oxidation:	$Cu \longrightarrow Cu^{2+} + 2\,e^-$
Elektronenaufnahme/Reduktion:	$2\,Ag^+ + 2\,e^- \longrightarrow 2\,Ag$

Elektronenübertragung/Redoxreaktion: $Cu + 2\,Ag^+ \longrightarrow Cu^{2+} + 2\,Ag$

6 Redoxreaktion zwischen Silber-Ionen und Kupferatomen

Redoxreihe der Metalle Ordnet man die Metalle anhand der Experimente (▶Exp. 6, S. 71) nach ihrem Bestreben zur Elektronenabgabe, so stellt man fest, dass sich die gleiche Reihenfolge wie bei der Redoxreihe der Metalle ergibt (▶**7**).

Die Atome unedler Metalle geben leicht Elektronen ab, sie sind gute **Reduktionsmittel**. Atome edler Metalle neigen kaum zur Elektronenabgabe. Ihre Ionen hingegen sind bestrebt, Elektronen aufzunehmen. Sie sind gute **Oxidationsmittel**. Mithilfe dieser Reihe können mögliche Redoxreaktionen vorausgesagt werden.

Das geringe Bestreben der Edelmetalle Gold, Silber oder Platin, Elektronen abzugeben, sowie ihre geringe Reaktivität gegenüber Sauerstoff sind Eigenschaften, die sie schon seit Jahrtausenden zu äußerst begehrten Stoffen machen.

> **Atome unedler Metalle geben ihre Elektronen leichter ab als die Atome edler Metalle. Ionen der edlen Metalle nehmen Elektronen leichter auf als Ionen unedler Metalle.**

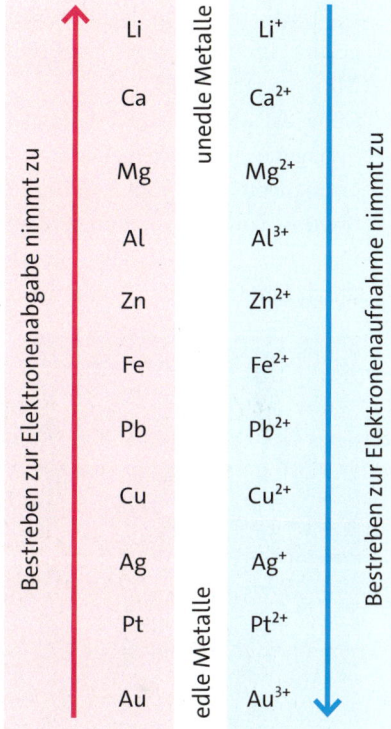

7 Redoxreihe der Metalle

Aufgaben

1 Beschreibe die Vorgänge, die beim Eintauchen eines Zinkstabs in eine Kupfersulfatlösung bzw. in eine Magnesiumsulfatlösung ablaufen.

2 Ein Eisennagel taucht in eine Silbernitratlösung. Formuliere für die chemische Reaktion die Reaktionsgleichung und kennzeichne Oxidations- und Reduktionsmittel.

3 Nenne die Metall-Ionen, an denen Kupferatome Elektronen abgeben können. Begründe.

4 Entwickle eine Möglichkeit, wie man nachweisen kann, dass beim Experiment 6 die Chlorid-Ionen, die Sulfat-Ionen und die Nitrat-Ionen an den Elektronenübertragungen nicht beteiligt waren.

5 Formuliere Voraussagen darüber, welche Metallatome von Magnesium-Ionen oxidiert werden können und welche Metall-Ionen Magnesiumatome oxidieren können. Begründe.

6 Erläutere, warum man Kupfermünzen versilbern kann.

7 Es stehen $m = 24\,g$ Magnesium zur Verfügung. Berechne die Masse Kupfer, die damit aus einer Kupfersulfatlösung abgeschieden werden kann.

8 Aluminium ist unedler als Blei. Formuliere Ionengleichungen für die Teilreaktionen und die Gesamtreaktion zwischen metallischem Aluminium und Blei-Ionen.

Kommunikation

Drahtlose Kommunikation Unsere moderne Welt ist ohne drahtlos arbeitende Kommunikationsgeräte nicht vorstellbar. Die Geschichte der drahtlosen Kommunikation, dem Funk, begann am Ende des 19. Jahrhunderts mit der ersten Übertragung elektromagnetischer Wellen durch HEINRICH HERTZ (1857 bis 1894). Die erste drahtlose Telegrafieübertragung gelang im Jahr 1895 dem Italiener GUGLIELMO MARCONI (1874–1937).

Ende der 1940er Jahre wurden die ersten mobilen Funkgeräte entwickelt. Die mobile Kommunikation ermöglichte eine vom Standort unabhängige Übertragung von Informationen über große Distanzen. Die zum Betrieb nötige Stromversorgung erfolgt durch **Batterien** oder **Akkumulatoren**.

2 Drahtlose Kommunikation im Alltag

1 GUGLIELMO MARCONI mit dem von ihm entwickelten Telegrafen

Mobile Energieversorgung Für die Energieversorgung mobiler elektrischer Geräte kommen Batterien oder Akkumulatoren zum Einsatz. Batterien und Akkumulatoren sind sogenannte **galvanische Elemente**. In ihnen finden chemische Reaktionen mit Elektronenübertragungen, also Redoxreaktionen, statt, in denen ein Teil der chemischen Energie der Ausgangsstoffe in elektrische Energie umgewandelt wird. Batterien sind nicht wiederaufladbar, sie werden daher auch als **Primärelemente** bezeichnet. Im Gegensatz dazu können Akkumulatoren wieder aufgeladen werden. Es sind **Sekundärelemente**.

Galvanische Elemente Die Italiener LUIGI GALVANI (1737–1798) und ALESSANDRO VOLTA (1745–1827) haben als Erste die Umwandlung chemischer in elektrische Energie untersucht.

GALVANI entdeckte, dass sich Muskeln zusammenzogen, wenn sie von einem Drahtbügel berührt wurden. Für seine Experimente war es wichtig, einen Drahtbügel aus zwei verschiedenen Metallen zu verwenden. Er berührte den feuchten, zuvor freigelegten Nerv eines Froschbeins mit dem einen Ende des Bügels aus Kupfer, während das andere Ende aus Eisen mit dem Schenkel in Kontakt war. Das Froschbein zuckte dann stark zusammen. Eine Anordnung, in der chemische in elektrische Energie umgewandelt werden kann, wird zu Ehren GALVANIS galvanisches Element (galvanische Zelle) genannt.

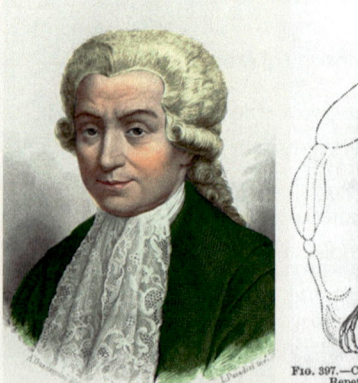
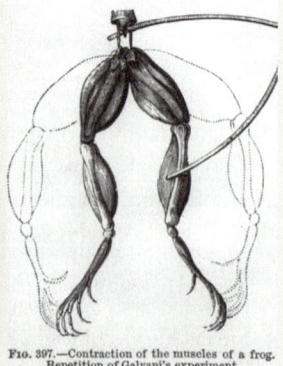

FIG. 397.—Contraction of the muscles of a frog. Repetition of Galvani's experiment.

3 LUIGI GALVANI führte als Erster elektrochemische Experimente mit Froschschenkeln durch.

Daniell-Element Der englische Chemiker JOHN F. DANIELL (1790–1845) forschte 1835 auf der Grundlage der Erkenntnisse GALVANIS und VOLTAS weiter an der Ursache der Elektrizität. Die nach ihm benannte galvanische Zelle, das **Daniell-Element**, liefert eine konstante elektrische Gleichspannung.

Hierbei werden zwei **Halbzellen** elektrisch leitend miteinander verbunden. Die eine Halbzelle besteht aus einer Zinkelektrode, die in eine Zinksalzlösung taucht. Die andere Halbzelle bildet eine Kupferelektrode in einer Kupfersalzlösung. Beide Halbzellen sind durch eine poröse Wand voneinander getrennt. Sie lässt Ionen hindurch, verhindert aber eine rasche Durchmischung der Salzlösungen. Wird die Zinkelektrode z. B. über ein Lämpchen elektrisch leitend mit der Kupferelektrode verbunden, läuft freiwillig eine Redoxreaktion ab (▸5).

Entsprechend der Stellung von Zink und Kupfer in der Redoxreihe der Metalle geben die Zinkatome an der Zinkelektrode Elektronen ab. Die Zinkelektrode bildet daher den Minuspol. Die bei der Oxidation gebildeten Zink-Ionen gehen in Lösung, die Elektronen fließen durch den Draht zur Kupferelektrode, die den Pluspol bildet. Hier nehmen Kupfer-Ionen aus der Lösung die Elektronen auf. Sie werden zu Kupferatomen reduziert, die sich als Kupferbelag abscheiden. Gleichzeitig wandern zum Ladungsausgleich Sulfat-Ionen (SO_4^{2-}) durch die poröse Wand (▸Exp. 1).

Die Halbzellen sind durch eine poröse Wand voneinander getrennt. Dadurch müssen die Elektronen durch einen äußeren Leiter wandern und werden nicht direkt zwischen den Atomen und den Ionen ausgetauscht. So kann der Elektronenfluss als Strom nutzbar gemacht werden.

In einer Elektrolysezelle ist die Anode der Pluspol und die Kathode der Minuspol. In einer galvanischen Zelle, der Umkehrung der Elektrolyse, ist dagegen die Anode der Minuspol und die Kathode der Pluspol.

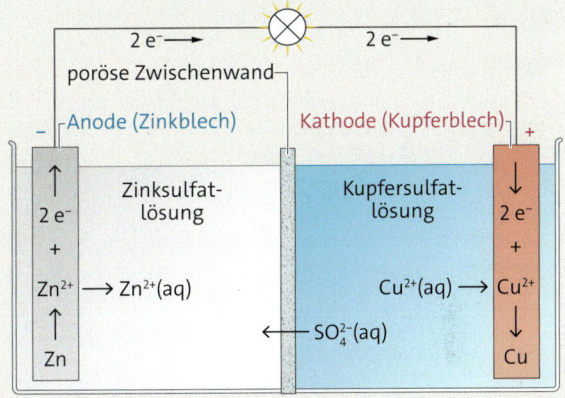

5 Modelldarstellung der Vorgänge in einem Daniell-Element

Zinkelektrode (Minuspol):	
$Zn \longrightarrow Zn^{2+} + 2\,e^-$	Oxidation
Kupferelektrode (Pluspol):	
$Cu^{2+} + 2\,e^- \longrightarrow Cu$	Reduktion
$Cu^{2+} + Zn \longrightarrow Cu + Zn^{2+}$	Redoxreaktion

4 Reaktionen im Daniell-Element

Aufgaben

1 Erläutere anhand von ▸4 und ▸5 die im Daniell-Element ablaufenden chemischen Reaktionen. Gehe dabei auch darauf ein, weshalb die Elektronen stets vom Zink zum Kupfer fließen, weshalb die Masse der Zinkelektrode abnimmt und wie lange der Stromfluss im Daniell-Element anhält.

2 Begründe, weshalb es beim Experiment von LUIGI GALVANI mit dem Froschbein zur Entstehung eines Stromflusses gekommen ist.

Daniell-Element

Tauche eine Zinkelektrode in ein Becherglas mit 10%iger Zinksulfatlösung (GHS05|07|09) und eine Kupferelektrode in einem anderen Becherglas in 10%ige Kupfersulfatlösung (GHS07|09). Stelle beide Bechergläser dicht nebeneinander und lege einen in 30%ige Kaliumchloridlösung getränkten Filterpapierstreifen so über die Ränder beider Bechergläser, dass die Enden in jeweils eine Lösung tauchen. Ermittle die elektrische Spannung zwischen den Elektroden. Installiere eine Glühlampe zwischen den Elektroden. Notiere deine Beobachtungen.

Entsorgung: Elektroden einsammeln, Lösungen in den Behälter für giftige anorganische Abfälle geben.

Chemie erlebt

Typ	Zink-Kohle-Batterie	Alkali-Mangan-Batterie	Zink-Silberoxid-Batterie	Nickel-Cadmium-Akku	Lithium-Ionen-Akku
Spannung	1,5 V	1,5 V	1,55 V	1,2 V	3,7 V
Minuspol	Zink	Zink	Zink	Cadmium	Lithium-Metalloxid
Pluspol	Mangandioxid	Mangandioxid	Silberoxid	Nickelhydroxid	Graphit (Kohlenstoff)
Elektrolyt	Ammoniumchlorid	Kalilauge	Kalilauge	Kalilauge	Lösung von Lithium-Ionen in Lösemittel
Eigenschaften	schnelles Absinken der Spannung, preiswert, nicht auslaufsicher	hohe Leistung, langlebig, teuer	konstante Spannung für lange Zeit, sehr langlebig, teuer	wiederaufladbar, spart viele Einwegbatterien, umweltbelastend	sehr oft aufladbar, hohe, gleichmäßige Spannung, geringes Gewicht, sehr teuer
Anwendung (Beispiele)	Taschenlampen, Radio	Blitzgeräte, Kameras, Videokamera	Hörgeräte, Herzschrittmacher, Armbanduhren	Videokamera, Blitzgeräte, Baustellenlampen	Handy, Notebook, Elektroautos

1 Batterien und Akkus im Vergleich

Alkali-Mangan-Batterie Tragbare Audiogeräte, Kameras und Spielzeug laufen häufig im Dauerbetrieb unter hohem Energiebedarf. Diesen Anforderungen werden die **Alkali-Mangan-Batterien** gerecht.
Bei der Entladung geben Zinkatome Elektronen ab (Minuspol) und gehen als Zink-Ionen in Lösung. Die Elektronen fließen über den Verbraucher (z. B. Glühbirne in der Taschenlampe) zum Pluspol der Alkali-Mangan-Batterie. Dort werden die Mangan-Ionen des Braunsteins reduziert. Die Batterie ist entladen, wenn der Zinkbecher vollständig umgesetzt wurde. Dann kann die Batterie auslaufen und der ätzende Elektrolyt den Verbraucher zerstören.

Exp. 2

Aufbau einer Zink-Kohle-Batterie

Verwende eine Zink-Kohle-Batterie der Größe Baby oder Mono. Entferne zunächst die Plastikummantelung. Spanne die Batterie nun längs in einen Schraubstock ein und säge die Batterie längs mittig auf.
Identifiziere die Bauteile mithilfe von ▸ **3**.
Beschreibe den Aufbau der Zink-Kohle-Batterie.
Entsorgung: Reste in den Behälter für Sondermüll geben.

2 Energie für mobile Geräte

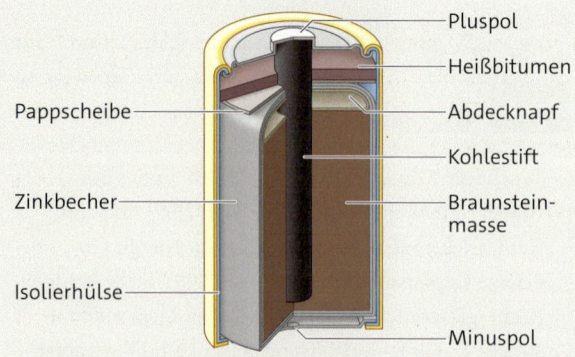

3 Aufbau einer Zink-Kohle-Batterie

Chemie erlebt

Akkumulatoren – entscheidend für die mobile Anwendung Die ersten Handys kamen 1983 auf den Markt, wogen 800 g und man konnte damit etwa eine Stunde lang telefonieren. Heutige Mobiltelefone sind deutlich kleiner und leistungsfähiger, es gibt schon Geräte, die unter 80 g wiegen. Auch der Funktionsumfang ist stetig gewachsen. Vom reinen Telefon wurden sie zum Taschencomputer mit Kamera, MP3-Player u. v. m. Die immer kleinere Form bringt auch steigende Anforderungen an die mobile Energieversorgung mit sich. Für Handys kommen heute ausschließlich die wiederaufladbaren Akkumulatoren (lat. *accumulare:* sammeln) zum Einsatz. Hierzu gehören die zwar teuren, aber sehr leistungsfähigen Lithium-Ionen-Akkus mit einer Lebensdauer von mehreren Jahren.

4 Lithium-Ionen-Akku

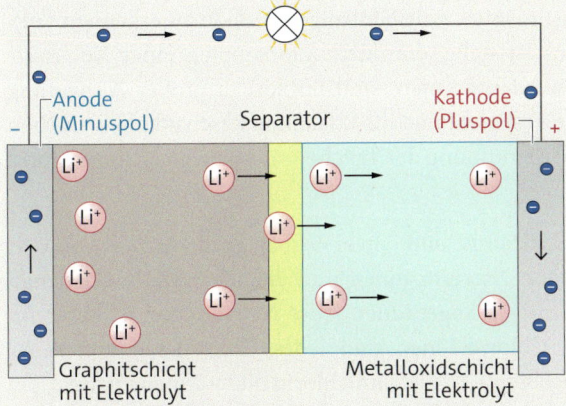

5 Modelldarstellung der Vorgänge im Lithium-Ionen-Akku

Brennstoffzellen In Batterien und Akkumulatoren ist nur ein bestimmter Vorrat an Ausgangsstoffen enthalten. Dadurch ist die der Zelle zu entnehmende elektrische Energie begrenzt. Bei Brennstoffzellen werden die Ausgangsstoffe kontinuierlich von außen zugeführt. Brennstoffzellen weisen einen sehr hohen Wirkungsgrad auf und besitzen daher bei gleicher Leistung eine viel geringere Masse als konventionelle Stromversorgungssysteme. Als Brennstoffe werden vor allem Wasserstoff und Methanol sowie seltener Ameisensäure eingesetzt.

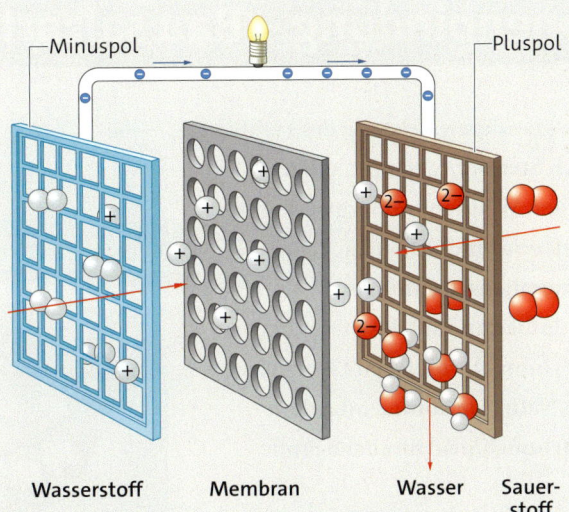

6 Vorgänge in der Brennstoffzelle im Modell

Handys der Zukunft Die neusten Entwicklungen von Mobiltelefonen zielen auf eine längere Betriebsdauer ab. Dazu gibt es bereits einige Prototypen von Handys, die mit Brennstoffzellen betrieben werden. Durch Kombination von Akkumulatoren als Stromspeicher für die durch Brennstoffzellen erzeugte elektrische Energie sollen die Betriebszeiten der Handys verdoppelt werden.

Da aber auch Wasserstoff nur unter großem Aufwand gespeichert werden kann, werden Brennstoffzellen entwickelt, die mit Methanol, Erdgas oder Biogas funktionieren.

Aufgaben

1 Begründe, warum in Fernbedienungen keine Lithium-Ionen-Akkus verwendet werden, sondern z. B. Alkali-Mangan-Batterien (▸ **1**).

2 Erläutere den Bau und die Funktionsweise des Lithium-Ionen-Akkus. Überlege dabei, weshalb in Lithiumbatterien und Lithium-Ionen-Akkus nur nichtwässrige Elektrolyten eingesetzt werden.

3 Stelle die Reaktionsgleichungen der Vorgänge an den Elektroden in der Brennstoffzelle (▸ **6**) auf. Recherchiere die Funktionsweise einer Methanol-Brennstoffzelle.

4 Erörtere, weshalb heute neben den wiederaufladbaren Akkus immer noch so viele Batterien und Batterietypen verwendet werden.

Ionenbindung – Bau salzartiger Stoffe

Die glasklaren Kristalle des Halits, auch Steinsalz genannt, glitzern an den Wänden im Bergwerk unter Tage und sind Schaustücke in Mineraliensammlungen. Hauptbestandteil des Steinsalzes ist Natriumchlorid. Es gibt weitere in der Natur vorkommende, dem Natriumchlorid ähnliche Stoffe.

1 Halitkristalle (Natriumchlorid) in der Kristallgrotte Merkers

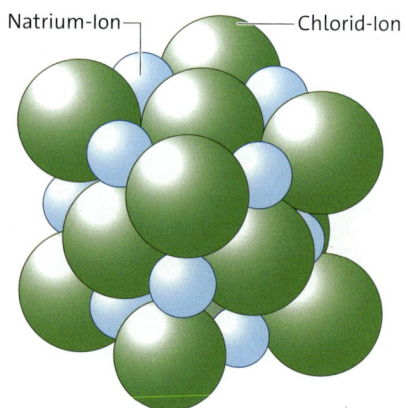

Natrium-Ion   Chlorid-Ion

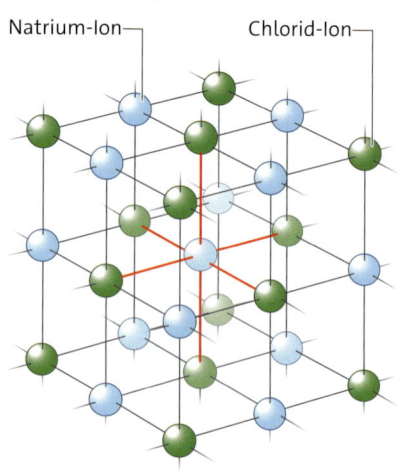

Natrium-Ion   Chlorid-Ion

2 Modelle vom Bau des Natriumchlorids

Natriumchlorid – ein aus Ionen aufgebauter Stoff Obwohl in der Kristallgrotte Merkers einzigartig groß, sind in allen Stoffproben von Natriumchlorid regelmäßige, würfelförmige Kristalle zu erkennen (▸1). Die harten, spröden Kristalle, die durch Eindampfen einer Kochsalzlösung gewonnen werden können, sind farblos, in großer Anhäufung wirken sie weiß. Die Festigkeit und die kristalline Beschaffenheit ergeben sich aus der Art und Anordnung der Teilchen, aus denen Natriumchlorid aufgebaut ist.

Im Natriumchloridkristall ist eine unvorstellbar große Anzahl von einfach positiv geladenen Natrium-Ionen und einfach negativ geladenen Chlorid-Ionen regelmäßig angeordnet. Jedes Natrium-Ion ist dabei im Kristall von sechs Chlorid-Ionen und jedes Chlorid-Ion von sechs Natrium-Ionen umgeben (▸2). Natriumchlorid bildet **Ionenkristalle**, die durch die gegenseitige Anziehung der Ionen zusammengehalten werden. Die regelmäßige Anordnung der Ionen im Kristall wird **Ionengitter** genannt.

Ionenbindung Der Zusammenhalt der Teilchen in den Stoffen wird als **chemische Bindung** bezeichnet. Die starken, allseitig wirkenden Anziehungskräfte zwischen Natrium-Ionen und Chlorid-Ionen kommen durch die gegensätzliche Ladung der Ionen zustande. Sie bewirken die chemische Bindung zwischen den Ionen, die **Ionenbindung**.

> Die Ionenbindung ist eine Art der chemischen Bindung, die durch Anziehungskräfte zwischen ungleichnamig elektrisch geladenen Ionen bewirkt wird.

Ionenverbindung Neben dem Natriumchlorid gibt es eine Vielzahl salzartiger Stoffe, die aus positiv und negativ geladenen Ionen aufgebaut sind. Insbesondere Metallhalogenide, jene Verbindungen aus Metallen und Halogenen (►S. 36 f.), sind ebenfalls solche **Ionenverbindungen** wie das Natriumchlorid. In Kaliumchlorid, Magnesiumbromid und Calciumfluorid (►3) sind positiv geladene Metall-Ionen und einfach negativ geladene Halogenid-Ionen durch Ionenbindung gebunden. Metalloxide und Metallsulfide zählen auch zu den Ionenverbindungen.

! **Ionenverbindungen sind salzartige, aus Ionen aufgebaute Stoffe.**

Formeln von Ionenverbindungen Die Formeln von Ionenverbindungen geben nur das kleinstmögliche Zahlenverhältnis der Ionen im Ionenkristall an. Es sind demnach Verhältnisformeln, die das Anzahlverhältnis der Kationen zu den Anionen wiedergeben. In einer Ionenverbindung gleichen sich die elektrischen Ladungen der ungleichnamig geladenen Ionen aus, denn alle Stoffe sind nach außen elektrisch neutral. Mit Kenntnis der Ionenladungen lässt sich die Verhältnisformel einer Ionenverbindung entwickeln.

Da Natrium-Ionen einfach positiv und Chlorid-Ionen einfach negativ geladen sind, liegen sie im Ionenkristall im Verhältnis 1 : 1 vor. Folglich lautet die Formel von Natriumchlorid Na_1Cl_1 oder vereinfacht NaCl.

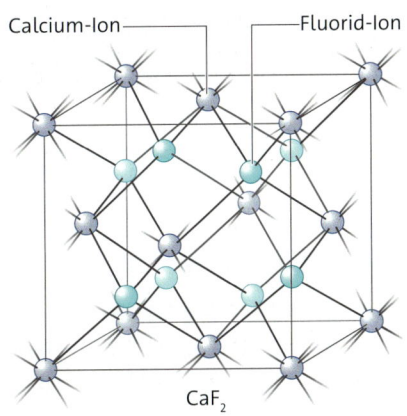

Calcium-Ion — Fluorid-Ion

CaF_2

3 Modell vom Bau des Calciumfluorids

Noch gewusst?
Die Verhältnisformel kennzeichnet die kleinste Baueinheit einer Verbindung.

Salzartige Verbindung	Kation	Anion	Kleinstmögliches Zahlenverhältnis der Ionen	Verhältnisformel
Kaliumchlorid	K^+	Cl^-	1:1	KCl
Calciumfluorid	Ca^{2+}	F^-	1:2	CaF_2
Aluminiumchlorid	Al^{3+}	Cl^-	1:3	$AlCl_3$
Lithiumnitrid	Li^+	N^{3-}	3:1	Li_3N
Kupfer(I)-oxid	Cu^+	O^{2-}	2:1	Cu_2O
Kupfer(II)-oxid	Cu^{2+}	O^{2-}	1:1	CuO

4 Formeln einiger Ionenverbindungen

5 Flussspat (Calciumfluorid)

Aufgaben

1 Stelle die Verhältnisformeln folgender Ionenverbindungen auf:
   a Kaliumfluorid **b** Lithiumoxid
   c Eisen(III)-chlorid **d** Magnesiumnitrid
   e Aluminiumoxid **f** Calciumbromid

2 Ermittle aus den folgenden Verhältnisformeln von Ionenverbindungen die Ladungen der Ionen. Nutze dazu Tabelle ►4 und benenne die Verbindungen.
   a ZnO **b** Ag_2O **c** Fe_2O_3 **d** CuCl

3 Erläutere den Bau folgender Salze anhand ihrer Modelle:
   a Natriumchlorid (►2)
   b Calciumfluorid (►3)

4 Erläutere, warum die kleinste Baueinheit von Aluminiumchlorid immer aus einem Aluminium-Ion und drei Chlorid-Ionen aufgebaut ist.

Eigenschaften von Ionenverbindungen

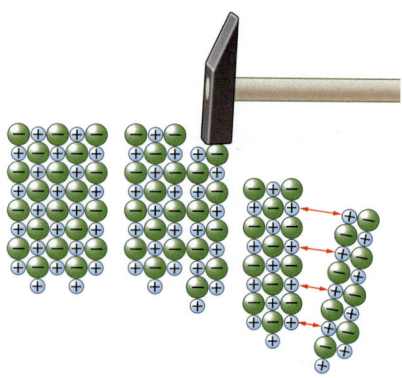

1 Modell für das Zerspringen von Ionen-kristallen beim Einwirken einer Kraft

Ionen-verbindung	Ver-hältnis-formel	Schmelz-tempera-tur in °C
Natriumfluorid	NaF	992
Natriumchlorid	NaCl	801
Natriumbromid	NaBr	747
Natriumiodid	NaI	660
Magnesiumoxid	MgO	2 800
Calciumoxid	CaO	2 570
Strontiumoxid	SrO	2 430
Bariumoxid	BaO	1 920
Kupfer(I)-chlorid	CuCl	422
Kupfer(II)-chlorid	$CuCl_2$	630
Kupfer(I)-oxid	Cu_2O	1 232
Kupfer(II)-oxid	CuO	1 326

2 Schmelztemperaturen einiger Ionen-verbindungen

Sprödigkeit Die harten Kristalle von Ionenverbindungen sind spröde, d. h., sie können nicht verformt werden, sondern zerspringen beim Einwirken einer Kraft in Bruchstücke mit glatten Flächen. Diese entstehen, da Ionenschichten so verschoben werden, dass gleichnamig geladene Ionen aufeinandertreffen und sich gegenseitig abstoßen. Der Kristall zerspringt entlang der Ionenschichten (▸**1**).

Hohe Schmelztemperatur Salze sind bei Raumtemperatur fest. Die Schmelztemperaturen der Salze sind aufgrund der starken, allseitig wirkenden Ionenbindung sehr hoch. Beim Schmelzen müssen diese Anziehungskräfte so weit überwunden werden, dass sich die Ionen frei bewegen können, sonst würde eine Salzschmelze den elektrischen Strom nicht leiten. Die Stärke der Ionenbindung ist von der Art der Ionen abhängig. Sie ist umso stärker, je kleiner und je höher geladen die Ionen sind (▸**2**).

Gute Löslichkeit Salze lösen sich meist leicht in Wasser, dabei muss zum Abbau des Ionengitters durch die Wassermoleküle Energie aufgewandt werden, weil die Ionenbindung überwunden werden muss. Gleichzeitig werden die nun frei beweglichen Ionen von den Wassermolekülen umhüllt. Dabei wird Energie freigesetzt (▸S. 105). Das Verhältnis von aufgewandter Energie zum Abbau des Ionengitters zu freigesetzter Energie beim Umhüllen der Ionen mit Wassermolekülen bestimmt, wie gut ein Salz löslich ist und ob beim Lösevorgang eine Temperaturänderung zu beobachten ist. Beim Natriumchlorid sind beide Energiebeiträge nahezu gleich. Das Salz löst sich unter ganz leichtem Abkühlen. Die Ionenbindung im Silberchlorid ist dagegen so fest, dass die Energie zum Überwinden nicht aufgebracht werden kann.

Ionen in Reaktionsgleichungen Das Lösen z. B. von Natriumchlorid in Wasser lässt sich durch eine Reaktionsgleichung in Ionenschreibweise, eine **Ionengleichung**, darstellen. Das „aq" steht für in Wasser gelöst (engl. *in aqueous solution*).

$$NaCl\,(s) \longrightarrow Na^+\,(aq) + Cl^-\,(aq)$$

Aufgaben

1 Erkläre, warum sich salzartige Stoffe nicht verformen lassen.

2 Überlege, ob die Schmelztemperatur von Kaliumchlorid höher oder niedriger liegt als die Schmelztemperatur von Natriumchlorid. Begründe deine Entscheidung.

3 Begründe, warum sich Ionenverbindungen im Allgemeinen in warmem Wasser besser lösen als in kaltem.

4 Entwickle die Ionengleichungen für das Lösen der folgenden Salze in Wasser:
a Kupfer(II)-chlorid
b Kaliumiodid

Salze und Gesundheit

Salze sind lebensnotwendig Für eine gesunde Ernährung sollten neben Proteinen, Fetten, Kohlenhydraten und Vitaminen auch Mineralstoffe mit der Nahrung aufgenommen werden. Mineralstoffe sind Salze. Blut und andere Körperflüssigkeiten müssen einen bestimmten Anteil an gelösten Salzen enthalten. Dies sind z. B. Natrium-, Calcium-, Magnesium- und Kaliumsalze. Sie spielen eine wichtige Rolle bei der Regulation des Wasserhaushalts, bei der Erregung von Nerven und Muskeln sowie dem Aufbau von Knochen. Bei einer ausgewogenen Ernährung werden ausreichend Mineralstoffe aufgenommen. Eine Zufuhr über Nahrungsergänzungsmittel ist nicht erforderlich.

Salz als Konservierungsmittel Vor allem Fisch und Fleisch, aber auch Oliven oder Gurken werden durch Einlegen in Salzlösung (Salzlake) oder durch Einreiben mit Kochsalz konserviert. Die konservierende Wirkung des Salzens beruht darauf, dass das Salz den Lebensmitteln Wasser entzieht, das Mikroorganismen wie Schimmelpilze und Bakterien für ihr Wachstum benötigen. Das bei der Herstellung von Wurst verwendete Nitritpökelsalz, ein Gemisch aus Kochsalz, Natriumnitrat und Kaliumnitrat, tötet zusätzlich schädliche Bakterien ab.

2 „Iso-Drinks" enthalten wertvolle Mineralien, sind belebende und erfrischende Durstlöscher, die sofort wirken. Stimmt das wirklich?

Wie viel Salz braucht der Mensch? Täglich werden 2 bis 3 g Kochsalz benötigt, um Verluste über Nieren, Darm und Haut auszugleichen. Mit 10 bis 12 g pro Tag nehmen wir aber sehr viel mehr Kochsalz auf, als unser Körper braucht. Dafür ist nicht nur die Vorliebe für den Salzgeschmack, sondern auch der hohe Salzanteil vieler Lebensmittel verantwortlich. Eine zu hohe Salzaufnahme auf Dauer ist jedoch gesundheitsschädlich und kann zu Bluthochdruck führen.

Aufgaben

1 Recherchiere auf Etiketten von „Iso-Drinks" (isotonischen Getränken) die Inhaltsstoffe und ihren Anteil im Getränk. Bewerte die Angaben im Hinblick auf ihre gewünschte Wirkung als besonders geeigneter Durstlöscher nach sportlicher Betätigung.

2 Ermittle Lebensmittel, die einen hohen Massenanteil an Kochsalz haben. Nutze dafür auch Nährwerttabellen. Stelle die Ergebnisse in einer Tabelle zusammen.

3 Recherchiere, warum in Deutschland das Speisesalz iodiert und fluoriert ist.

1 Käse wird zur Konservierung in Salzlake getaucht.

Salze und Metalle – Elektronenübertragung

Ionen	Teilchen, aus denen Stoffe aufgebaut sein können; elektrisch positiv oder negativ geladene Teilchen in der Größenordnung von Atomen. Sie können aus Atomen durch Abgabe oder Aufnahme von Elektronen entstehen.
Ionenbindung	Art der chemischen Bindung, die durch Anziehung zwischen ungleichnamig elektrisch geladenen Ionen bewirkt wird
Eigenschaften von Salzen	Salze sind harte, spröde, kristalline Stoffe mit meist hohen Schmelztemperaturen. Die meisten Salze lösen sich gut in Wasser. Salzlösungen und Salzschmelzen leiten den elektrischen Strom, festes Salz nicht.
Bau von Salzen	Salze sind Ionenverbindungen, die aus elektrisch positiv geladenen Metall-Kationen und elektrisch negativ geladenen Nichtmetall-Anionen aufgebaut sind. Salze bilden Ionenkristalle, in denen die Ionen in einem Ionengitter regelmäßig angeordnet sind.

Natrium-Ion — Chlorid-Ion

Chemische Reaktionen mit Elektronenübertragung

Reaktionen, bei denen zwischen den Teilchen der reagierenden Stoffe Elektronen übertragen werden. Solche Reaktionen sind Redoxreaktionen. Elektronenabgabe (Oxidation) und Elektronenaufnahme (Reduktion) finden dabei gleichzeitig statt.

Elektronenabgabe/Oxidation: $\quad 2\,K \longrightarrow 2\,K^+ + 2\,e^-$

Elektronenaufnahme/Reduktion: $\quad Cl_2 + 2\,e^- \longrightarrow 2\,Cl^-$

Elektronenübertragung/Redoxreaktion: $\quad 2\,K + Cl_2 \longrightarrow 2\,KCl$

Elektrolyse

Elektrolysen sind endotherme chemische Reaktionen, bei denen durch den elektrischen Strom Elektronenübertragungen an Elektroden erzwungen werden. Elektrische Energie wird dabei in chemische Energie umgewandelt.

Elektronenabgabe/Oxidation: $\quad 2\,Cl^- \longrightarrow Cl_2 + 2\,e^-$

Elektronenaufnahme/Reduktion: $\quad 2\,K^+ + 2\,e^- \longrightarrow 2\,K$

Elektronenübertragung/Redoxreaktion: $\quad 2\,K^+ + 2\,Cl^- \longrightarrow 2\,K + Cl_2$

Aufgaben

1 Begründe, weshalb eine Lösung und eine Schmelze von Zinkchlorid den elektrischen Strom leiten, festes Zinkchlorid aber nicht.

2 Beschreibe unter Verwendung von Fachbegriffen die Ionenwanderung beim Anlegen einer elektrischen Spannung. Fertige eine Zeichnung an und beschrifte sie.

3 Erkläre mithilfe des Schalenmodells die Bildung von dreifach positiv geladenen Aluminium-Ionen aus Aluminiumatomen.

4 Leite aus der Stellung der Elemente im Periodensystem die elektrische Ladung folgender Ionen ab: Lithium-Ion, Magnesium-Ion, Nitrid-Ion, Oxid-Ion, Fluorid-Ion.

5 Beschreibe den Bau von Natriumchlorid.

6 Schlägt man mit einem Hammer auf einen Natriumchloridkristall, zerspringt dieser. Erkläre, warum die meisten Bruchstücke glatte Flächen aufweisen.

7 Erkläre, warum Salze bei Raumtemperatur nicht flüssig oder gasförmig sind.

8 Kalium reagiert mit Chlor in einer stark exothermen Reaktion zu einem Salz.
a Stelle die Reaktionsgleichung auf und benenne das Reaktionsprodukt.
b Stelle die Veränderung der Teilchen modellhaft dar. Verwende für die Darstellung der Teilchen das Schalenmodell.

9 Zink reagiert mit Iod in Anwesenheit eines Katalysators in einer exothermen Reaktion zu Zinkiodid.
a Formuliere die Ionengleichungen für die Elektronenabgabe und Elektronenaufnahme sowie die Reaktionsgleichung für die Elektronenübertragung.
b Benenne den Elektronendonator und den Elektronenakzeptor.
c Kennzeichne die Oxidation und die Reduktion und benenne das Oxidationsmittel und das Reduktionsmittel.

10 Erläutere anhand eines selbst gewählten Beispiels, dass bei jeder Redoxreaktion mit Sauerstoffübertragung auch eine Elektronenübertragung stattfindet.

11 Formuliere Annahmen über mögliche Vorgänge, die beim Eintauchen eines Aluminiumblechstreifens in eine Lösung von Kupfer(II)-chlorid ($CuCl_2$) ablaufen. Begründe deine Annahmen.

12 Beschreibe die Vorgänge, die bei der Elektrolyse von Zinkchlorid ($ZnCl_2$) ablaufen. Betrachte dabei auch die Energieumwandlung. Formuliere die Ionengleichungen für die Teilreaktionen an den Elektroden.

13 Ein Werkstück soll vergoldet werden. Erkläre, warum das Werkstück dabei stets als Kathode geschaltet werden muss.

14 Gib die Verhältnisformel folgender Verbindungen an:
a Caesiumbromid
b Magnesiumsulfid
c Calciumnitrid
d Eisen(III)-oxid
e Blei(IV)-oxid

15 Ermittle aus der Verhältnisformel die Ladungen der Ionen:
a FeO
b RbI
c Zn_2O
d LiF

Hilfe zu den Aufgaben findest du auf den Seiten …			
1	72 f.	9	76 f., 80 f.
2	72 f.	10	77
3	74 f.	11	80 f.
4	75	12	78 f.
5	86 f.	13	79
6	87	14	87
7	88	15	87
8	76 f.		

▶ Die Lösungen findest du im Anhang.

Weitergedacht

Material A: Kupferradierung

Die Kupferradierung ist ein historisches Verfahren, das zum Drucken von Bildern in Büchern erfunden wurde. Zunächst wurde eine Kupferplatte mit einer Schicht aus Wachs überzogen. Die Zeichnung wurde dann seitenverkehrt in diese Schicht eingeritzt, bis das Kupfer sichtbar wurde. Mit einer Eisen(III)-chloridlösung wurde die Zeichnung an den freigelegten Stellen in die Kupferplatte geätzt und das überschüssige Wachs anschließend mit heißem Wasser entfernt. In die entstandenen Vertiefungen wird die Druckfarbe gerieben und unter sehr hohem Druck auf saugfähiges Papier übertragen.

A1 Verfahren der Ätzradierung

$$Na\ (s) \longrightarrow Na^+\ (aq) + e^-$$
$$Mg\ (s) \longrightarrow Mg^{2+}\ (aq) + 2\,e^-$$
$$Al\ (s) \longrightarrow Al^{3+}\ (aq) + 3\,e^-$$
$$Zn\ (s) \longrightarrow Zn^{2+}\ (aq) + 2\,e^-$$
$$Fe\ (s) \longrightarrow Fe^{2+}\ (aq) + 2\,e^-$$
$$Pb\ (s) \longrightarrow Pb^{2+}\ (aq) + 2\,e^-$$
$$Cu\ (s) \longrightarrow Cu^{2+}\ (aq) + 2\,e^-$$
$$Fe^{2+}\ (aq) \longrightarrow Fe^{3+}\ (aq) + e^-$$
$$Ag\ (s) \longrightarrow Ag^+\ (aq) + e^-$$
$$Pt\ (s) \longrightarrow Pt^{2+}\ (aq) + 2\,e^-$$
$$Au\ (s) \longrightarrow Au^{3+}\ (aq) + 3\,e^-$$

A2 Reaktionsgleichungen für die Elektronenabgabe, geordnet nach der Redoxreihe der Metalle

1 Erläutere die einzelnen Schritte zur Anfertigung einer Kupferradierung (▶ **A1**).

2 Entwickle die Teilgleichungen und die Gesamtreaktionsgleichung für das Verfahren der Kupferradierung. Begründe deine Entscheidung mithilfe der Redoxreihe (▶ **A1**, **A2**).

3 Nimm begründet Stellung zu der Aussage, dass sich nach demselben Verfahren auch Goldradierungen herstellen lassen (▶ **A2**).

Material B: Haushaltsrezept zur Silberreinigung

Schmuck und Besteck aus Silber überziehen sich im Laufe der Zeit mit einer schwarzen Schicht von Silber(I)-sulfid (Ag_2S). Die „angelaufenen" Silberteile lassen sich aber einfach wieder „reinigen".

Silberschmuck reinigen ohne Chemie Mit dieser Methode erstrahlen Schmuckstücke wieder in altem Glanz: Eine Schale mit Alufolie auslegen, heißes Wasser einfüllen, einen Esslöffel Kochsalz oder Backpulver hinzugeben, umrühren und den schwarz gewordenen Schmuck auf die Alufolie legen. Das Kochsalz nicht vergessen, sonst dauert es viel zu lange.

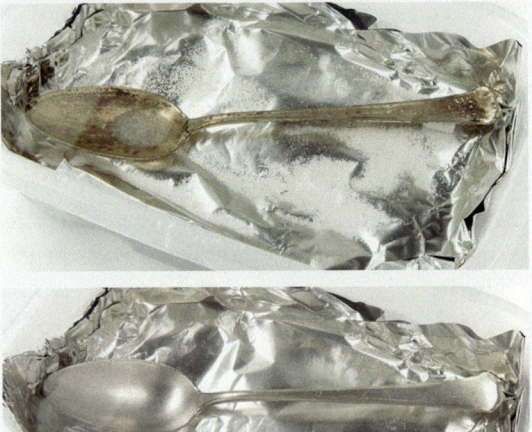

B1 Haushaltstipp aus dem Internet

1 Erläutere den „Reinigungsvorgang". Nutze dazu deine Kenntnisse über die Redoxreihe der Metalle. Wenn nötig, formuliere Reaktionsgleichungen (▶ **B1**).

2 Formuliere den Haushaltstipp (▶ **B1**) in eine Experimentieranleitung um. Gib dabei mögliche Gefahren an.

3 Bewerte die Aussage der Überschrift des Haushaltstipps: „Silberschmuck reinigen ohne Chemie".

4 Erläutere den Vorteil dieser Methode gegenüber einer mechanischen Reinigung, z. B. durch Abschleifen des dunklen Belags.

■ **Material C: Gewinnung von Aluminium durch Schmelzflusselektrolyse**

Aluminium wird aus geschmolzenem Aluminium-oxid durch Elektrolyse gewonnen. Das Aluminium-oxid muss dabei zuvor aus Bauxit hergestellt werden.

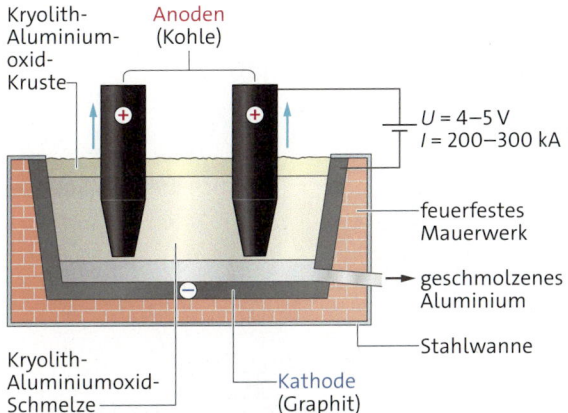

C1 Schema eines Elektrolyseofens zur Aluminium-gewinnung

Stoff	Schmelztem-peratur in °C
Aluminiumoxid (Al_2O_3)	2 045
Kryolith (Na_3AlF_6)	1 000
Gemisch aus Aluminiumoxid ($w = 10\,\%$) und Kryolith ($w = 90\,\%$)	ca. 960
Aluminium	660

C2 Schmelztemperaturen der beteiligten Stoffe

Kennzahl	Wert
Bauxit	4 kg
Kohle	0,5 kg
Energiemenge elektrischer Strom	13–16 kWh
Spannung	4–5 V

C3 Auswahl an Kennzahlen zur Herstellung von 1 kg Aluminium aus Bauxit

1 Beschreibe den Aufbau des Elektrolyseofens und den Ablauf der Schmelzflusselektrolyse zur Aluminiumgewinnung (▸ **C1**).

2 Formuliere die Teilgleichungen der Reaktionen an Anode und Kathode sowie die Reaktionsgleichung für die Elektronenübertragung (▸ **C1**).

3 Erkläre, warum die Kohleanoden bei der Elektrolyse „verbraucht" werden und ständig von oben nachgeschoben werden müssen.

4 Die Schmelzflusselektrolyse wird nicht mit reinem Aluminiumoxid, sondern mit einem Gemisch aus Kryolith und Aluminiumoxid durchgeführt.
   a Erläutere mithilfe von ▸ **C2** und ▸ **C3**.
   b Erläutere anhand der Redoxreihe der Metalle, warum das eingesetzte Kryolith praktisch nicht verbraucht wird.

5 Eine 0,5-l-Getränkedose aus Aluminium wiegt ca. 16 g. Berechne die Energiemenge, die zur Herstellung des Aluminiums für die Dose aufgewandt werden muss.

- -

■ **Material D: Elektronenfluss**

Bei der elektrolytischen Kupferraffination wird aus Rohkupfer (Reinheitsgrad 98,5 %) hochreines Kupfer, z. B. für die Elektroindustrie, gewonnen.

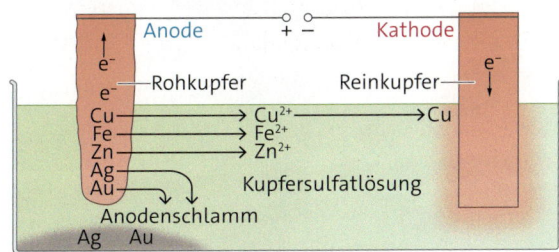

D1 Elektrolytische Kupferraffination im Modell

1 Erläutere das Verfahren der elektrolytischen Raffination von Kupfer (▸ **D1**).

2 Formuliere die Teilgleichungen für den Anoden- und Kathodenprozess sowie die Gesamtreaktions-gleichung (▸ **D1**).

3 Begründe, weshalb sich an der Kathode kein Eisen oder Zink bildet und weshalb sich unter der Anode der „Anodenschlamm" ansammelt, in dem elementares Silber und Gold enthalten ist (▸ **D1**).

4 Das hochreine Kupfer hat einen Reinheitsgrad von 99,97 %. Berechne die Masse an Verunreinigungen in einer Tonne hochreinem Kupfer.

Stoffe aus Molekülen –

Elektronenpaarbindung

Der in südlichen Ländern lebende Gecko ist ein Tier mit
ganz besonderen Fähigkeiten. Es gelingt ihm, an einer
Glasscheibe kopfüber an der Decke zu spazieren, ohne
abzustürzen.

Dass Wasser für uns lebensnotwendig ist, ist jedem bekannt. Es ist aber auch ein Stoff mit besonderen Eigenschaften: Gefroren zu Eis schwimmt es auf der Oberfläche
und ein Bauchklatscher ins Wasser lässt die Oberfläche
hart wie Beton werden. All diese Phänomene lassen sich
mit dem Bau der Stoffe aus Molekülen erklären.

Die Elektronenpaarbindung

Wasserstoff, Sauerstoff, Chlor, Schwefel und Iod – alles Stoffe, die aus Molekülen aufgebaut sind. So verschieden sie auf den ersten Blick wirken, haben diese Stoffe Gemeinsamkeiten. Das einfachste ist das Wasserstoffmolekül.

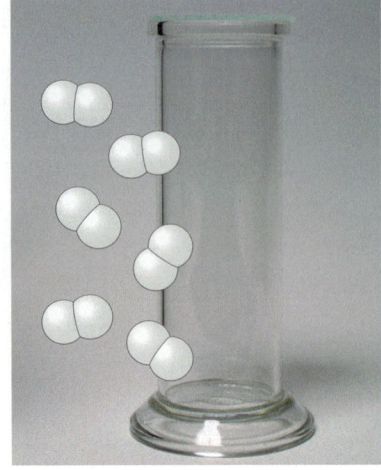 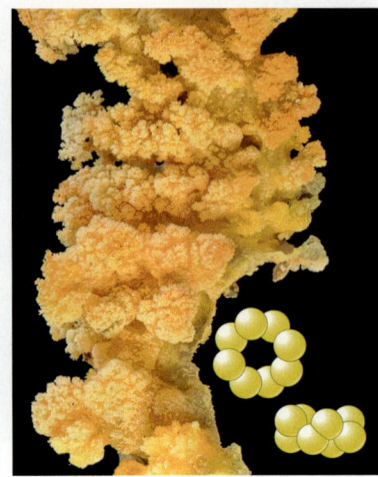

1 Stoffproben und Teilchenmodelle von Wasserstoff und Schwefel

Noch gewusst?

Edelgasatome besitzen in ihrer Atomhülle eine besetzte Außenschale mit 8 Elektronen (Ausnahme: Helium 2 Elektronen). Diese Elektronenverteilung ist energetisch besonders günstig.

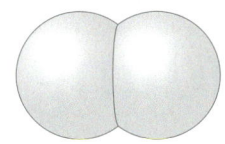

2 Modell des Wasserstoffmoleküls

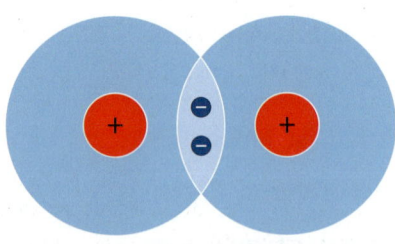

3 Modell der Elektronenpaarbindung bei einem Wasserstoffmolekül

Bau von Wasserstoffmolekülen Ein Wasserstoffmolekül mit der Molekülformel H_2 stellen wir uns im Modell als zwei „aneinanderklebende" Kugeln vor (▸**2**). Warum kleben aber nicht drei oder vier Wasserstoffatome aneinander?

Betrachtet man jedes Wasserstoffatom für sich, besitzt es genau ein Elektron, das gleichzeitig das Außenelektron ist. Nach der schon bekannten Edelgasregel ist diese Elektronenverteilung energetisch nicht stabil (▸S. 58). Jedes Wasserstoffatom benötigt zur Besetzung der Elektronenschale nach der Edelgasregel ein weiteres Elektron.

Die zwei Wasserstoffatome im Wasserstoffmolekül erfüllen die Edelgasregel, indem sie ihre Außenelektronen gemeinsam nutzen. Ihre Elektronenhüllen durchdringen sich, ein **gemeinsames Elektronenpaar** entsteht. Dieses gemeinsame Elektronenpaar wird auch als **Elektronenpaarbindung** oder **Atombindung** bezeichnet (▸**3**). Für sich betrachtet besitzt nun jedes der beiden Wasserstoffatome zwei Elektronen in seiner Außenschale und damit die Elektronenverteilung des Heliums.

Die Elektronenpaarbindung ist eine chemische Bindung, die den Zusammenhalt von Atomen in Molekülen bewirkt. Das gemeinsame Elektronenpaar im Wasserstoffmolekül hält die Wasserstoffatome fest zusammen und ist sehr stabil. Zur Trennung der Atome im Molekül werden etwa 1 700 °C benötigt. Die beiden Elektronen, die diese Elektronenpaarbindung bewirken, werden als **bindendes Elektronenpaar** bezeichnet.

> Die Elektronenpaarbindung ist eine Art der chemischen Bindung, die durch gemeinsame Elektronenpaare zwischen Atomen bewirkt wird.

Einfachbindung Auch Chlormoleküle (Cl_2) bestehen aus zwei Chloratomen. Jedes Chloratom besitzt auf seiner Außenschale sieben Elektronen. Um die Edelgasregel zu erfüllen, fehlt dem Chloratom ein Elektron. Chloratome bilden in den Chlormolekülen, genauso wie die Wasserstoffatome, deshalb ein gemeinsames Elektronenpaar (▶4a).

Eine durch ein bindendes Elektronenpaar bewirkte chemische Bindung wie im Wasserstoff- oder Chlormolekül wird als **Einfachbindung** bezeichnet.

Elektronenpaarbindungen können auch zwischen verschiedenartigen Atomen auftreten. Im Chlorwasserstoffmolekül (HCl), das aus einem Chlor- und einem Wasserstoffatom besteht, gibt es eine Einfachbindung zwischen den Atomen. Gemäß der Edelgasregel besitzt das Wasserstoffatom im Chlorwasserstoffmolekül für sich betrachtet zwei Außenelektronen und das Chloratom acht.

Mehrfachbindungen Sauerstoffmoleküle (O_2) bestehen aus jeweils zwei Sauerstoffatomen. Jedes Sauerstoffatom besitzt auf seiner Außenschale sechs Elektronen. Damit beide Sauerstoffatome im Sauerstoffmolekül den stabilen Zustand von acht Elektronen in der Außenschale erreichen, bilden sie zwei gemeinsame Elektronenpaare, die die Elektronenpaarbindung bewirken. Im Sauerstoffmolekül liegt nach diesen Vorstellungen eine **Doppelbindung** vor (▶4b).

Bei einem Stickstoffmolekül (N_2) werden drei bindende Elektronenpaare gebildet, damit die Edelgasregel für jedes Stickstoffatom erfüllt ist. Es liegt eine **Dreifachbindung** vor. Allgemein werden Doppelbindungen und Dreifachbindungen als **Mehrfachbindungen** bezeichnet (▶4c).

> **Um die Edelgasregel zu erfüllen, treten in Molekülen Einfach-, Zweifach- oder Dreifachbindungen auf.**

Lewis-Formeln Mithilfe der Lewis-Formeln lassen sich die Bindungsverhältnisse in Molekülen schematisch darstellen. Das bindende Elektronenpaar wird als Strich zwischen die Elementsymbole gesetzt; Außenelektronen, die nicht an einer Bindung teilnehmen, werden paarweise auch als Striche direkt am Symbol dargestellt.

In der Lewis-Formel des Chlormoleküls kennzeichnet so der Strich zwischen den Chlorsymbolen das bindende Elektronenpaar, die sechs anderen Striche kennzeichnen die **nicht bindenden** oder **freien Elektronenpaare** an den beiden Chloratomen (▶5).

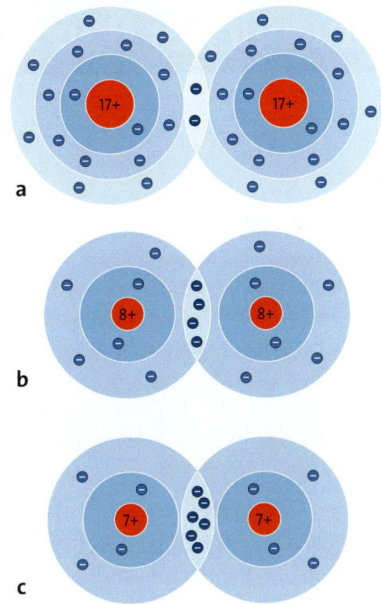

4 Modell der Elektronenpaarbindung bei einem **a** Chlor-, **b** Sauerstoff- und **c** Stickstoffmolekül

Noch gewusst?

In der Lewis-Formel werden die Außenelektronen eines Atoms durch Punkte am entsprechenden Elementsymbol dargestellt.

H—H |C̲l—C̲l|

O̲=O̲ |N≡N|

5 Lewis-Formel eines Wasserstoff-, Chlor-, Sauerstoff- und Stickstoffmoleküls

Aufgaben

1 Zeichne Schalenmodelle und Lewis-Formeln der Moleküle Br_2, N_2, HF und CO_2. Prüfe die Lewis-Formeln mithilfe der Edelgasregel.

2 Gib an, wodurch sich Wasserstoffatom, Heliumatom und Wasserstoffmolekül unterscheiden.

3 Erläutere, weshalb die Stoffe Stickstoff und Fluor aus Molekülen aufgebaut sind.

4 Vergleiche die Teilchen, die durch die folgenden chemischen Zeichen angegeben werden: Cl, Cl_2 und Cl^-. Erläutere die Unterschiede.

Räumlicher Bau einfacher Moleküle

1 Modell aus Luftballons zur Darstellung der tetraedrischen Anordnung von vier Elektronenpaaren als Elektronenwolken um ein Zentralatom

Aufgaben

1 Beschreibe den räumlichen Bau von Kohlenstoffdioxid (CO_2). Nutze ▶ **2**.

2 Ermittle den räumlichen Bau folgender Stoffe: Fluorwasserstoff (HF), Ammoniak (NH_3).

Elektronenpaarabstoßungsmodell Eigenschaften und Reaktionen von Stoffen sind auch auf den räumlichen Bau der Moleküle zurückzuführen. Erst mithilfe des **Elektronenpaarabstoßungsmodells** kann dieser vorhergesagt werden. Das Modell beruht auf zwei einfachen Annahmen:

1. Alle Außenelektronen der Atome im Molekül spielen eine Rolle für den räumlichen Bau. Man stellt sich jedes Elektronenpaar modellhaft als **Elektronenwolke** vor (▶**1**).

2. Die negativ geladenen Elektronenpaare stoßen sich gegenseitig ab. Alle Elektronenpaare ordnen sich deshalb im Molekül räumlich so an, dass ihr Abstand zueinander so groß wie möglich ist. Die elektrostatische Abstoßung von freien Elektronenpaaren ist dabei größer als die von bindenden. Mehrfachbindungen werden im Modell wie Einfachbindungen betrachtet.

Räumlicher Bau einfacher Moleküle Das Methanmolekül (CH_4) besitzt vier bindende Elektronenpaare. Durch deren Abstoßung ordnen sie sich **tetraedrisch** um das Kohlenstoffatom an. Die Wasserstoffatome befinden sich dabei in den Ecken dieses Tetraeders, das Kohlenstoffatom in dessen Zentrum. Der Winkel zwischen den bindenden Elektronenpaaren beträgt 109,5°.

Im Wassermolekül (H_2O) existieren neben den zwei bindenden Elektronenpaaren noch zwei freie Elektronenpaare am Sauerstoffatom. Diese sind ebenfalls tetraedrisch angeordnet. An zwei Ecken befinden sich die Wasserstoffatome, die beiden freien Elektronenpaare weisen in die anderen Ecken. Durch die größere elektrostatische Abstoßung der freien Elektronenpaare verkleinert sich der Winkel zwischen den beiden Elektronenpaarbindungen im Vergleich zum Winkel im Methanmolekül etwas zu 105°. Das Wassermolekül ist **gewinkelt** (▶**2**).

Stoff mit Lewis-Formel des Moleküls	Methan $$H-\overset{\displaystyle H}{\underset{\displaystyle H}{C}}-H$$	Wasser $$\overset{\displaystyle \cdot\overset{..}{O}\cdot}{H \quad H}$$	Kohlenstoffdioxid $$O = C = O$$
Elektronenpaare am zentralen Atom	4 bindende Elektronenpaare am Kohlenstoffatom	2 bindende und 2 freie Elektronenpaare am Sauerstoffatom	2 Doppelbindungen am Kohlenstoffatom (entsprechen zwei Einfachbindungen)
Molekülmodell und räumlicher Bau	109,5° tetraedrisch	105° gewinkelt	180° linear

2 Bau einfacher Moleküle nach dem Elektronenpaarabstoßungsmodell

Aufstellen von Lewis-Formeln

Die Edelgasregel hilft beim Aufstellen der korrekten Lewis-Formel. Für viele Moleküle gilt, dass die Gesamtzahl der bindenden und freien Elektronenpaare eines Atoms in einem Molekül identisch ist mit der Zahl der Außenelektronen des Edelgasatoms derselben Periode.

Zum sicheren Aufstellen der Lewis-Formel eines Moleküls geht man folgendermaßen vor:

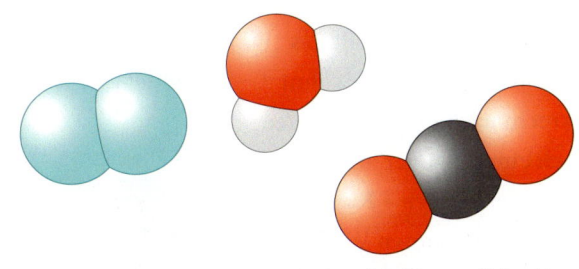

1 Fluormolekül, Wassermolekül und Kohlenstoffdioxidmolekül im Modell

	Fluor	Wasser	Kohlenstoffdioxid
	F_2	H_2O	CO_2

1 Notiere den Namen und die Molekülformel der Verbindung.

2 Notiere die Elementsymbole der an der Verbindung beteiligten Atome mit ihren Außenelektronen.
Beachte: Die Außenelektronen werden als Punkte dargestellt. Erst wenn mehr als vier Außenelektronen vorhanden sind, werden zwei von ihnen als Elektronenpaar durch einen Strich gekennzeichnet.

3 Stelle fest, wie viele Bindungen das jeweilige Atom in dieser Verbindung eingehen kann.
Hinweis: Die Anzahl entspricht häufig der Anzahl der ungepaarten Elektronen.

F: 1

O: 2
H: 1

O: 2
C: 4

4 Ordne die Elementsymbole entsprechend der Verknüpfung der Atome im Molekül an.

F F

O H
H

O C O

5 Bilde zwischen den Atomen bindende Elektronenpaare. Dabei sind Einfach- und Mehrfachbindungen möglich. Zeichne die nicht an der Bindung beteiligten Elektronenpaare als Striche am Symbol.
Beachte: Für alle Atome gilt die Edelgasregel.

6 Stelle die bindenden Elektronenpaare als Striche dar.
Hinweis: Überprüfe anhand der Lewis-Formel, ob alle beteiligten Atome acht Elektronen und damit ein Elektronenoktett bzw. Wasserstoffatome zwei Elektronen und damit ein Elektronendublett aufweisen.

Die polare Elektronenpaarbindung

Bei einem Wasserfall fällt das Wasser im freien Fall gewohnt senkrecht nach unten. Hält man jedoch einen – zuvor an Kleidungsstücken geriebenen – Kunststoffstab an einen dünnen Wasserstrahl, so wird dieser angezogen.

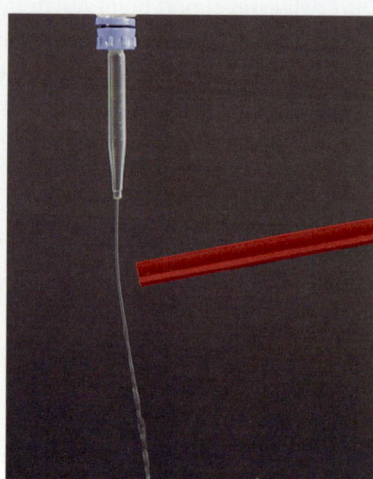

1 Das Wasser der Niagarafälle und ein einfaches Wasserexperiment

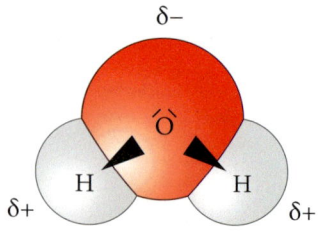

2 Polare Elektronenpaarbindung im Wassermolekül. Das Zeichen ▶ deutet die Verschiebung der Elektronen in Richtung des Sauerstoffatoms an.

Die polare Bindung im Wassermolekül Obwohl ein Wassermolekül elektrisch neutral ist, wird ein dünner Wasserstrahl von einem negativ geladenen Kunststoffstab angezogen (▶**1**).

Betrachtet man die Bindungsverhältnisse im Wassermolekül, ist das Sauerstoffatom mit je einem Wasserstoffatom über ein gemeinsames Elektronenpaar verbunden. Das Sauerstoffatom zieht aufgrund der höheren Kernladung die Bindungselektronen stärker an als die Wasserstoffatome. Sie sind zum Sauerstoffatom verschoben. Wegen dieser Elektronenverschiebung hat das Sauerstoffatom eine elektrisch negative Teilladung (im Modell δ–; sprich: Delta minus). Die Wasserstoffatome tragen dagegen jeweils eine elektrisch positive Teilladung (im Modell δ+). Die unsymmetrische Elektronenverteilung zwischen den Atomen führt zur **polaren Elektronenpaarbindung** (▶**2**).

> **Die polare Elektronenpaarbindung beruht auf der verschieden starken Anziehung der Bindungspartner auf die Bindungselektronen.**

Das Wassermolekül – ein Dipol Die polare Bindung im Wassermolekül führt zur Ausbildung von zwei Ladungsschwerpunkten – die positive Teilladung an den Wasserstoffatomen und die negative Teilladung am Sauerstoffatom.

Das Wassermolekül ist daher ein **Dipolmolekül** – ein elektrisch ungeladenes Teilchen, das aber von anderen Ladungen angezogen wird. In der Nähe des negativ geladenen Kunststoffstabs ordnen sich deshalb die Wassermoleküle so an, dass die positiv geladene Seite des Moleküls zum negativ geladenen Stab zeigt. Es kommt zur Anziehung der Wassermoleküle durch den geladenen Kunststoffstab (▶**3**).

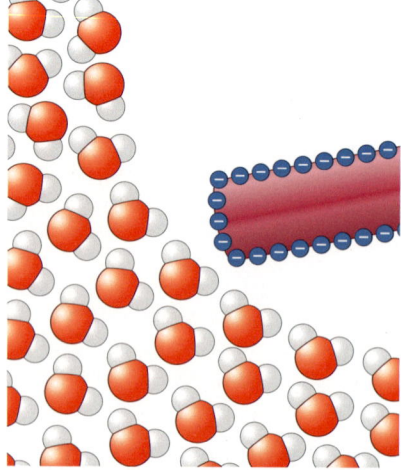

3 Modellvorstellung zur Ablenkung eines Wasserstrahls durch einen geladenen Körper

Elektronegativitätswerte chemischer Elemente Um zu vergleichen, wie stark Atome bindende Elektronenpaare im Molekül anziehen, ordnete LINUS PAULING (1901–1994) den Elementen **Elektronegativitätswerte (EN)** zu. Dabei gilt: Je stärker die Anziehung ist, desto größer ist deren Elektronegativität (▶4).

Die Elektronegativität hängt sowohl von der Atomgröße als auch von der Kernladung ab. Die Anziehung eines Elektronenpaars wird umso schwächer, je weiter es vom Atomkern entfernt ist. Ist der Abstand zwischen Atomkern und Elektronenpaar annähernd gleich, so nimmt die Anziehung mit steigender Kernladung zu. Der Vergleich der Elektronegativitätswerte der Elemente Sauerstoff (EN von 3,5) und Wasserstoff (EN von 2,1) zeigt, dass das Sauerstoffatom in einem Wassermolekül eine deutlich größere Anziehungskraft auf das bindende Elektronenpaar ausübt als das Wasserstoffatom.

Polarität einer chemischen Bindung Im Wasserstoffmolekül ist die Differenz der Elektronegativitätswerte null, da beide Wasserstoffatome die gleiche Elektronegativität haben. Es liegt eine unpolare Elektronenpaarbindung vor. Je größer die Differenz der Elektronegativitätswerte zwischen zwei Elementen ist, umso größer ist die **Polarität** einer chemischen Bindung. Überschreitet die Differenz der Elektronegativität einen Wert von 1,7, sind die Bindungselektronen in der Regel zu einem Atom hin verlagert. Es liegt dann eine Ionenbindung vor.

Abschätzung des Dipolcharakters von Molekülen Ob ein Molekül ein Dipolmolekül ist, hängt sowohl von der Polarität der chemischen Bindung als auch vom räumlichen Bau des Moleküls ab.

Beim Chlorwasserstoffmolekül sind beide Bedingungen für ein Dipolmolekül erfüllt. Aufgrund der Differenz zwischen den Elektronegativitätswerten von Chlor und Wasserstoff liegt eine polare Elektronenpaarbindung vor. Durch den linearen Bau bilden sich räumlich getrennte Ladungsschwerpunkte aus (▶5).

Das Methanmolekül ist hingegen kein Dipolmolekül. Die chemischen Bindungen zwischen Kohlenstoff- und Wasserstoffatom sind zwar jeweils polar, jedoch fallen aufgrund des tetraedrischen Baus die positiven und negativen Ladungsschwerpunkte zusammen (▶5). Das ist immer bei Molekülen der Fall, bei denen die Teilladungen symmetrisch angeordnet sind. So ist z. B. auch das linear gebaute Kohlenstoffdioxidmolekül kein Dipolmolekül.

H 2,1							He –
Li 1,0	Be 1,5	B 2,0	C 2,5	N 3,0	O 3,5	F 4,0	Ne –
Na 0,9	Mg 1,2	Al 1,5	Si 1,8	P 2,1	S 2,5	Cl 3,0	Ar –
K 0,8	Ca 1,0	Ga 1,6	Ge 1,8	As 2,0	Se 2,4	Br 2,8	Kr –
Rb 0,8	Sr 1,0	In 1,7	Sn 1,8	Sb 1,9	Te 2,1	I 2,5	Xe –
Cs 0,7	Ba 0,9	Tl 1,8	Pb 1,8	Bi 1,9	Po 2,0	At 2,2	Rn –
Fr 0,7	Ra 0,9						

4 Elektronegativitätswerte (EN) der Hauptgruppenelemente nach PAULING

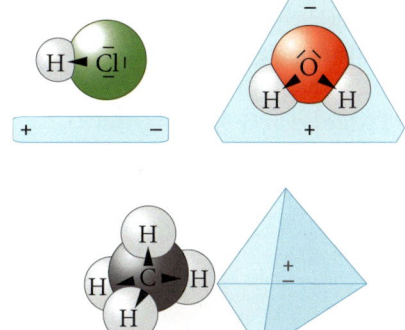

5 Schwerpunkte der Ladungen und Modelle verschiedener Moleküle

Aufgaben

1 Ordne die folgenden Bindungen nach steigender Polarität: H–F, H–Cl, H–Br, H–O, H–N, H–C.

2 Erläutere, wie ein Wasserstrahl von einem positiv geladenen Glasstab abgelenkt wird.

3 Begründe, weshalb es für Edelgasatome keine Elektronegativitätswerte gibt (▶4).

4 Ermittle einen Zusammenhang zwischen dem EN-Wert eines Elements und seinem Atombau (Ladung des Atomkerns, Anzahl der Elektronenschalen).

5 Beurteile, ob es sich bei folgenden Molekülen um Dipolmoleküle handelt: PH_3, HCN, $SiCl_4$, $CHCl_3$. Begründe deine Ansicht.

Zwischenmolekulare Kräfte

Wasser ist ein alltäglicher Stoff mit ungewöhnlichen Eigenschaften: Eine Wasserflasche, die wir im Gefrierfach vergessen haben, kann zerbrechen, wenn das Wasser darin zu Eis gefriert.
Manche Tiere wie der Wasserläufer können dank der großen Oberflächenspannung auf dem Wasser laufen.

1 Zwei ungewöhnliche Eigenschaften des Wassers

Wasser
Farbe: farblos
Geruch: geruchlos
Geschmack: geschmacklos
Aggregatzustand bei 20 °C: flüssig
Schmelztemperatur: 0 °C
Siedetemperatur: 100 °C
Dichte bei 4 °C: 1,000 g/cm³
Dichte bei 0 °C: 0,999 84 g/cm³
Dichte Eis bei 0 °C: 0,917 g/cm³

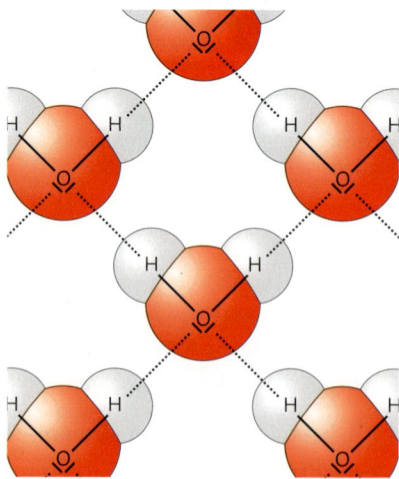

2 Modell der Wasserstoffbrücken

Wasser – vertraut und ungewöhnlich Wasser gehört für uns zum alltäglichen Leben. Es besitzt jedoch Eigenschaften, die es von anderen ähnlich aufgebauten Verbindungen deutlich unterscheidet.
Wasser ist bei Raumtemperatur flüssig und hat bei 4 °C seine größte Dichte. Beim Erstarren vergrößert es sein Volumen. Eis hat daher eine geringere Dichte als Wasser und schwimmt auf dessen Oberfläche. Diese Dichteanomalie bewirkt auch, dass Flaschen und Felsgestein beim Erstarren des Wassers gesprengt werden können (▶ **1a**). Die Oberfläche von Wasser scheint eine „Haut" zu haben, sodass ein Wasserläufer darauf laufen kann (▶ **1b**). Selbst die Siedetemperatur ist ungewöhnlich: Stoffe, die aus ähnlich kleinen Molekülen wie Wasser aufgebaut sind, haben eine sehr viel kleinere Siedetemperatur, z. B. Methan ($\vartheta_v = -90\,°C$).

Wasserstoffbrücken Die Elektronenpaarbindung im Wassermolekül ist wegen der großen Differenz der Elektronegativitätswerte zwischen Sauerstoff und Wasserstoff stark polar. Die Wasserstoffatome besitzen eine hohe positive, das Sauerstoffatom mit seinen zwei nicht bindenden Elektronenpaaren eine hohe negative Teilladung. Jedes dieser freien Elektronenpaare kann aufgrund der negativen Teilladung zusätzlich eine **Wasserstoffbrücke** zu einem Wasserstoffatom eines benachbarten Wassermoleküls ausbilden.

Die Kennzeichnung von Wasserstoffbrücken erfolgt durch eine gestrichelte Linie. Das Wassermolekül kann über seine beiden Wasserstoffatome und sein Sauerstoffatom insgesamt vier O–H⋯O-Brücken ausbilden (▶ **2**). Wasserstoffbrücken beruhen immer auf Wechselwirkungen zwischen Wasserstoffatomen und freien Elektronenpaaren an einem Atom eines stark elektronegativen Elements wie Sauerstoff, Stickstoff oder Fluor.

Mithilfe der Wasserstoffbrücken lassen sich die ungewöhnlichen Eigenschaften des Wassers verstehen.

Die hohe Siedetemperatur entsteht, da die Wasserstoffbrücken beim Verdampfen erst überwunden werden müssen. Beim Gefrieren hingegen verbinden sich die Wassermoleküle über die Wasserstoffbrücken zu einem weitmaschigen Molekülgitter mit großen Hohlräumen (▸3). Der Abstand zwischen den Wassermolekülen wird größer als im flüssigen Zustand, da in der Flüssigkeit nie alle Wassermoleküle Wasserstoffbrücken untereinander ausbilden. Der starke Zusammenhalt der Wassermoleküle bewirkt auch, dass die Oberflächenspannung des Wassers sehr viel größer ist als bei anderen Flüssigkeiten (▸ Exp. 1). Manche Tiere können sich deshalb auf der Wasseroberfläche bewegen (▸1b).

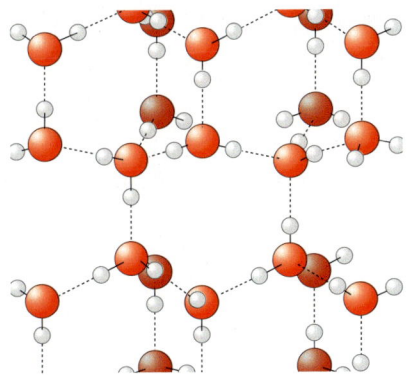

3 Modell vom Bau des Eises

> **Wasserstoffbrücken sind starke zwischenmolekulare Kräfte.**
> **Sie erklären die ungewöhnlichen Eigenschaften des Wassers.**

Dipol-Dipol-Kräfte Schwefelwasserstoffmoleküle unterscheiden sich im Bau nicht von Wassermolekülen. Es sind Dipolmoleküle. Aufgrund der geringen Differenz in den Elektronegativitätswerten der Bindungspartner ist der Dipolcharakter aber viel geringer. Schwefelwasserstoffmoleküle können untereinander keine Wasserstoffbrücken ausbilden. Als Dipole mit zwei getrennten Ladungsschwerpunkten ziehen sie sich aber gegenseitig an. Diese Anziehung nennt man **Dipol-Dipol-Kräfte**. Sie sind ungerichtet und schwächer als die Wasserstoffbrücken.

Van-der-Waals-Kräfte Das Nichtmetall Iod ist bei Raumtemperatur fest und sublimiert bei leichtem Erwärmen zu einem violetten Gas. Iod besteht aus Molekülen, in denen zwei Iodatome durch eine unpolare Elektronenpaarbindung verbunden sind. Obwohl Iodmoleküle daher keine Dipolmoleküle bilden, muss es zwischen ihnen Anziehungskräfte geben, die mit dem Sublimieren überwunden werden.

Zwischen den Molekülen wirken sehr schwache Anziehungskräfte, die **Van-der-Waals-Kräfte** (JOHANNES D. VAN DER WAALS, 1837–1923, niederländischer Physiker und Nobelpreisträger). Die Van-der-Waals-Kräfte bewirken, dass die Iodmoleküle im Iodkristall regelmäßig in einem Molekülgitter angeordnet sind (▸4). Sie sind deutlich schwächer als die Anziehung zwischen Dipolmolekülen und noch sehr viel schwächer als die Wasserstoffbrücken. Iod sublimiert daher bereits bei leichtem Erwärmen.

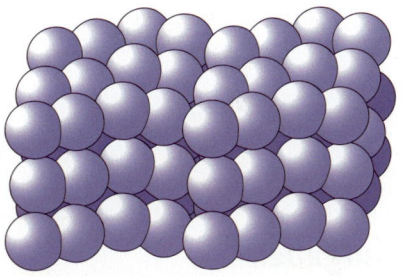

4 Modell vom Bau des Iods

Aufgaben

1 Im Winter können Wasserrohre bersten, wenn das in ihnen enthaltene Wasser gefriert. Erläutere diesen Sachverhalt.

2 Begründe die höhere Siedetemperatur von Wasser gegenüber Fluorwasserstoff ($\vartheta_V = 19,5\,°C$), obwohl die O–H-Bindung weniger stark polar ist.

3 Die Wasserstoffbrücken zwischen Ammoniakmolekülen sind verglichen mit den Wasserstoffbrücken zwischen Fluorwasserstoff- bzw. Wassermolekülen am stärksten. Nimm Stellung zu dieser Aussage und begründe sie.

Halogen	Siedetemperatur in °C
Fluor	−188
Chlor	−35
Brom	+58
Iod	+184

1 Siedetemperaturen der Halogene

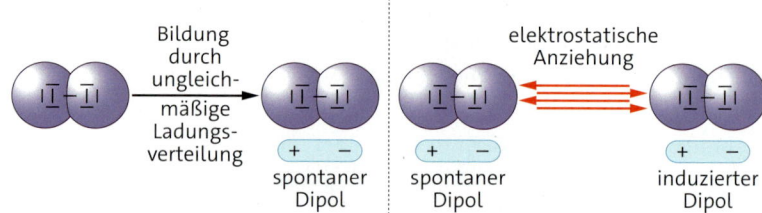

2 Entstehung der Van-der-Waals-Kräfte

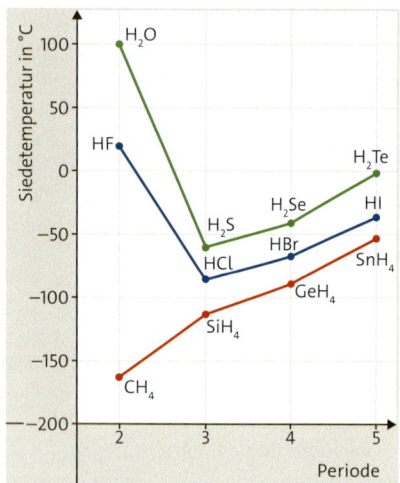

3 Siedetemperaturen der Wasserstoffverbindungen ausgewählter Elemente der IV., VI. und VII. Hauptgruppe

Entstehung der Van-der-Waals-Kräfte Durch die Bewegung der Elektronen in ihren Hüllen bilden sich in den Iodmolekülen für sehr kurze Augenblicke ungleichmäßige Verteilungen der negativen Ladung. Es entstehen Ladungsschwerpunkte, die zu einer Polarisierung der Moleküle führt. Diese kurzlebigen Dipolmoleküle werden spontane Dipole genannt. Durch elektrische Kräfte zwischen Ladungen können direkt benachbarte Moleküle ebenfalls polarisiert werden. Die daraus gebildeten Dipole werden induzierte Dipole genannt (▸2). Die schwache Anziehung zwischen diesen Dipolen sind die Van-der-Waals-Kräfte.

Van-der-Waals-Kräfte treten grundsätzlich in allen Molekülen oder Atomen auf, z. B. bei den Edelgasatomen. Bei Dipolmolekülen spielen sie aufgrund ihrer geringen Wirkung im Vergleich zu den anderen zwischenmolekularen Kräften aber keine oder nur eine sehr geringe Rolle. Die Van-der-Waals-Kräfte werden mit zunehmender Atomgröße stärker. Die Außenelektronen unterliegen in großen Atomen nicht mehr so stark den Anziehungskräften des positiv geladenen Atomkerns und können leichter verschoben werden. Daher steigt die Siedetemperatur innerhalb der Halogene mit der Ordnungszahl an (▸1).

> **Van-der-Waals-Kräfte sind sehr schwache zwischenmolekulare Kräfte. Sie entstehen durch die Anziehung zwischen kurzlebigen Dipolen.**

Zwischenmolekulare Kräfte im Vergleich In der Reihe Methan (CH_4), Silan (SiH_4), Germaniumhydrid (GeH_4) und Zinnhydrid (SnH_4) steigt die Siedetemperatur kontinuierlich an (▸3). Alle vier Moleküle sind aufgrund der tetraedrischen Anordnung der Wasserstoffatome unpolar. Zwischen ihnen wirken nur die Van-der-Waals-Kräfte. Da in dieser Reihe das zentrale Atom immer größer wird, steigen auch die Van-der-Waals-Kräfte an.

Die Siedetemperaturen in der Reihe Schwefelwasserstoff (H_2S), Selenwasserstoff (H_2Se) und Tellurwasserstoff (H_2Te) liegen über denen der Wasserstoffverbindungen der IV. Hauptgruppe. Alle drei Stoffe sind aus gewinkelten Dipolmolekülen aufgebaut. Die Dipol-Dipol-Kräfte zwischen diesen Molekülen sind stärker als bei den unpolaren Verbindungen der IV. Hauptgruppe. Die sehr hohe Siedetemperatur des Wassers lässt sich durch die zusätzlich vorhandenen Wasserstoffbrücken zwischen den Wassermolekülen erklären.

Aufgaben

1 Ordne folgende Gase nach steigender Siedetemperatur: Wasserstoff, Chlor, Sauerstoff und Stickstoff. Begründe.

2 Erkläre den Verlauf der Siedetemperaturen der Wasserstoffverbindungen in der siebten Hauptgruppe (HF, HCl, HBr, HI) im Vergleich zu denen in der vierten Hauptgruppe.

Lösevorgang unter der Lupe

Exp. 2

Temperaturmessung beim Lösen von Salzen

Fülle ein Becherglas mit etwa 30 ml destilliertem Wasser und stelle es auf einen Magnetrührer. Tauche einen Temperaturmessfühler in die Flüssigkeit. Gib nun etwa 3 g des zu lösenden Salzes zu. Prüfe mit dieser Anordnung wasserfreies bzw. wasserhaltiges Kupfersulfat (GHS07|09), wasserhaltiges Calciumchlorid (GHS07) und Kaliumnitrat (GHS03). Betrachte jeweils den Bodenkörper, ermittle die Temperaturänderung und deute sie.
Entsorgung: Kupfersulfatlösung am Lehrertisch sammeln; alle anderen Lösungen in das Abwasser geben.

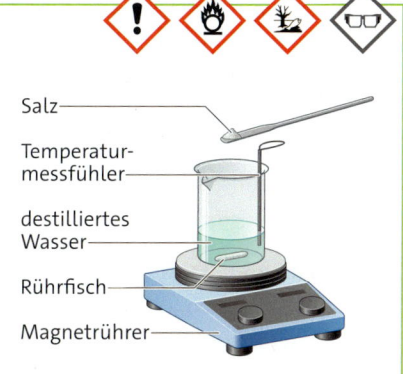

Salz
Temperatur-
messfühler
destilliertes
Wasser
Rührfisch
Magnetrührer

Lösevorgang von Kochsalz Im Kochsalz (NaCl) halten durch die starke elektrostatische Anziehung die positiv geladenen Natrium-Ionen und die negativ geladenen Chlorid-Ionen im Ionengitter fest zusammen. Trotzdem ist Wasser ein sehr gutes Lösemittel für Kochsalz.
Die beweglichen Wassermoleküle lagern sich an der Oberfläche der Salzkristalle an. Mit dem positiven Pol orientieren sie sich dabei zu den negativ geladenen Chlorid-Ionen. Umgekehrt treten die negativ polarisierten Sauerstoffatome der Wassermoleküle mit den positiv geladenen Natrium-Ionen in Wechselwirkung (▸ 4a).

Die Ionen an den Kanten und Ecken des Kristalls werden zuerst gelöst, da dort die Ionenbindung durch fehlende Nachbarn im Gitter am geringsten ist und diese mit mehreren Wassermolekülen in Wechselwirkung treten können (▸ 4b). Nach und nach umhüllen die Dipolmoleküle des Wassers die Ionen vollständig. Es werden **hydratisierte Ionen** gebildet. Dabei orientieren sich alle Wassermoleküle mit dem entgegengesetzten Ladungsschwerpunkt zum entsprechenden Ion. Sie bilden eine **Hydrathülle** um die Ionen (▸ 4c). Das Ionengitter wird so Schritt für Schritt abgebaut und der Ionenkristall löst sich im Wasser auf.

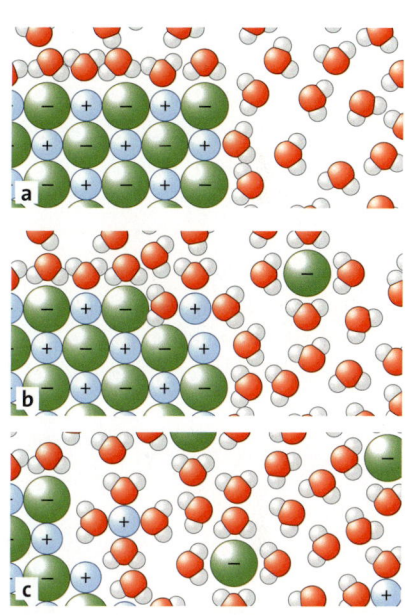

4 Lösevorgang von Kochsalz im Modell

Energiebilanz beim Lösen von Salzen Untersucht man die Temperaturveränderung beim Lösen verschiedener Salze, gibt es kein einheitliches Verhalten (▸ Exp. 2). Beim Lösen von Calciumchlorid erwärmt sich die Lösung, bei Kaliumnitrat kühlt sie sich ab.
Beim Lösen spielen verschiedene Energiebeträge eine Rolle. Neben der **Gitterenergie** zur Spaltung des Ionengitters in einzelne Ionen muss auch immer Energie zum Überwinden der Wasserstoffbrücken zwischen den Wassermolekülen aufgebracht werden. Bei der anschließenden Bildung der Hydrathülle wird hingegen die **Hydratationsenergie** frei, da hier die Wassermoleküle mit den Ionen in Wechselwirkung treten.
Ist der Betrag der Hydratationsenergie größer ist als der Betrag der insgesamt aufgewendeten Energie, so verläuft der Lösevorgang exotherm (▸ 5). Bei einem endothermen Lösevorgang ist das Verhältnis umgekehrt.

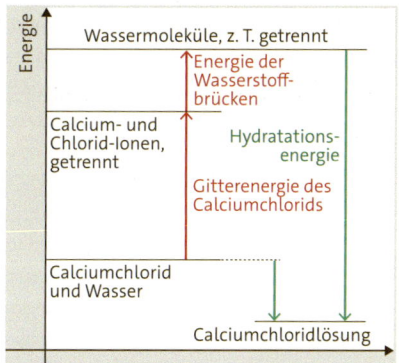

Energie
Wassermoleküle, z. T. getrennt
Energie der
Wasserstoff-
brücken
Calcium- und
Chlorid-Ionen,
getrennt
Hydratations-
energie
Gitterenergie des
Calciumchlorids
Calciumchlorid
und Wasser
Calciumchloridlösung

5 Energiebilanz für einen exothermen Lösevorgang

Modifikationen des Kohlenstoffs

Kohlenstoff wird als superfestes Schneidmittel oder als weiches Schmiermittel eingesetzt. Er kann durchsichtig oder dunkelgrau sein; leitet den elektrischen Strom nicht oder wird als Elektrodenmaterial bei der Gewinnung von Metallen eingesetzt. Als Diamant sehr teuer oder als Graphit ganz billig – und trotzdem alles Kohlenstoff.

Diamant und Graphit Die beiden Stoffe Diamant und Graphit bestehen aus dem Element Kohlenstoff. Solche unterschiedlichen Erscheinungsformen eines Elements heißen **Modifikationen**. Graphit und Diamant sind Modifikationen des Kohlenstoffs.
Die Unterschiede in den Eigenschaften sind auf den Bau der Stoffe zurückzuführen (▸1). Bei Diamant ist jedes Kohlenstoffatom mit vier anderen Kohlenstoffatomen fest verbunden. Abstände und Anziehungskräfte zwischen den Atomen sind untereinander gleich. Im Graphit bilden die Kohlenstoffatome Schichten aus 6er-Ringen. In einer Schicht sind die Kohlenstoffatome mit drei ihrer vier Außenelektronen durch Elektronenpaarbindungen verbunden. Das vierte Außenelektron ist über die Schicht frei beweglich, deshalb leitet Graphit den elektrischen Strom.

2 Diamant und Graphit – alles aus Kohlenstoff

Fullerene Eine weitere kristalline Modifikation des Kohlenstoffs sind die Fullerene, deren kugelförmige Moleküle aus 60 bis 100 Kohlenstoffatomen bestehen. Das bekannteste Fulleren ist das erst 1985 entdeckte Buckminster-Fulleren (C_{60}), das im Aussehen einem Fußball ähnelt. Dieses „Fußballmolekül" besteht aus zwölf Fünfecken und zwanzig Sechsecken (▸1). Man erzeugt Fullerene auf künstliche Weise aus Graphit durch Verdampfen in einem Lichtbogen.

Modifikation	Eigenschaften	Modell vom Bau	Anordnung der Atome
Diamant	– farblos – durchscheinend – sehr hart – elektrisch nicht leitend		Atomgitter mit tetraedrischer Struktur: Jedes Kohlenstoffatom ist jeweils über 1 Elektronenpaarbindung an 4 weitere Kohlenstoffatome gebunden.
Graphit	– dunkelgrau – glänzend – weich – elektrisch leitend		Gestapelte Schichten aus 6er-Ringen: Jedes Kohlenstoffatom ist durch Elektronenpaarbindung an 3 weitere Kohlenstoffatome gebunden.
Fullerene (Buckminster-Fulleren C_{60})	– braun-schwarze Pulver – metallischer Glanz – elektrische Halbleiter – löslich in unpolaren Lösemittel		Kugelförmiges Molekül aus Kohlenstoffatomen: Jedes Kohlenstoffatom ist durch Elektronenpaarbindung an 3 weitere Kohlenstoffatome gebunden.

1 Modifikationen des Kohlenstoffs

Neben Diamant, Graphit und den Fullerenen existieren noch zwei weitere Modifikationen des Kohlenstoffs. Sie sind nicht nur für den Wissenschaftler interessant, sondern bieten aufgrund der außergewöhnlichen Eigenschaften zukünftig ein breites Anwendungsspektrum.

Nanotubes – molekulare Röhrchen aus Kohlenstoff
Nanotubes sind sehr kleine molekulare Röhren aus Kohlenstoffatomen. Entdeckt wurden sie 1991 zufällig bei der Herstellung von Fullerenen.
Im Bau sind sie dem Graphit sehr ähnlich. Bei Nanotubes sind die Ebenen aus Kohlenstoffatomen jedoch zu einer Röhre aufgerollt. Aufgrund der starken Bindungskräfte zwischen den Kohlenstoffatomen sind Nanotubes viel steifer und mechanisch fester als andere Werkstoffe. Sie sind je nach Struktur metallisch leitend, halbleitend oder sogar supraleitend und werden zum Bau von Transistoren oder Displays eingesetzt. Nach Mischung mit herkömmlichem Kunststoff lassen sich sogar elektrisch leitende Kunststoffe herstellen, die z. B. im Fahrzeugbau verwendet werden. Durch elektrischen Strom lassen sich die Nanotubes bewegen. Daher erforscht man derzeit ihre Eignung als künstliche Muskeln.

Graphen – ein zweidimensionaler Werkstoff Graphen besteht nur aus einer einzigen Lage Kohlenstoff, die wie eine Graphitschicht aufgebaut ist – es ist daher praktisch zweidimensional. Für die Entdeckung des Graphens haben die Wissenschaftler ANDRE GEIM und KONSTANTIN NOVOSELOV im Jahr 2010 den Nobelpreis für Physik erhalten.
Im Gegensatz zu Graphit, dessen schlechte Stabilität jeder vom Brechen der Bleistiftminen her kennt, ist eine Lage Graphen jedoch mehr als 100-mal zugfester als Stahl. Diese außergewöhnliche Eigenschaft kann Graphen erst als einlagiges Molekül aus Kohlenstoffatomen erreichen.

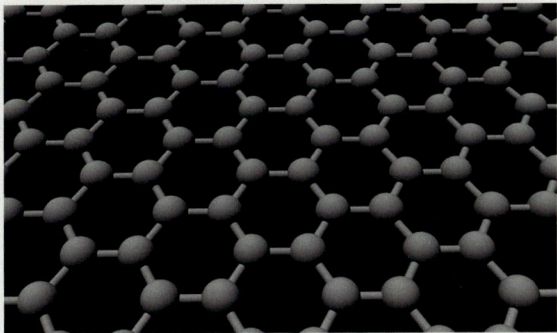

4 Graphen – das dünnste Material der Welt

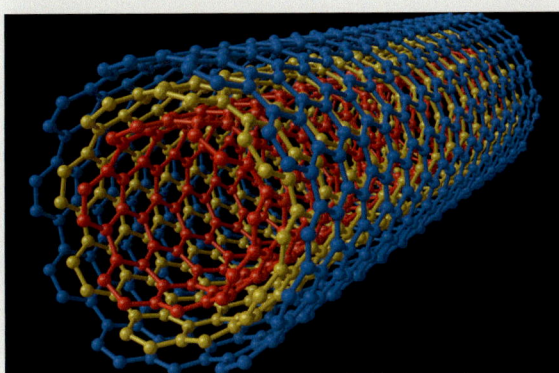

3 Anordnung der Kohlenstoffatome in einer mehrschichtigen Nanotube

Aufgaben

1 Erläutere mithilfe des Baus die Eigenschaften von Diamant.

2 Erläutere, warum Graphit zum Schreiben auf Papier verwendet wird, Diamant nicht.

Info 1 **Graphen – das Material der Zukunft**

Die Anwendungsmöglichkeiten für Graphen scheinen einem Science-Fiction-Roman entnommen zu sein. Vorstellbar sind hauchdünne Displays, die zusammengefaltet in eine Hemdtasche passen und trotzdem funktionieren, Tarnkappen und superschnelle Wunderchips für die Computerbranche. Wegen seiner hohen Zugfestigkeit kommt dem Graphen auch im Bauwesen eine visionäre Rolle zu, z. B. würden die Tragseile der Golden Gate Bridge statt eines halben Meters nur noch wenige Zentimeter dick sein.

5 Tragseil der Golden Gate Bridge

Stoffe aus Molekülen – Elektronenpaarbindung

Elektronenpaar- bindung	Art der chemischen Bindung, die durch gemeinsame Elektronenpaare zwischen den Atomen bewirkt wird 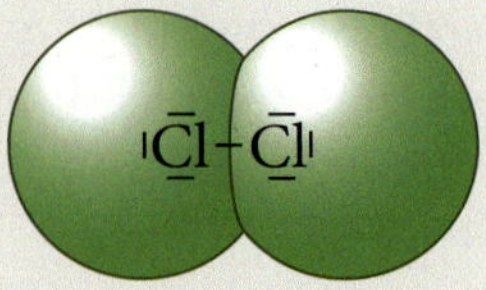
Polare Elektronen- paarbindung	Elektronenpaarbindung, bei der verschiedenartige Atome miteinander verbunden sind und das gemeinsame Elektronenpaar von den gebundenen Atomen unter- schiedlich stark angezogen wird. Solche Moleküle sind häufig Dipolmoleküle. Als Vergleichsmaß zum Abschätzen der Polarität einer chemischen Bindung werden Elektronegativitätswerte der Elemente nach PAULING genutzt.
Dipolmoleküle	Moleküle, in denen getrennte Ladungsschwerpunkte für die positive und die negative elektrische Teil- ladung existieren. Chlorwasserstoffmoleküle und Wassermoleküle sind Dipolmoleküle. 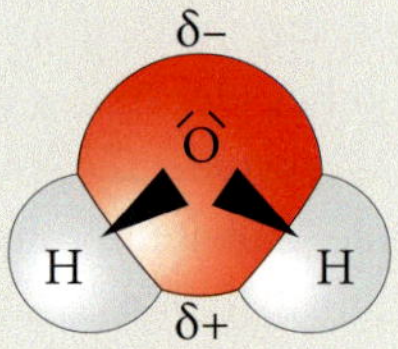
Elektronenpaar- abstoßungsmodell	Modell zur Voraussage des räumlichen Baus einfacher Moleküle, das bindende und nicht bindende Elektronenpaare im Molekül betrachtet. Diese ordnen sich so im Molekül an, dass ihr Abstand am größten und damit ihre gegenseitige Abstoßung am geringsten wird.
Elektronegativität	Maß für die Anziehungskraft von Atomen auf bindende Elektronenpaare. Mithilfe der Elektronegativität kann die Polarität einer Elektronenpaarbindung abgeschätzt werden. Je größer die Differenz zwischen den Elektronegativitätswerten ist, desto polarer ist die Elektronenpaarbindung.

Zwischen- molekulare Kräfte

wirken zwischen unpolaren Molekülen

wirken zwischen Dipolmolekülen

hängen u. a. von der Polarität der Elektronen- paarbindung ab

sehr schwach

Dipol-Dipol-Kräfte

Van-der-Waals-Kräfte

wachsen mit der Molekül-/Atomgröße

Zwischenmolekulare Kräfte

bilden sich zwischen stark polari- sierten Wasserstoffatomen und freien Elektronenpaaren an Sauer- stoff-, Stickstoff- oder Fluoratomen

Wasserstoffbrücken

zusätzliche, starke Anziehungskräfte zwischen Dipol- molekülen

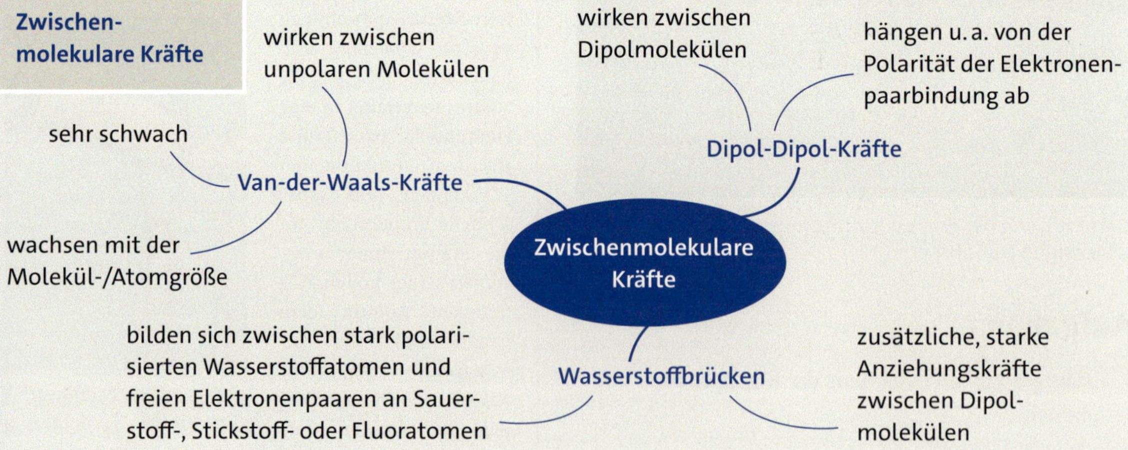

Aufgaben

1 Stelle die Lewis-Formeln folgender Verbindungen auf: Tetrabromkohlenstoff (CBr_4), Selenwasserstoff (H_2Se), Ethan (C_2H_6), Ethen (C_2H_4).

2 Beschreibe die Bindungsverhältnisse in HBr.

3 Ordne folgende Stoffe mithilfe der EN-Werte nach Ionenverbindungen sowie unpolaren und polaren Molekülverbindungen: Chlor, Iod, Stickstoff, Sauerstoff, Natriumchlorid, Natriumbromid, Magnesiumchlorid, Magnesiumoxid, Kohlenstoffdioxid, Methan (CH_4) und Ammoniak (NH_3). Begründe jeweils deine Entscheidung.

4 Bei Fäulnisprozessen bildet sich unter anderem der nach faulen Eiern riechende Schwefelwasserstoff (H_2S).
  a Stelle die Lewis-Formel von Schwefelwasserstoff auf.
  b Das Schwefelwasserstoffmolekül ist ein gewinkeltes Molekül (der Winkel zwischen den beiden Schwefel-Wasserstoff-Bindungen beträgt etwa 92°). Prüfe, ob es sich beim Schwefelwasserstoffmolekül um ein Dipolmolekül handelt. Zeichne gegebenenfalls die Ladungsschwerpunkte in die Lewis-Formel ein.

5 Schwefeldioxid (SO_2) ist unter Normbedingungen ein gasförmiger Stoff (Schmelztemperatur $\vartheta_S = -76\,°C$; Siedetemperatur $\vartheta_V = -10\,°C$).
  a Erläutere den Zusammenhalt von Schwefel- und Sauerstoffatomen in dieser Verbindung.
  b Zeichne ein Teilchenmodell dieser Verbindung.

6 Erläutere den Aufbau des festen Iods.

7 Erläutere den räumlichen Bau von Molekülen der Stoffe Kohlenstoffdioxid und Ammoniak (NH_3) mithilfe des Elektronenpaarabstoßungsmodells.

8 Beschreibe den Bau von Wasser. Kennzeichne die chemische Bindung im Wassermolekül.

9 Wasserstoffperoxid entsteht unter bestimmten Bedingungen bei der Reaktion von Wasserstoff und Sauerstoff. Seine Moleküle bestehen jeweils aus zwei Sauerstoffatomen und zwei Wasserstoffatomen. Die Summenformel lautet H_2O_2.
  a Entwickle anhand deiner Vorkenntnisse eine mögliche Lewis-Formel für das Wasserstoffperoxidmolekül. Begründe deine Entscheidung.
  b Erkläre die „doppelt gewinkelte" Struktur des Moleküls mithilfe des Elektronenpaarabstoßungsmodells.

10 Ammoniak besitzt im Vergleich zu Phosphan (PH_3) eine ungewöhnlich hohe Schmelz- und Siedetemperatur. Erkläre diesen Sachverhalt.

11 Begründe, weshalb Wasser ein sehr gutes Lösemittel für Salze ist. Erläutere den Lösevorgang von Kaliumbromid in Wasser.

12 Fertige jeweils ein vollständig beschriftetes Energiediagramm für folgende Lösevorgänge an und erläutere es ausführlich:
  a Lösen von wasserfreiem Calciumchlorid (Erwärmung der Lösung feststellbar)
  b Lösen von Kaliumnitrat (Abkühlung der Lösung feststellbar)

Hilfe zu den Aufgaben findest du auf den Seiten ...			
1	97, 99	**7**	98
2	96 f.	**8**	100 f.
3	100 f.	**9**	98 f.
4	99 ff.	**10**	102 ff.
5	96 f.	**11**	105
6	103	**12**	105

▶ Die Lösungen findest du im Anhang.

1 Kohlenstoffdioxid

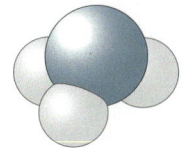

2 Ammoniak

Weitergedacht

Material A: Self-cooling drinks

Selbstkühlende Getränke sind z. B. in Italien in speziellen Trinkbechern erhältlich. Die Dosen sind so konstruiert, dass sich das enthaltene Getränk von selbst kühlt.

Nach dem Drücken des Auslöseknopfs am Becherboden und anschließendem Schütteln kann man das wie mit Eis gekühlte Getränk genießen.

A1 Kaltgetränke auf Knopfdruck

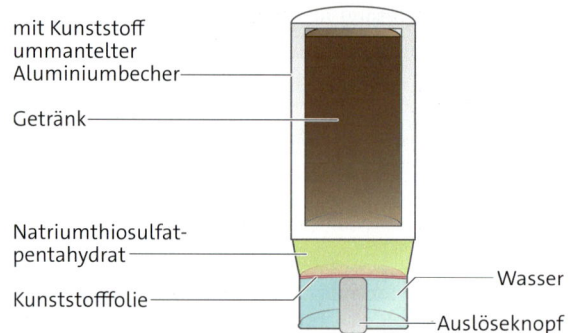

mit Kunststoff ummantelter Aluminiumbecher

Getränk

Natriumthiosulfat-pentahydrat

Kunststofffolie

Wasser

Auslöseknopf

A2 Aufbau einer „self-cooling can"

1 Zeichne ein hydratisiertes Natrium-Ion sowie ein hydratisiertes Thiosulfat-Ion ($S_2O_3^{2-}$). Stelle dabei das Thiosulfat-Ion vereinfacht als zweifach negativ geladenes Teilchen dar.

2 Erläutere unter Verwendung geeigneter Fachbegriffe die Vorgänge, die nach dem Drücken des Auslöseknopfs des selbstkühlenden Trinkbechers stattfinden (▸ **A1**, **A2**).

3 Zeichne ein vollständig beschriftetes Energiediagramm für den Vorgang des Kühlens und erläutere es.

4 In baugleichen Dosen werden auch selbsterwärmende Getränke zum Kauf angeboten. Statt Natriumthiosulfat enthalten sie Calciumchlorid ($CaCl_2$). Erläutere, wie es zur Wärmeentwicklung kommt.

Material B: Erwärmen in der Mikrowelle

Die Mikrowelle ist fast jedem bekannt: Speisen und Getränke können einfach erwärmt werden.

In einer Versuchsreihe wurde das Verhalten von verschiedenen Stoffen in der Mikrowelle untersucht, dabei wurden Stoffproben von Wasser, Ethanol und Heptan verwendet.

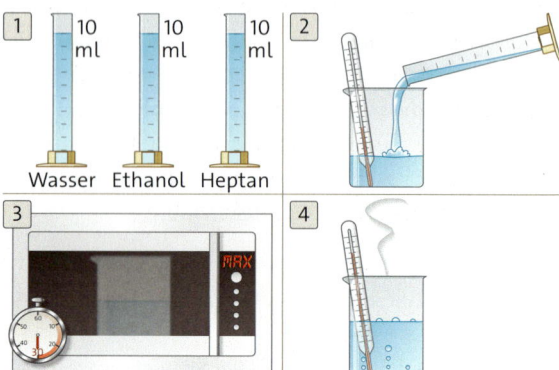

B1 Versuchsschema zur Untersuchung des Verhaltens verschiedener Flüssigkeiten in der Mikrowelle

Stoff	Temp. (vorher)	Temp. (nachher)
Wasser	20 °C	95 °C
Ethanol	20 °C	verdampft*
Heptan	20 °C	20 °C

B2 Messergebnisse der Versuchsreihe
(* Siedetemperatur von Ethanol = 78 °C)

Das Wassermolekül als Dipolmolekül kann die Mikrowellen absorbieren. Dabei kommt es zur Spaltung von Wasserstoffbrücken. Die Wassermoleküle drehen sich um ihre Achse, bevor sie erneut zusammenstoßen und in exothermer Reaktion neue Wasserstoffbrücken ausbilden.

1 Entwickle mithilfe des Versuchsschemas eine Versuchsdurchführung (▸ **B1**).

2 Im Versuch wurden Wasser, Ethanol (C_2H_5OH) und Heptan (C_7H_{16}) erhitzt.
   a Zeichne jeweils die Lewis-Formel eines Moleküls der Stoffe.
   b Beurteile, ob es sich bei den Molekülen dieser drei Stoffe um Dipolmoleküle handelt.

3 Deute die Messergebnisse bei der Behandlung in der Mikrowelle dieser Stoffe (▸ **B2**).

Material C: **Warum können Geckos an der Decke laufen?**

Der in südlichen Ländern lebende Gecko gehört zu den Eidechsen. Warum es Geckos so gut gelingt, kopfüber an der Decke zu spazieren, weckt schon länger die Neugier der Forscher. Faszinierend ist dabei, dass die Tiere die beeindruckende Haftkraft ihrer Füße blitzschnell wieder aufheben, um davonzuflitzen.

Eine Untersuchung der Geckofüße ergab, dass sich pro Quadratmillimeter einer Zehe mehrere Tausend spezielle feine Härchen (Setae) befinden.

Die Spitze eines Härchens geht in bis zu tausend kleine Verzweigungen (Spatulae) über.

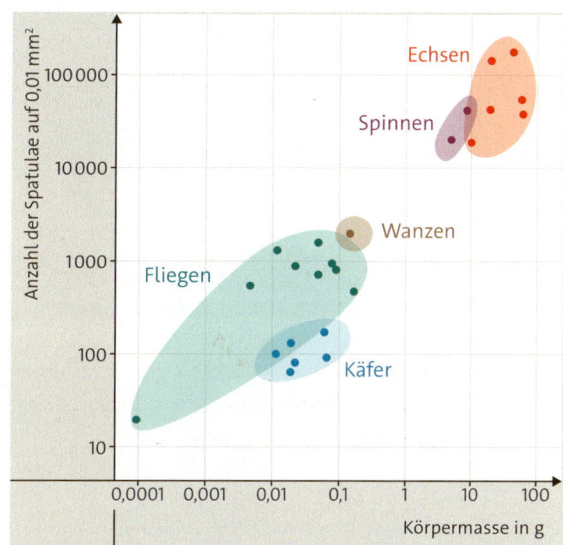

C3 Anzahl der Spatulae auf einer Fläche von $0{,}1 \cdot 0{,}1 \, \text{mm}^2$

C1 Geckofuß und elektronenmikroskopische Aufnahme der Setae (li.) und Spatulae (re.)

C2 Ein Klettverschluss wird Stück für Stück auseinandergezogen.

1 Zwischen einer Spatulae und dem Untergrund, auf dem der Gecko läuft, wirken nur Van-der-Waals-Kräfte (▸**C1**).

   a Gib an, was man unter Van-der-Waals-Kräften versteht, und beschreibe den Aufbau eines Geckofußes.

   b Vergleiche die Van-der-Waals-Kräfte mit den Dipol-Dipol-Kräften, mit einer Wasserstoffbrücke und einer Elektronenpaarbindung.

   c Erläutere, weshalb der Gecko dennoch an Wänden oder sogar kopfüber an der Decke haften bleibt.

2 Erläutere mithilfe von ▸**C2**, warum der Gecko seine Füße ohne große Kraftanstrengung auch wieder von Oberflächen lösen kann.

3 Auch Fliegen, Käfer oder Spinnen laufen an Decken oder Wänden.

   a Beschreibe das Diagramm in eigenen Worten (▸**C3**).

   b Erläutere den im Diagramm dargestellten Zusammenhang (▸**C3**).

Weitergedacht

Saure und

alkalische Lösungen

Ob saure Fruchtgummis, Essig oder Getränke mit Kohlensäure, auf den sauren Geschmack von Lebensmitteln wollen wir nicht verzichten. Ihre ätzende Wirkung ist aber auch eine Gefahr für unseren Zahnschmelz.

Rohreiniger enthalten ätzende Laugen, die einen umsichtigen Umgang erfordern. Es sind dieselben Stoffe, die der Laugenbrezel seit 800 Jahren ihren charakteristischen Geschmack und ihr Aussehen verleihen.

Saure Lösungen

Exp. 1 Prüfen verschiedener Lösungen mit Indikatoren

Gib in vier Reagenzgläser jeweils 2 ml folgender Lösungen: Mineralwasser, dest. Wasser, Essigessenz, Entkalker (GHS07). Versetze jede Probe mit vier Tropfen Bromthymolblaulösung (GHS02).

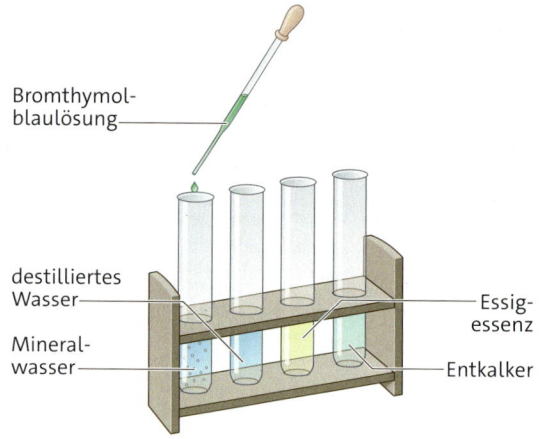

Bromthymol-
blaulösung

destilliertes
Wasser

Mineral-
wasser

Essig-
essenz

Entkalker

Notiere deine Beobachtungen mit Farbstiften in einer Tabelle.
Wiederhole die Versuchsreihe mit Lackmuslösung und Universalindikatorlösung.
Deute die Färbungen der Indikatorlösung in den verschiedenen Lösungen.
Entsorgung: Lösungen in das Abwasser geben.

Exp. 2 Elektrische Leitfähigkeit von Säuren

Prüfe feste Citronensäure (GHS05) und Eisessig (GHS02|05) auf elektrische Leitfähigkeit. Löse anschließend in zwei Reagenzgläsern etwas Citronensäure und Eisessig in jeweils 5 ml Wasser. Prüfe nacheinander die elektrische Leitfähigkeit beider Lösungen.
Notiere deine Beobachtungen. Stelle eine Vermutung über den Bau der untersuchten Stoffe auf.
Entsorgung: Lösungen in das Abwasser geben. Feste Stoffe wiederverwenden.

Exp. 3 Elektrische Leitfähigkeit verschieden saurer Lösungen

Gib in drei Reagenzgläser jeweils 5 ml verd. Salzsäure, verd. Schwefelsäure und verd. Phosphorsäure. Versetze jede Probe mit vier Tropfen Universalindikatorlösung. Prüfe nacheinander die elektrische Leitfähigkeit der Lösungen wie in Experiment 2. Notiere deine Beobachtungen und deute das Ergebnis.
Entsorgung: Lösungen in den Behälter für saure und alkalische Abfälle geben.

Exp. 4 Einleiten von Kohlenstoffdioxid in Wasser

Verschließe eine halbgefüllte Flasche frisches Mineralwasser mit einem passenden durchbohrten Stopfen mit kurzem Ableitungsrohr. Verbinde eine Glaspipette über ein Schlauchstück mit der Flasche. Tauche die Pipettenspitze in ein mit 10 ml Leitungswasser und einigen Tropfen Universalindikatorlösung gefülltes Reagenzglas. Schüttle nun vorsichtig die Mineralwasserflasche, sodass Gasblasen aus der Pipette durch die Indikatorlösung geleitet werden. Verschließe zwischendurch das Reagenzglas mit einem Stopfen und schüttle, bevor du weiteres Gas einleitest.

Mineral-
wasser

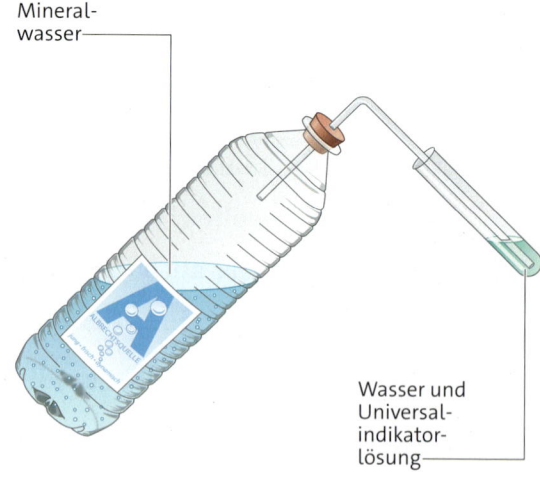

Wasser und
Universal-
indikator-
lösung

Beobachte und deute die Beobachtungsergebnisse.
Entsorgung: Lösungen in das Abwasser geben.

Exp. 5 Verhalten von Metallen gegenüber sauren Lösungen

Gib je eine Spatelspitze Magnesiumpulver (GHS02), Eisenpulver (GHS02), Zinkpulver (GHS02) und Kupferpulver (GHS02|09) in je ein Reagenzglas. Fülle in jedes Reagenzglas 5 ml verd. Salzsäure (GHS07). Fange das entstehende Gas pneumatisch auf und führe die Knallgasprobe durch. Dampfe nach Beendigung der Gasentwicklung jeweils 2 ml der entstandenen Lösungen in Reagenzgläsern vorsichtig ein und betrachte die Rückstände mit der Lupe. Wiederhole den Versuch mit Essigsäure (Essigessenz; GHS07).

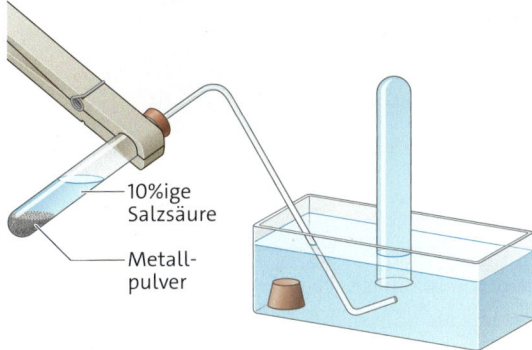

Notiere deine Beobachtungen und deute die Versuchsergebnisse.
Entsorgung: Feststoffe in den Hausmüll, Lösungen in das Abwasser geben.

Exp. 6 Wirkung von sauren Lösungen auf Marmor

Gib auf ein glattes, ebenes Stück Marmor an verschiedenen Stellen jeweils einige Tropfen Essigessenz und Entkalker (GHS07). Beschrifte die Stellen mit einem Bleistift und beobachte mit einer Lupe. Spüle nach einigen Minuten das Marmorstück mit Wasser ab und trockne es mit einem Tuch.
Schau dir die beschrifteten Stellen noch einmal an und streiche mit dem Finger darüber.
Notiere und deute deine Beobachtungen.
Entsorgung: Marmorstücke einsammeln, werden wiederverwendet.

Exp. 7 Wirkung von sauren Lösungen auf Kalk

Gib einige Körner Calciumcarbonat in je ein Reagenzglas, das zur Hälfte mit Entkalkerlösung bzw. verd. Salzsäure (GHS07) gefüllt ist. Verschließe das Reagenzglas mit einem durchbohrten Stopfen. Verbinde den durchbohrten Stopfen über einen kurzen Schlauch mit einer Spritze und fang in dieser das entstehende Gas auf.
Führe mit dem Gas die Knallgas- und die Kalkwasserprobe durch.
Notiere deine Beobachtungen und deute diese.
Entsorgung: Lösungen in das Abwasser geben.

Exp. 8 Ionenwanderung bei sauren Lösungen

Baue den Versuch gemäß folgender Skizze auf. Lege dafür ein in Kaliumchlorid getränktes Indikatorpapier auf einen Objektträger und befestige an beiden Enden des Objektträgers je eine Krokodilklemme mit Kabel. Verbinde die anderen Enden der Kabel mit einer Spannungsquelle.
Gib nun einen Tropfen Citronensäurelösung (GHS07) in die Mitte des pH-Papiers und regle die Spannung auf 20 V hoch.

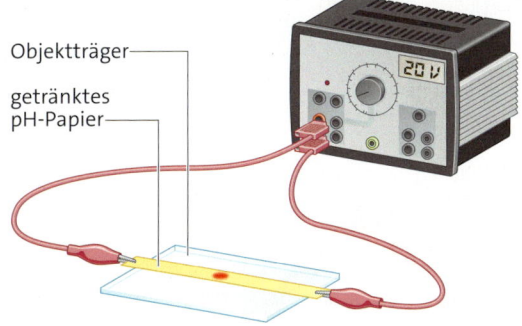

Beobachte den Tropfen auf dem pH-Papier über mehrere Minuten.
Wiederhole den Versuch mit Speiseessig und verd. Salzsäure (GHS07).
Notiere deine Beobachtungen. Stelle eine Vermutung zur Wanderung des Punktes auf dem pH-Papier auf.
Entsorgung: Lösungen in das Abwasser, pH-Papier in den Hausmüll geben.

Säuren und saure Lösungen

„Sauer macht lustig!" Ob dafür der Zitronensaft verantwortlich ist oder die im Saft enthaltene Citronensäure – die auch abgepackt als Reinstoff erhältlich ist –, ist gar nicht so eindeutig.
Flüssigkeiten, feste Stoffe oder Lösungen. Was ist sauer?

1 Sauer macht lustig ...

2 Saure Reiniger

„Säuren" im Alltag Der alltagssprachliche Begriff Säure leitete sich ursprünglich vom sauren Geschmack vieler Früchte ab. Die dafür verantwortlichen Stoffe werden als Säuren bezeichnet. So enthalten Früchte Fruchtsäuren wie Citronensäure, Äpfelsäure oder Weinsäure. Säuren kommen aber auch in anderen Lebensmitteln vor (▶**4**). In Milchprodukten ist z. B. Milchsäure enthalten (▶**6**).

In Sauerkonserven wie Gurken, Paprika oder Zwiebeln wird Essigsäure als Konservierungsmittel eingesetzt und sorgt für eine längere Haltbarkeit. Bei der Verwendung von Essig- oder Citronensäure in Reinigern und Entkalkern wird deren kalklösende Eigenschaft genutzt (▶**2**).
Weiterhin assoziieren wir aus dem Alltag mit Säuren neben dem sauren Geschmack auch immer eine ätzende, eine zersetzende Wirkung. Gefahrenpiktogramme, z. B. auf Reinigern, müssen uns darauf hinweisen (▶**3**).

3 Vor der ätzenden Wirkung von Säuren wird durch ein Gefahrensymbol gewarnt.

Säure	Lebensmittel
Milchsäure	Joghurt, Käse, Quark, Crème fraîche, Sauerkraut
Essigsäure	Salatsoßen, Bestandteil von Essig (z. B. Branntweinessig, Fruchtessig)
Fruchtsäuren	(saure) Früchte wie Äpfel, Orangen, Zitronen, Kirschen
Citronensäure	Früchte, Sauerkraut, Säuerungsmittel in Limonaden
Ascorbinsäure (Vitamin C)	Früchte, Gemüse, als Konservierungsstoff in Lebensmitteln

4 Säuren in Lebensmitteln

– Immer Schutzbrille, Schutzhandschuhe und Laborkittel tragen.
– Unter dem Abzug arbeiten, wenn ätzende und giftige Dämpfe entstehen können.
– Zum Verdünnen konzentrierter Säuren mit Wasser immer die Säure unter Rühren zum Wasser geben, niemals umgekehrt.
– Spritzgefahr: Beim Verdünnen erhitzen sich die Lösungen.

5 Vorsichtsmaßnahmen beim Experimentieren mit Säuren

6 Viele Milchprodukte enthalten Milchsäure.

Saure Lösungen Bei Lebensmitteln wie Zitronensaft oder Essig mit saurem Geschmack handelt es sich nicht um reine Stoffe, sondern immer um wässrige Lösungen. Diese bezeichnen Chemiker als **saure Lösung**, obwohl sie in der Alltagssprache häufig als Säure benannt werden. Saure Lösungen entstehen durch das Lösen einer reinen Säure wie Citronensäure oder bei Einleiten eines Nichtmetalloxids wie Kohlenstoffdioxid in Wasser (▶ Exp. 4, S. 114).

Eigenschaften von sauren Lösungen Saure Lösungen weisen einen pH-Wert kleiner als 7 auf und können durch die charakteristische Färbung von Indikatoren erkannt werden: Universalindikator und Lackmuslösung färben sich rot, Bromthymolblaulösung gelb (▶ Exp. 1, S. 114; ▶7). Die ätzende Wirkung von sauren Lösungen zeigt sich gegenüber Kalk, Rost und Metallen (▶ Exp. 5–7, S. 115), aber auch auf der Haut. Eine weitere charakteristische Eigenschaft saurer Lösungen ist ihre elektrische Leitfähigkeit (▶ Exp. 3, S. 114).

Säuren als Reinstoffe Reine Citronensäure und Essigsäure zeigen keine elektrische Leitfähigkeit (▶ Exp. 3, S. 114) oder ätzende Wirkung und weisen einen pH-Wert von 7 auf. Erst in Wasser gelöst, zeigen sie die charakteristischen Eigenschaften einer sauren Lösung.
Fachsprachlich korrekt werden die Reinstoffe als Säuren und ihre Lösungen in Wasser als saure Lösungen bezeichnet. So ist nicht die Essigsäure ätzend oder sauer, sondern die essigsaure Lösung – der Essig.

Noch gewusst?
Der pH-Wert ist eine Zahlenangabe, mit der man exakt den sauren oder alkalischen Charakter einer Lösung angeben kann.
pH < 7: saure Lösung
pH = 7: neutrale Lösung
pH > 7: alkalische Lösung

> **Säuren sind Stoffe, die mit Wasser saure Lösungen bilden. Saure Lösungen – nicht Säuren – sind ätzend und elektrisch leitfähig.**

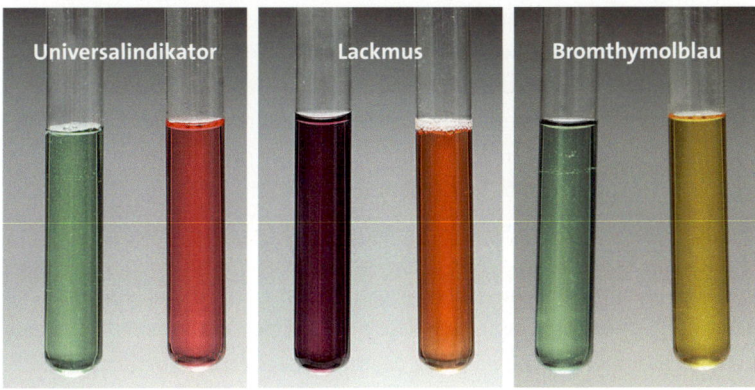

Universalindikator | Lackmus | Bromthymolblau

7 Verschiedene Indikatoren jeweils in neutraler (li.) und saurer Lösung (re.)

Aufgaben

1 Finde heraus, wo dir im Alltag Säuren und saure Lösungen begegnen. Benenne die Säuren.

2 Begründe, warum du beim Verdünnen einer sauren Lösung besonders vorsichtig sein musst.

3 Bewerte folgende Aussagen fachsprachlich:
  a Die Phosphorsäure in Cola wirkt ätzend auf die Magenschleimhaut.
  b Der Speiseessig entspricht einer essigsauren Lösung.

Kennzeichen saurer Lösungen – Protonenübertragung

Chlorwasserstoffgas ist eine der bedeutsamsten Grundchemikalien der chemischen Industrie. Mit Wasser bildet sich daraus die Salzsäure.

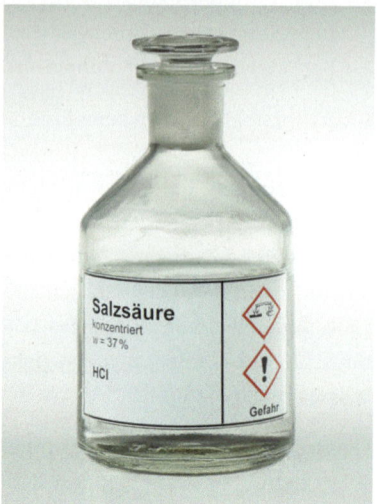

1 Chlorwasserstoff und Salzsäure

Exp. 9 | **L**

Elektrolyse saurer Lösungen

Verschiedene Lösungen von Säuren, z. B. Salzsäure (GHS05|07), Schwefelsäure (GHS05) und Citronensäure (GHS07) werden jeweils in ein U-Rohr mit seitlichen Ansätzen gegeben und an Graphitelektroden elektrolysiert.

Das jeweils entstehende Gas an der Kathode wird aufgefangen und mit der Knallgasprobe identifiziert.

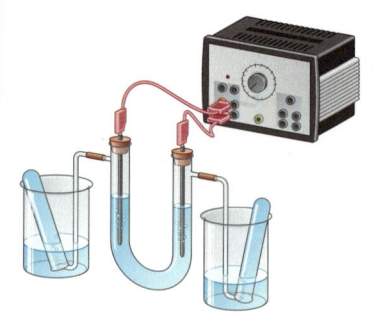

Säuren und saure Lösungen Generell muss zwischen Säuren und sauren Lösungen unterschieden werden, da sie sich in ihren Eigenschaften unterscheiden, z. B. in der elektrischen Leitfähigkeit. Umgekehrt besitzen alle sauren Lösungen, obwohl sie aus unterschiedlichen Stoffen gebildet werden, einige übereinstimmende Eigenschaften, z. B. ihre elektrische Leitfähigkeit oder die charakteristische Färbung von Indikatoren.

Sowohl die gemeinsamen Eigenschaften aller sauren Lösungen und die aller Säuren als auch die Unterschiede zwischen sauren Lösungen und Säuren lassen sich nur auf der Ebene der Teilchen deuten.

Die charakteristischen Eigenschaften von Stoffen und Stoffgemischen sowie deren Veränderungen während einer chemischen Reaktion sind auf die Art der Teilchen, deren Veränderung und Anordnung zurückzuführen.

Teilchen saurer Lösungen Aus der Untersuchung von Salzlösungen ist bekannt, dass die elektrische Leitfähigkeit wässriger Lösungen durch die in ihnen vorhanden Ionen verursacht wird. Saure Lösungen müssen deshalb ebenfalls Ionen enthalten (▸ Exp. 3, S. 114).

Führt man einen Versuch zur Ionenwanderung mit einem Indikatorpapier durch, auf dessen Mitte ein Tropfen Citronensäurelösung aufgetragen wurde, kann man feststellen, dass die Stelle mit der charakteristischen Rotfärbung von der Mitte zur Kathode – dem Minuspol – wandert (▸ Exp. 8, S. 115).

Diese Beobachtung lässt sich bei jeder sauren Lösung machen und lässt den Schluss zu, dass die in den sauren Lösungen enthaltenen Kationen für die charakteristische Färbung des Indikators verantwortlich sind.

Elektrolyse einer sauren Lösung Bei der Elektrolyse von Salzsäure bildet sich am Minuspol ein farbloses Gas, das als Wasserstoff nachgewiesen werden kann. Am Pluspol bilden sich gelbliche Schlieren in der Lösung und man nimmt einen Chlorgeruch wahr (▶ Exp. 9).

Auch bei der Elektrolyse anderer saurer Lösungen bildet sich an der Kathode stets Wasserstoff. Die Kationen müssen chemisch gebundenen Wasserstoff enthalten, der mithilfe des elektrischen Stroms in einer Elektronenübertragungsreaktion freigesetzt wird. Die in allen sauren Lösungen vorhandenen Kationen müssen identisch sein. Die Elektrolysen bestätigen, dass diese Ionen für saure Lösungen charakteristisch sind.

Bildung saurer Lösungen auf Teilchenebene Eine Lösung von Chlorwasserstoff (Salzsäure) entsteht beim Einleiten von gasförmigem Chlorwasserstoff in Wasser (▶ Exp. 10). Salzsäure ist eine wichtige Chemikalie und als Bestandteil des Magensafts bei der Verdauung unentbehrlich.

Beim Einleiten müssen sich die Ionen in der sauren Lösung erst durch eine chemische Reaktion bilden, denn im Gegensatz zur Salzsäure sind Wasser und Chlorwasserstoff aus Molekülen aufgebaute Stoffe.

Chlorwasserstoff- und Wassermoleküle sind Dipolmoleküle. Die Atome in den Molekülen sind durch polare Elektronenpaarbindungen miteinander verbunden. Aufgrund ihres Dipolcharakters ziehen sich die Moleküle untereinander an. Das mit einer positiven Teilladung versehene Wasserstoffatom des Chlorwasserstoffmoleküls wird dabei vom negativ geladenen Sauerstoffatom des Wassermoleküls angezogen. Bei der Annäherung beider Moleküle bildet sich eine neue Elektronenpaarbindung zwischen dem Sauerstoffatom des Wassermoleküls und dem Wasserstoffatom des Chlorwasserstoffmoleküls aus. Dabei dient eines der freien Elektronenpaare am Sauerstoffatom als neues bindendes Elektronenpaar. Gleichzeitig wird die Elektronenpaarbindung zwischen dem Wasserstoffatom und dem Chloratom gelöst, wobei die beiden Elektronen aufgrund der größeren Elektronegativität auf das Chloratom übergehen. Bei der Reaktion bildet sich ein Chlorid-Ion (Cl^-) und das **Oxonium-Ion (H_3O^+)**.

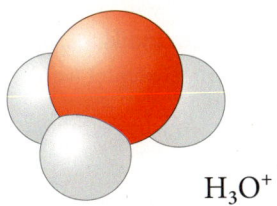

Chlorwasser-
stoffmolekül　　Wasser-
molekül　　Chlorid-
Ion　　Oxonium-
Ion

Auch beim Lösen anderer Säuren in Wasser findet eine chemische Reaktion zwischen den Säuremolekülen und den Wassermolekülen statt, wobei sich immer Oxonium-Ionen bilden. Sie sind für die charakteristische Färbung der Indikatoren verantwortlich und bilden an der Kathode bei der Elektrolyse den Wasserstoff.

> **Alle sauren Lösungen enthalten Oxonium-Ionen (H_3O^+). Die Oxonium-Ionen bestimmen die Eigenschaften der sauren Lösung.**

Exp. 10 | L

Einleiten von Chlorwasserstoff in Wasser

In ein Becherglas mit Rührstäbchen werden etwa 200 ml destilliertes Wasser und zehn Tropfen Universalindikatorlösung gegeben. Das Glas wird auf einen Magnetrührer gestellt und eine Leitfähigkeitsmesszelle am Rand eingetaucht. Über einen Trichter, dessen Rand sich etwa 5 mm über der Oberfläche der Lösung befindet, wird Chlorwasserstoff (GHS06|05) auf die Lösung geleitet. Die Änderung der Leitfähigkeit wird ermittelt.

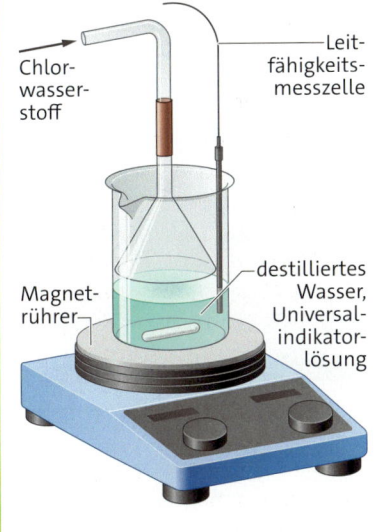

Chlor-
wasser-
stoff

Leit-
fähigkeits-
messzelle

Magnet-
rührer

destilliertes Wasser, Universal-
indikator-
lösung

H_3O^+

2 Modell und Formel des Oxonium-Ions

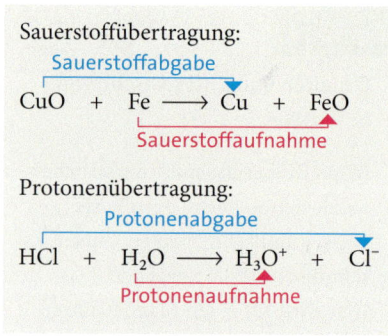

Sauerstoffübertragung:

Sauerstoffabgabe

$$CuO + Fe \longrightarrow Cu + FeO$$

Sauerstoffaufnahme

Protonenübertragung:

Protonenabgabe

$$HCl + H_2O \longrightarrow H_3O^+ + Cl^-$$

Protonenaufnahme

1 Vergleich Sauerstoffübertragung und Protonenübertragung

Reaktion mit Protonenübertragung Bei der Reaktion von Chlorwasserstoff mit Wasser findet zwischen den reagierenden Teilchen eine **Protonenübertragung** statt. Das gebildete Oxonium-Ion lässt sich gedanklich in ein Wasserstoff-Ion (H^+) und ein Wassermolekül (H_2O) zerlegen. Das Wasserstoff-Ion ist nichts anderes als ein **Proton**. Während der Reaktion wird also ein Proton vom Chlorwasserstoffmolekül auf das Wassermolekül übertragen. Es bilden sich das Oxonium-Ion und das Chlorid-Ion. Das Chlorwasserstoffmolekül wirkt als **Protonendonator** (lat. *donare:* schenken), es gibt ein Proton ab. Das Wassermolekül als **Protonenakzeptor** (lat. *accipere:* aufnehmen) nimmt ein Proton auf. Die Protonenübertragung ist wie die Sauerstoffübertragung ein Beispiel für eine chemische Reaktion nach dem Donator-Akzeptor-Prinzip (▶1).

1 Proton

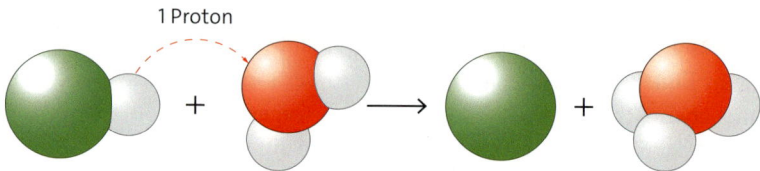

2 Pronenübertragung bei der Reaktion von Chlorwasserstoff mit Wasser im Modell

3 JOHANNES N. BRÖNSTED (1879–1974)

Säure-Base-Reaktion Der dänische Chemiker BRÖNSTED schlug vor, die Teilchen, die während einer chemischen Reaktion als Protonendonator wirken, als **Säuren** zu bezeichnen. Teilchen, die während einer chemischen Reaktion Protonen aufnehmen (Protonenakzeptor), definierte er als **Basen**. Bei der chemischen Reaktion von Chlorwasserstoff mit Wasser sind die Chlorwasserstoffmoleküle demnach die Säure und die Wassermoleküle die Base.

Die Protonenübertragungsreaktion selbst bezeichnete BRÖNSTED als **Säure-Base-Reaktion**.

> Nach BRÖNSTED sind Säuren die Teilchen, die in einer Protonenübertragung als Protonendonator wirken. Basen sind die Teilchen, die als Protonenakzeptor wirken.

Aufgaben

1 Trockenes Indikatorpapier zeigt in reinem Chlorwasserstoff keine Farbänderung. Erkläre.

2 Begründe, warum Indikatorpapier vor seiner Verwendung angefeuchtet werden muss.

3 Beschreibe die Teilchenveränderungen beim Lösen von Chlorwasserstoff in Wasser.

4 Die elektrische Leitfähigkeit nimmt beim Verdünnen von Salzsäure erst zu und dann wieder ab. Leite daraus Schlussfolgerungen ab.

5 Salpetersäure (HNO_3) bildet mit Wasser Oxonium-Ionen. Formuliere die Gleichungen für die Protonenübertragung. Kennzeichne Protonenabgabe und -aufnahme.

6 Weise nach, dass in einer Salzsäurelösung die Oxonium-Ionen für die Säureeigenschaften bestimmend sind.

Säuren und Säurerest-Ionen in sauren Lösungen

Protonenübertragung bei anderen Säuren Säuren sind Stoffe, die aus Molekülen aufgebaut sind. Wie in Chlorwasserstoff sind auch in den anderen Säuremolekülen ein oder mehrere Wasserstoffatome über eine polare Elektronenpaarbindung gebunden. In einer Protonenübertragung können deshalb Protonen vom jeweiligen Säuremolekül auf Wassermoleküle übertragen werden. Es bilden sich die bekannten Oxonium-Ionen und negativ geladene **Säurerest-Ionen,** die für die Säure spezifisch sind. In der Salzsäure beispielsweise ist dies das Chlorid-Ion, in Schwefelsäure das Sulfat-Ion. Dabei ist zu beachten, dass sich die Säurerest-Ionen vieler Säuren häufig aus mehreren Atomen zusammensetzen. So besteht das Sulfat-Ion (SO_4^{2-}) aus einem Schwefelatom, an das durch Elektronenpaarbindung vier Sauerstoffatome gebunden sind. Auch das Carbonat-Ion ist aus mehreren Atomen zusammengesetzt (▸4).

Kohlensäure Die Moleküle der Kohlensäure haben zwei Wasserstoffatome gebunden. Sie können diese Schrittweise abgeben. Zuerst überträgt ein Kohlensäuremolekül ein Proton auf ein Wassermolekül. Dabei bildet sich neben dem Oxonium-Ion ein Hydrogencarbonat-Ion. Das „Hydrogen" im Namen deutet darauf hin, dass noch ein Wasserstoffatom im Säurerest-Ion gebunden ist. In einem weiteren Schritt kann das Hydrogencarbonat-Ion unter Bildung eines Carbonat-Ions ein Proton auf ein weiteres Wassermolekül übertragen (▸5). Neben der Kohlensäure gibt es noch weitere Säuren, die mehr als ein Wasserstoffatom im Molekül gebunden haben (▸6).

4 Lewis-Formel eines Sulfat-Ions und eines Carbonat-Ions

5 Schrittweise Protonenübertragung bei der Reaktion von Kohlensäure mit Wasser

H_2SO_4	$+ 2 H_2O$	$\longrightarrow 2 H_3O^+$	$+ SO_4^{2-}$
Schwefelsäure-	Wasser-	Oxonium-	Sulfat-
molekül	molekül	Ion	Ion

Säuremolekül + Wassermolekül $\longrightarrow$ Oxonium-Ion + Säurerest-Ion

Säure		Säurerest-Ion	
Name	**Formel**	**Formel**	**Name**
Salzsäure	HCl	Cl^-	Chlorid-Ion
Salpetersäure	HNO_3	NO_3^-	Nitrat-Ion
Kohlensäure	H_2CO_3	HCO_3^- CO_3^{2-}	Hydrogencarbonat-Ion Carbonat-Ion
Schwefelsäure	H_2SO_4	HSO_4^- SO_4^{2-}	Hydrogensulfat-Ion Sulfat-Ion
Phosphorsäure	H_3PO_4	$H_2PO_4^-$ HPO_4^{2-} PO_4^{3-}	Dihydrogenphosphat-Ion Hydrogenphosphat-Ion Phosphat-Ion

6 Name und Formel verschiedener Säuren und Säurerest-Ionen

Aufgaben

1 Notiere die Reaktionsgleichung für die schrittweise Bildung einer sauren Lösung. Benenne die Ionen:
   a aus Schwefelsäure
   b aus Phosphorsäure

2 Beschreibe die Bindungsverhältnisse im Carbonat-Ion mithilfe der Lewis-Formel (▸4).

Reaktionen von sauren Lösungen

1783 wurde von JACQUES ALEXANDRE CHARLES der erste Gasballon in Paris gestartet. Er war mit Wasserstoff gefüllt, der zuvor mühsam über mehrere Tage durch chemische Reaktion von Schwefelsäure mit Eisen hergestellt wurde. Einmal gefüllt konnte ein Gasballon mehrere Stunden in der Luft bleiben.

1 In den ersten Gasballons sorgte der Wasserstoff für Auftrieb.

Schon gewusst?

Edelmetalle wie Kupfer, Silber und Gold sind gegenüber sauren Lösungen beständig. Nur in Königswasser – einem Gemisch aus konzentrierter Salzsäure und Salpetersäure – kann Gold aufgelöst werden.

Einer Anekdote zufolge wurden im Labor von NIELS BOHR in der dänischen Hauptstadt Kopenhagen die goldenen Nobelpreismedaillen zweier deutscher Wissenschaftler in Königswasser aufgelöst, um sie vor dem Zugriff der deutschen Besatzungstruppen zu bewahren. Die Wissenschaftler hatten im Zweiten Weltkrieg ihre Medaillen BOHR anvertraut, da unter Hitler das Tragen und Annehmen von Nobelpreisen untersagt war. Nach Kriegsende wurde das Gold wieder zurückgewonnen, um daraus neue Medaillen für die beiden Wissenschaftler anzufertigen.

Einwirken von sauren Lösungen auf Metalle Unedle Metalle wie Zink, Magnesium und Eisen reagieren mit sauren Lösungen. Es ist eine Gasbildung zu beobachten und das Metall löst sich langsam auf. Das Gas kann mit der Knallgasprobe als Wasserstoff identifiziert werden.

Wird ein Teil der Probe eingedampft, bleibt ein kristalliner Stoff zurück. Während der Reaktion ist eine Salzlösung entstanden (▶ Exp. 5, S. 115).

$$\underbrace{Zn + 2\,H_3O^+ + 2\,Cl^-}_{\text{Salzsäure}} \longrightarrow \underbrace{Zn^{2+} + 2\,Cl^-}_{\text{Zinkchloridlösung}} + H_2 + 2\,H_2O$$

Es handelt sich bei dieser Reaktion um eine Reaktion mit Elektronenübertragung, also um eine Redoxreaktion.

Von Zinkatomen gehen Elektronen auf Oxonium-Ionen über. Die Zinkatome werden zu Zink-Ionen oxidiert. Die Oxonium-Ionen werden reduziert, dabei entstehen Wasserstoff- und Wassermoleküle. Die Chlorid-Ionen nehmen an der Reaktion nicht teil. Erst beim Eindampfen der Lösung verbinden sie sich mit den Zink-Ionen zu Zinkchlorid.

Elektronenabgabe:	Zn	$\longrightarrow Zn^{2+} + 2\,e^-$
Elektronenaufnahme:	$2\,H_3O^+ + 2\,e^-$	$\longrightarrow H_2\ + 2\,H_2O$
Elektronenübertragung:	$Zn\ \ + 2\,H_3O^+$	$\longrightarrow Zn^{2+} + H_2 + 2\,H_2O$

2 Redoxreaktion zwischen Zinkatomen und Oxonium-Ionen

> Saure Lösungen reagieren mit unedlen Metallen unter Bildung von Salzlösungen und Wasserstoff. Dabei findet eine Elektronenübertragung (Redoxreaktion) statt.

Einwirken von sauren Lösungen auf Kalk In Haushaltsreiniger werden saure Lösungen der Citronensäure oder Essigsäure eingesetzt, um Calciumcarbonat bzw. Kalk aufzulösen. Das dabei entstehende Gas kann als Kohlenstoffdioxid nachgewiesen werden (▸ Exp. 6, 7; S. 115).

$$CaCO_3 + \underbrace{2\,H_3O^+ + 2\,Cl^-}_{\text{Salzsäure}} \longrightarrow \underbrace{Ca^{2+} + 2\,Cl^-}_{\text{Calciumchloridlösung}} + CO_2 + 3\,H_2O$$

Es handelt sich um eine Reaktion mit Protonenübertragung, also um eine Säure-Base-Reaktion. Von den Oxonium-Ionen werden insgesamt zwei Protonen auf ein Carbonat-Ion übertragen. Die dabei in einem Zwischenschritt gebildete Kohlensäure zerfällt zu einem Wasser- und einem Kohlenstoffdioxidmolekül (▸ 3).

> **Saure Lösungen reagieren in einer Protonenübertragung mit Carbonaten zu Kohlenstoffdioxid und Wasser.**

Gase bei chemischen Reaktionen Die Reaktion eines unedlen Metalls mit Salzsäure kann dazu genutzt werden, gasförmigen Wasserstoff herzustellen, z. B. wenn Wasserstoff aus Druckgasflaschen nicht verfügbar ist. Dabei ist es wichtig zu wissen, wie viel Wasserstoff aus einer bestimmten Menge Metall entsteht (▸ S. 16 f.)

3 Säure-Base-Reaktion von Kalk mit einer sauren Lösung und Zerfall der Kohlensäure

Noch gewusst?
Mithilfe des molaren Volumens kann das Volumen einer Gasportion aus der Stoffmenge berechnet werden.

$$V = V_m \cdot n$$

Aufgabe: Berechne das entstehende Volumen von Wasserstoff für die Reaktion von 0,1 g Magnesiumgranulat mit 10%iger Salzsäure unter Normbedingungen.

Gegeben: $m(Mg) = 0,1\,g$ **Gesucht:** $V(H_2)$
$M(Mg) = 24,3\,\frac{g}{mol}$
$V_m = 22,4\,\frac{l}{mol}$

Reaktionsgleichung: $Mg + 2\,HCl \longrightarrow MgCl_2 + H_2$

Lösung: $\dfrac{V(H_2)}{m(Mg)} = \dfrac{n(H_2) \cdot V_m}{n(Mg) \cdot M(Mg)}$ $V(H_2) = \dfrac{n(H_2) \cdot V_m}{n(Mg) \cdot M(Mg)} \cdot m(Mg)$

$$V(H_2) = \frac{1\,mol \cdot 22,4\,\frac{l}{mol}}{1\,mol \cdot 24,3\,\frac{g}{mol}} \cdot 0,1\,g = 0,092\,l = 92\,ml$$

Ergebnis: Bei der Reaktion entstehen 92 ml Wasserstoff.

Aufgaben

1 Gib die Reaktionsgleichung für die Reaktion von Magnesium mit verdünnter Salpetersäure an.

2 Entwickle für die Reaktion von Aluminium mit Salzsäure die Ionengleichungen für die Elektronenaufnahme und Elektronenabgabe. Ordne diesen Teilreaktionen die Begriffe Oxidation und Reduktion zu. Beschreibe die Rolle des Säurerest-Ions bei diesem Vorgang.

3 Begründe, warum man in Kochtöpfen aus Aluminium kein Sauerkraut kochen sollte.

4 Berechne die Masse an Zink, die zur Füllung (500 l) eines Fesselballons mit Wasserstoff notwendig ist.

Carbonate

1 Kreidefelsen auf der Insel Rügen

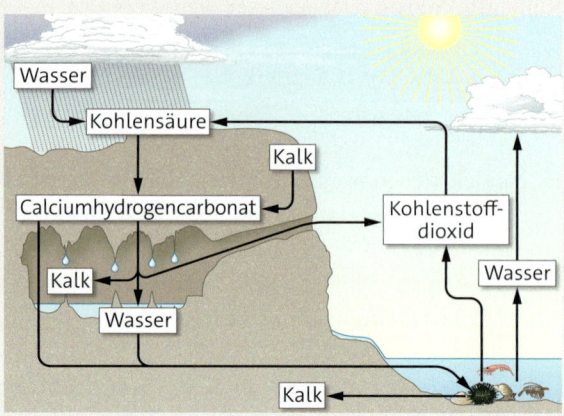

2 Kalkkreislauf in der Natur

Carbonate in der Natur Kalk (Calciumcarbonat, $CaCO_3$) ist als gesteinsbildendes Material in der Natur weit verbreitet, z.B. in Form von Kalkstein, Marmor oder Kreide (▸1). Dieses Sedimentgestein ist aus den Schalen und Skeletten fossiler Meereslebewesen entstanden. Kalk spielt in der lebenden Natur als Stützsubstanz eine wichtige Rolle, z.B. in Muschelschalen, Schneckenhäusern, Korallen, Eierschalen und Knochen.

Einige wichtige Erze zur Metallgewinnung sind ebenfalls Carbonate, z.B. Spateisenstein (Eisencarbonat, $FeCO_3$) und Zinkspat (Zinkcarbonat, $ZnCO_3$).

Carbonate im Haushalt Back- und Brausepulver sowie Feuerlöscher enthalten Natron (Natriumhydrogencarbonat, $NaHCO_3$). Hirschhornsalz, ebenfalls ein Backtriebmittel, enthält Ammoniumhydrogencarbonat (NH_4HCO_3). Erhitzt man diese Stoffe, zersetzen sie sich unter Abgabe von Kohlenstoffdioxid.

$$2\,NaHCO_3\,(s) \longrightarrow Na_2CO_3\,(s) + H_2O\,(l) + CO_2\,(g) \mid \text{endotherm}$$

Der natürliche Kalkkreislauf Als natürlicher Kalkkreislauf wird die Auflösung und Wiederabscheidung von Calciumcarbonat in der Natur bezeichnet. Durch Verwitterung von Kalkstein entstehen zerklüftete Felsen, unterirdische Wasserläufe und Höhlen. Dabei reagiert die aus Kohlenstoffdioxid und Regenwasser gebildete Kohlensäure mit dem Calciumcarbonat kalkhaltiger Gesteine. Aus dem schwer löslichen Calciumcarbonat entsteht leicht lösliches Calciumhydrogencarbonat [$Ca(HCO_3)_2$], das sich im Wasser löst. Das Gestein wird so langsam abgetragen.

$$CaCO_3 + H_2CO_3 \longrightarrow Ca^{2+} + 2\,HCO_3^-$$

Andererseits scheidet sich, z.B. in Höhlen, Calciumcarbonat auch wieder ab. Die Verdunstung von Wasser aus herabtropfender Calciumhydrogencarbonatlösung führt dazu, dass Kohlenstoffdioxid entweicht und aus dem Calciumhydrogencarbonat Calciumcarbonat entsteht. Im Laufe der Zeit bilden sich so Tropfsteine an der Höhlendecke (Stalaktite) und an der Auftropfstelle am Boden (Stalagmite).

Exp. 1

Reaktion von Calciumcarbonat mit kohlenstoffdioxidhaltigem Wasser

Fülle gesättigte Calciumhydroxidlösung (Kalkwasser, GHS05) in ein Becherglas. Leite Kohlenstoffdioxid in die Flüssigkeit ein, bis sich ein weißer Niederschlag gebildet hat. Leite weiter Kohlenstoffdioxid ein, bis eine klare Lösung entsteht. Erhitze diese Lösung. Notiere deine Beobachtungen und deute die Ergebnisse.

Entsorgung: Lösung in das Abwasser geben.

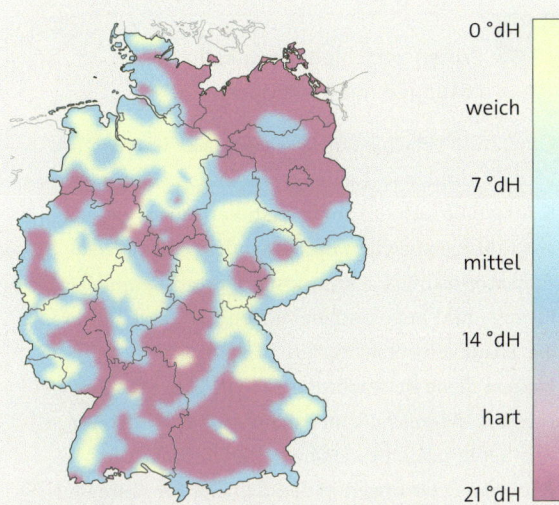

3 Wasserhärte des Trinkwassers in Deutschland

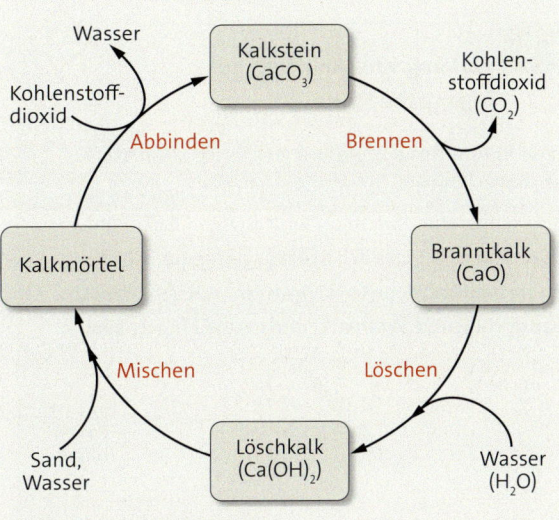

4 Technischer Kalkkreislauf

Hartes Wasser Trinkwasser, das aus Regionen mit kalkhaltigem Gestein stammt, ist meist sehr hartes Wasser. Der Gehalt an Calcium- und Magnesium-Ionen ist bei hartem Wasser relativ hoch und wird als Wasserhärte bezeichnet. Wird hartes Wasser erhitzt, bildet sich Kalk (Calciumcarbonat), der sich als Kesselstein an den Heizstäben oder Topfböden absetzt. Diese Kalkablagerungen behindern den Wärmeaustausch und erhöhen so den Energieverbrauch.

Durch saure Lösungen werden Carbonate unter Bildung von Kohlenstoffdioxid zersetzt. Daher enthalten manche Entkalker und Badreinigungsmittel Citronensäure.

Der technische Kalkkreislauf Kalkstein wird als Naturstein z. B. für Bodenbeläge, als Straßenschotter und als Zuschlagstoff bei der Eisen- und Stahlherstellung verwendet. Kalkstein ist außerdem ein wichtiger Rohstoff für die Baustoffindustrie zur Herstellung von Putz, Mörtel, Zement, Kalksandstein und (Poren-) Beton.

Um Mörtel herzustellen, verarbeitet man Kalkstein zu Branntkalk (CaO) und mit Wasser weiter zu Löschkalk [Ca(OH)$_2$]. Mit Sand und Wasser erhält man Kalkmörtel, der abgebunden eine steinharte Masse bildet. Im technischen Kalkkreislauf werden die dabei ablaufenden Reaktionen zusammengefasst (▶4).

Aufgaben

1 Erkundige dich bei den Stadtwerken deines Ortes nach dem Härtegrad des Leitungswassers und woher dieses Wasser stammt.

2 Begründe, warum Fliesen aus Marmor nicht mit säurehaltigen Haushaltsreinigern gepflegt werden dürfen.

3 Erläutere, wie Kalk aus der Natur auf den Boden eines Wasserkochers gelangt.

Info 1   Fresko

Als Fresko bezeichnet man eine Technik der Wandmalerei, die auf frischem (ital. *fresco*), noch nicht abgebundenem Kalkmörtelputz mit Wasserfarben ausgeführt wird. Die Farbpigmente sind nach dem Abbinden des Putzes unlöslich mit dem Kalk verbunden.

5 Ausschnitt aus einem Fresko von GIOTTO DI BONDONE (1267 bis 1337)

Alkalische Lösungen

Exp. 11 Wirkung von „Rohrfrei" auf organische Stoffe

Löse in fünf Reagenzgläsern jeweils 5 g „Rohrfrei" (GHS05) in 5 ml kaltem Wasser. Prüfe anschließend die Temperatur, indem du kurz an den Glasboden fasst. Gib in je eines der Reagenzgläser ein Büschel Haare, verschiedene Gewebefasern, z. B. aus Wolle, Baumwolle und Synthetik, und einige Fingernägel.

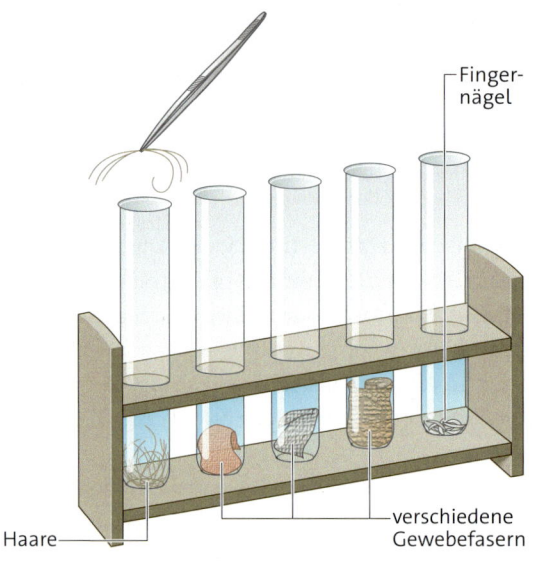

Finger-
nägel

Haare

verschiedene
Gewebefasern

Vergleiche deine Beobachtungen, die du nach 5 und 30 Minuten und nach drei Tagen feststellen kannst.
Entsorgung: Lösungen in das Abwasser geben.

Exp. 12 Verhalten von Metalloxiden in Wasser

Gib in vier Reagenzgläser jeweils 5 ml Wasser. Füge jeweils drei Tropfen Phenolphthaleinlösung hinzu. Gib in die Reagenzgläser je eine Spatelspitze Calciumoxid (GHS05|07), Magnesiumoxid, schwarzes Kupferoxid (GHS07|09) und rotes Eisenoxid. Schüttle kurz und lass die Feststoffe absetzen. Notiere deine Beobachtungen.
Entsorgung: Lösungen in Behälter für saure und alkalische Abfälle geben.

Exp. 13 Prüfen verschiedener alkalischer Lösungen mit Indikatoren

Gib in fünf verschiedene Reagenzgläser jeweils 2 ml verd. Natronlauge, Kalilauge, Kalkwasser, Ammoniaklösung (alle GHS05) sowie destilliertes Wasser. Prüfe alle fünf Flüssigkeiten nacheinander mit Universalindikatorlösung, Lackmuslösung, Bromthymolblaulösung und Phenolphthaleinlösung. Dampfe etwa 2 ml der Lösungen vorsichtig ein.
Notiere deine Beobachtungen. Leite eine Schlussfolgerung ab, für welche Untersuchungen der Indikator Phenolphthalein besonders geeignet erscheint.
Entsorgung: Lösungen in den Behälter für saure und alkalische Abfälle geben.

Exp. 14 Prüfen verschiedener Haushaltslösungen mit Universalindikator

Löse in drei Reagenzgläsern folgende Stoffe in jeweils 5 ml Wasser: einige Späne Kernseife, eine Spatelspitze Waschpulver, drei Tropfen Geschirrspülmittel. Gib zu den Reagenzgläsern jeweils drei Tropfen Universalindikatorlösung.
Notiere deine Beobachtungen.
Entsorgung: Lösungen in das Abwasser geben.

Exp. 15 Elektrische Leitfähigkeit von Natriumhydroxid und Kaliumhydroxid

Prüfe zuerst festes Natriumhydroxid (GHS05) und festes Kaliumhydroxid (GHS05) auf elektrische Leitfähigkeit. Löse anschließend in zwei Reagenzgläsern etwas Natriumhydroxid und Kaliumhydroxid in jeweils 5 ml Wasser. Vergleiche dabei die Temperatur der Flüssigkeiten vor und nach dem Lösevorgang, indem du kurz an den Glasboden fasst. Prüfe nacheinander die elektrische Leitfähigkeit beider Lösungen. Deute die Beobachtungsergebnisse.
Entsorgung: Lösungen in den Behälter für saure und alkalische Abfälle geben.

Reaktionen von sauren mit alkalischen Lösungen

Exp. 16 Herstellen einer Natronlauge

Stelle eine Natronlauge her, die in einem Liter Lösung 0,1 mol Natriumhydroxid enthält. Plane dazu die Vorgehensweise. Berechne die Masse Natriumhydroxid (GHS05), die du in einem bestimmten Volumen destilliertem Wasser lösen musst.
Entsorgung: Lösung in den Behälter für saure und alkalische Abfälle geben.

Exp. 17 pH-Wert Bestimmung nach Verdünnen einer sauren und einer alkalischen Lösung

Bestimme den pH-Wert einer 5%igen Salzsäure mit einem pH-Meter. Entnimm der Lösung 10 ml und verdünne sie mit destilliertem Wasser auf 100 ml. Bestimme den pH-Wert der hergestellten Lösung erneut. Wiederhole nun den Versuch mit 5%iger Natronlauge (GHS05).
Notiere deine Beobachtungen.
Entsorgung: Lösungen in den Behälter für saure und alkalische Abfälle geben.

Exp. 18 Mischen von sauren und alkalischen Lösungen

Mische in einem kleinen Becherglas 5 ml Wasser mit fünf Tropfen Calciumhydroxidlösung und vier Tropfen Phenolphthaleinlösung ($w < 1\%$). Tropfe mit einer Tropfpipette verd. Salpetersäure zu. Schwenke nach jedem Tropfen vorsichtig das Becherglas, um die Lösungen zu mischen. Wiederhole das Experiment unter Verwendung eines Gemischs aus 5 ml Wasser, fünf Tropfen verd. Salzsäure und vier Tropfen Universalindikatorlösung, zu dem du verd. Natronlauge (GHS05) tropfst.
Beschreibe das Verhalten der Indikatoren. Gib an, welche Teilchen bei den verschiedenen Färbungen der Indikatoren in der Lösung vorliegen müssen.
Entsorgung: Lösungen in den Behälter für saure und alkalische Abfälle geben.

Exp. 19 Temperaturänderung bei Zugabe von Natronlauge zu Salzsäure

Stelle ein Becherglas mit 30 ml verd. Salzsäure und eines mit 30 ml verd. Natronlauge (GHS05) bereit. Ermittle die Temperatur beider Lösungen. Gib beide Lösungen zusammen und bestimme die Temperatur erneut. Dampfe die entstandene Lösung vorsichtig ein. Betrachte den Rückstand mit einer Lupe.
Notiere deine Beobachtungen und deute die Veränderungen.
Entsorgung: Lösungen in das Abwasser geben.

Exp. 20 Titration von Speiseessig

Gib mit der Vollpipette 20 ml hellen Speiseessig in einen 200-ml-Erlenmeyerkolben und versetze die Probe mit 4 Tropfen Phenolphthaleinlösung ($w < 1\%$). Befülle die Bürette mit Natronlauge [$c(NaOH) = 1\frac{mol}{l}$; GHS05]. Titriere die Probe unter ständigem Umschwenken, bis sich die Lösung schwach pink färbt.

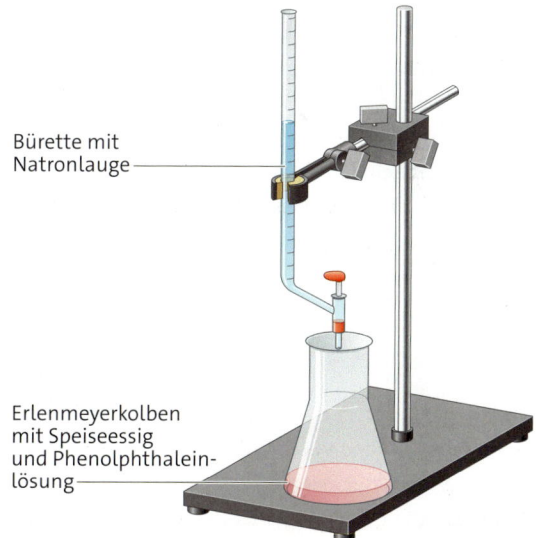

Bürette mit Natronlauge

Erlenmeyerkolben mit Speiseessig und Phenolphthaleinlösung

Notiere die Messwerte. Berechne die Stoffmengenkonzentration der Essigsäure in Essig.
Entsorgung: Lösungen in das Abwasser geben.

Kennzeichen alkalischer Lösungen

Ammoniak ist ein stechend riechendes Gas. Die Löslichkeit von Ammoniak in Wasser ist so groß, dass mit dem richtigen Versuchsaufbau ein beeindruckender Springbrunnen entsteht. Die dabei gebildete Lösung reagiert alkalisch.

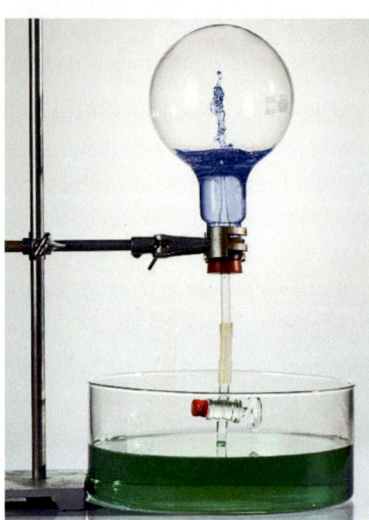

1 Ammoniak löst sich sehr gut in Wasser.

Exp. 21 | **L**

Elektrische Leitfähigkeit von Natriumhydroxid

Vorsicht! Abzug! Die elektrische Leitfähigkeit von festem Natriumhydroxid (GHS05) ist zu prüfen. Natriumhydroxid wird in einem Porzellantiegel im Abzug erhitzt, bis es schmilzt. Die elektrische Leitfähigkeit der Schmelze ist mithilfe zweier Kohleelektroden zu prüfen (Wechselspannung von 6 bis 10 V).

Eigenschaften alkalischer Lösungen Wie saure Lösungen zeigen auch alkalische Lösungen einige gemeinsame Eigenschaften: Sie leiten den elektrischen Strom, weisen ein pH-Wert größer als 7 auf, fühlen sich seifig an und haben eine ähnlich ätzende Wirkung wie saure Lösungen (▶Exp. 11, S. 126). Alkalische Lösungen färben die Indikatoren Phenolphthalein rotviolett sowie Lackmus, Bromthymolblau und Universalindikator blau (▶Exp. 13, S. 126).
Viele Haushaltsreiniger bilden alkalische Lösungen (▶Exp. 14, S. 126), so ist in Rohrreiniger Natriumhydroxid enthalten, das in Wasser gelöst Natronlauge bildet. Alkalische Lösungen werden auch als **Laugen** bezeichnet. Sie entstehen u. a. durch Reaktion von Alkali- oder Erdalkalimetallen bzw. ihrer Oxide mit Wasser (▶Exp. 12, S. 126).

Teilchen in alkalischen Lösungen Auch andere Metallhydroxide wie Kaliumhydroxid oder Calciumhydroxid bilden beim Lösen in Wasser alkalische Lösungen.

$$KOH \ (s) \longrightarrow K^+ \ (aq) + OH^- \ (aq) \quad | \ \text{exotherm}$$
$$Ca(OH)_2 \ (s) \longrightarrow Ca^{2+} \ (aq) + 2 \ OH^- \ (aq) \ | \ \text{exotherm}$$

Ihre Schmelzen leiten den elektrischen Strom genauso wie die Lösung (▶Exp. 15, S. 126; ▶Exp. 21). Im Gegensatz zu den Säuren sind Metallhydroxide Salze, die aus Ionen aufgebaut sind. Der Vergleich zeigt, dass alle Metallhydroxidlösungen Hydroxid-Ionen enthalten. Sie sind charakteristisch für alle alkalischen Lösungen.

> Die charakteristischen Teilchen alkalischer Lösungen sind Hydroxid-Ionen (OH⁻).

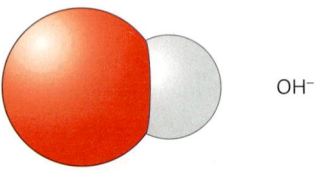

OH^-

2 Modell und Formel des Hydroxid-Ions

Bildung von Hydroxid-Ionen durch Protonenübertragung Ammoniak ist ein farbloses, stechend riechendes Gas. Beim Einleiten von Ammoniak in Wasser entsteht eine Lösung, die den elektrischen Strom leitet und Universalindikator blau färbt (▶ Exp. 22, ▶1). Die Lösung enthält folglich Hydroxid-Ionen, obwohl Ammoniak selbst aus Molekülen aufgebaut ist. Im Ammoniakmolekül (NH_3) sind 3 Wasserstoffatome durch jeweils eine Elektronenpaarbindung an ein Stickstoffatom gebunden.

Zwischen den Wassermolekülen und den Ammoniakmolekülen findet eine Protonenübertragung statt. Vom Wassermolekül wird ein Proton auf das Ammoniakmolekül übertragen. Es bindet an das freie Elektronenpaar des Stickstoffatoms im Ammoniakmolekül. Bei der Reaktion bilden sich aus den Wassermolekülen Hydroxid-Ionen (OH^-) und aus den Ammoniakmolekülen Ammonium-Ionen (NH_4^+). In dieser Säure-Base-Reaktion reagiert das Wassermolekül als Protonendonator (Säure) und das Ammoniakmolekül (Base) als Protonenakzeptor.

Exp. 22 | L

Lösen von Ammoniak in Wasser

Vorsicht! Abzug! Eine Kristallisierschale wird mit Wasser gefüllt, das mit Universalindikator versetzt ist. Ein mit Ammoniak (GHS06|09) gefüllter Rundkolben wird in die Kristallisierschale getaucht. Mit einer Pipette ist etwas Wasser in den Rundkolben einzuspritzen. Die entstandene Lösung wird auf elektrische Leitfähigkeit geprüft.

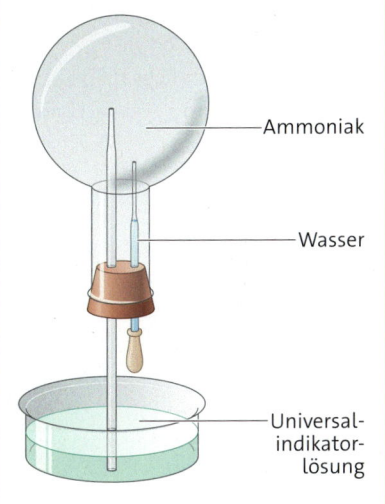

— Ammoniak

— Wasser

— Universalindikatorlösung

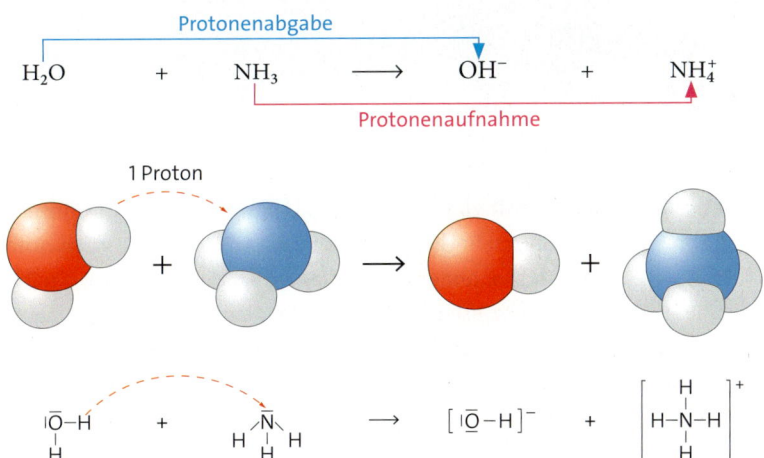

Protonenabgabe

$$H_2O \quad + \quad NH_3 \quad \longrightarrow \quad OH^- \quad + \quad NH_4^+$$

Protonenaufnahme

1 Proton

3 Reaktion mit Protonenübertragung zwischen Ammoniak und Wasser

Vergleicht man die Säure-Base-Reaktion von Ammoniak mit Wasser und die von Chlorwasserstoff mit Wasser, so fällt auf, dass das Wassermolekül bei der Reaktion von Chlorwasserstoff mit Wasser ein Proton aufnimmt, während es bei der von Ammoniak mit Wasser ein Proton abgibt. Das Wassermolekül kann also in Abhängigkeit vom Reaktionspartner sowohl als Säure (Protonendonator) als auch als Base (Protonenakzeptor) wirken. Solche Teilchen bezeichnet man auch als **Ampholyt**.

$$HCl + H_2O \longrightarrow H_3O^+ + Cl^-$$
Protonenakzeptor (Base)
$$H_2O + NH_3 \longrightarrow NH_4^+ + OH^-$$
Protonendonator (Säure)

4 Wassermoleküle als Ampholyt

Aufgaben

1 Feste Metallhydroxide leiten den elektrischen Strom nicht, wohl aber die Metallhydroxidlösungen. Erkläre.

2 Aluminiumpulver wird in Wasser erhitzt. Die entstandene Lösung färbt Lackmus blau. Deute die Beobachtung.

3 Begründe, warum in Experiment 22 zu Beginn Wasser in den Rundkolben gespritzt wird.

4 Vergleiche die Reaktion von Natriumhydroxid mit Wasser mit der Reaktion von Ammoniak mit Wasser auf der Teilchenebene.

Neutrale Lösung – Neutralisation

Saurer Regen kann zur Übersäuerung der Äcker führen. Um der Übersäuerung entgegenzuwirken, werden die Böden gekalkt. Auch die Abwässer in Kläranlagen müssen neutralisiert werden, bevor sie die biologische Stufe erreichen.

1 Kalken eines sauren Bodens

2 Zugabe von Natronlauge zu Salzsäure – vorher (oben) und nachher (unten); Lösungen enthalten Universalindikator.

Reaktion einer sauren mit einer alkalischen Lösung Wird zu verdünnter Salzsäure, die mit Universalindikator versetzt ist, tropfenweise verdünnte Natronlauge gegeben, so ändert sich die Farbe des Indikators nach Zugabe eines bestimmten Volumens Natronlauge nach Grün. Bei Zugabe von Salpetersäure zu Calciumhydroxidlösung ist auch ein Farbumschlag von Phenolphthalein beobachtbar (►Exp. 18, S. 127). Es ist jeweils eine neutrale Lösung entstanden. Chemische Reaktionen, bei denen saure Lösungen mit alkalischen Lösungen zu neutralen Lösungen reagieren, werden als **Neutralisationen** bezeichnet.

Neutralisation – eine chemische Reaktion Bei der Neutralisation handelt es sich um eine exotherm verlaufende chemische Reaktion. Die Zugabe von Salzsäure zu Natronlauge führt zu einem starken Temperaturanstieg (►Exp. 19, S. 127). Dabei reagieren positiv geladene Oxonium-Ionen der Salzsäure mit negativ geladenen Hydroxid-Ionen der Natronlauge zu Wassermolekülen.

Bei der Neutralisation ist eine Natriumchloridlösung entstanden, bei der nach Eindampfen das Natriumchlorid zurückbleibt (►Exp. 19, S. 127). Aus der Ionengleichung ist zu erkennen, dass die Natrium-Ionen und die Chlorid-Ionen nicht an der Reaktion teilnehmen. Sie verändern sich nicht und können in der Ionengleichung auch weggelassen werden.

$$\underbrace{H_3O^+ + Cl^-}_{\text{Salzsäure}} + \underbrace{Na^+ + OH^-}_{\text{Natronlauge}} \longrightarrow \underbrace{Na^+ + Cl^- + 2\,H_2O}_{\text{Natriumchloridlösung}} \;|\; \text{exotherm}$$

$$H_3O^+ \,(aq) + OH^- \,(aq) \longrightarrow 2\,H_2O \,(l) \;|\; \text{exotherm}$$

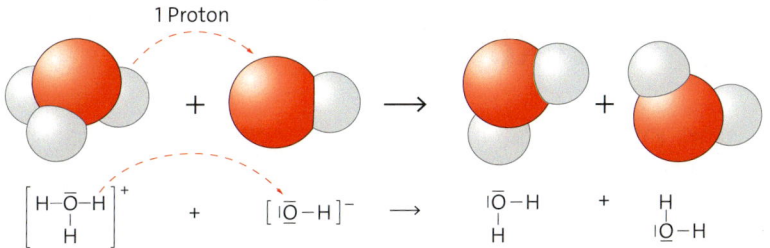

1 Proton

$$\left[\begin{array}{c}H-\overline{\underset{|}{O}}-H \\ H\end{array}\right]^{+} + \left[\,|\overline{\underline{O}}-H\,\right]^{-} \longrightarrow \quad |\overline{\underline{O}}-H \quad + \quad \begin{array}{c}H \\ | \\ |\underline{O}-H\end{array}$$

3 Protonenübertragung bei der Reaktion von Oxonium-Ionen mit Hydroxid-Ionen im Modell

Reaktion mit Protonenübertragung Bei einer Neutralisation findet eine Protonenübertragung zwischen dem Oxonium-Ion und dem Hydroxid-Ion statt. Das Oxonium-Ion gibt ein Proton ab und wirkt als Protonendonator. Das Hydroxid-Ion als Protonenakzeptor nimmt das Proton auf. Es bilden sich zwei Wassermoleküle (▸3).

Das gegenseitige Abgeben und Aufnehmen von Teilchen durch die reagierenden Stoffe ist bei vielen chemischen Reaktionen festzustellen. Es wird als **Donator-Akzeptor-Prinzip** bezeichnet und gilt als eine der Grundlagen zum Verständnis chemischer Reaktionen.

> **Die Neutralisation ist eine Reaktion mit Protonenübertragung (Säure-Base-Reaktion), bei der Oxonium-Ionen (Säure) mit Hydroxid-Ionen (Base) zu Wassermolekülen reagieren.**

Bedeutung der Neutralisation Neutralisationen sind in vielen Bereichen von großer Bedeutung. Um saure oder alkalische Abwässer gefahrlos entsorgen zu können, werden sie in Abwasseraufbereitungsanlagen neutralisiert. In der Spülmaschine wird das alkalische Spülmittel im Klarspülgang mit der sauren Lösung eines Klarspülers versetzt. Durch sauren Regen kann der Boden sauer werden. Die Aufnahme von wichtigen Mineralstoffen durch die Pflanze wird dadurch eingeschränkt oder sogar verhindert. Kalkdünger schaffen einen für die Pflanzen günstigen pH-Wert. Beim Sodbrennen werden Medikamente eingesetzt, um die Magensäure zu neutralisieren und Verätzungen der Speiseröhre vorzubeugen. Im Labor lassen sich mithilfe der Neutralisation Stoffmengenkonzentrationen von sauren und alkalischen Lösungen bestimmen.

Schon gewusst?
Auch beim Färben von Haaren laufen Neutralisationen ab. Um das Haar für die Farbstoffe aufzuschließen, werden alkalische Lösungen eingesetzt. Nach dem Färbeprozess werden diese mit sauren Spülungen neutralisiert.

4 Spülmaschine: alkalisches Spülmittel, saurer Klarspüler

Aufgaben

1 Nenne die beobachtbaren Merkmale einer Neutralisation.

2 Formuliere die Ionengleichungen für die Reaktionen von Phosphorsäure mit Kalilauge und Schwefelsäure mit Calciumhydroxidlösung.

3 Erläutere an einem Beispiel die Protonenübertragung bei der Neutralisation.

4 Beim Kalken von Böden wird häufig Branntkalk (Calciumoxid) verwendet. Weise nach, dass es sich dabei um eine Neutralisation handelt.

5 Zeige, dass für das Lösen von Chlorwasserstoff in Wasser das Donator-Akzeptor-Prinzip gilt.

pH-Werte im menschlichen Körper

Alle Vorgänge des menschlichen Stoffwechsels sind abhängig vom pH-Wert in den Zellen und Organen. Häufig können die verschiedenen chemischen Reaktionen in unserem Körper nur bei ganz bestimmten pH-Werten stattfinden.

Mund

Mundspeichel: pH = 6,8 bis 7,2
Bei diesen pH-Werten arbeitet das Speichelenzym Amylase optimal. Es zerlegt Stärke in den Zucker Maltose.

Magen

pH ≤ 2 (Magenwand) bis 6,8 (Mageninneres)
Magensaft enthält Salzsäure mit einem Massenanteil von 0,5 % (pH = 1,0 –1,5). Die Salzsäure lässt Eiweiße gerinnen und aufquellen, sodass sie leichter verdaut werden können. Bakterien und andere Krankheitserreger, die mit der Nahrung in den Magen gelangen, werden abgetötet.

Dünndarm

pH = 5,6; nimmt bis 8,3 zu.
Wenn der saure Nahrungsbrei den Magen verlässt, wird er leicht alkalisch gemacht. In diesem Bereich wirken die Enzyme der Bauchspeicheldrüse und des Dünndarms am besten.

Dickdarm

pH-Wert zwischen 6,5 und 7,8
Im Dickdarm findet die Aufspaltung unverdauter Nahrungsreste durch Gärungs- und Fäulnisprozesse statt.

Blut

pH = 7,37 (venös), pH = 7,40 (arteriell)
Durch verschiedene Regulationssysteme wird der pH-Wert im Blut sehr konstant gehalten. Schon Abweichungen um 0,05 können zum Tod führen.

Haut

Frauen: pH = 5,6, Männer: pH = 4,9
Der Säureschutzmantel der Haut wehrt Bakterien und andere Krankheitserreger ab.

Harn

pH = 4,8 bis 7,7
Abweichungen lassen auf ernsthafte Erkrankungen schließen.

Info 1

Sodbrennen

Die Magenwand ist durch eine spezielle Schleimhaut vor der ätzenden Wirkung der Magensäure geschützt.
Durch den Genuss von besonders reichhaltigem oder fettigem Essen kann aber Magensaft in die nicht geschützte Speiseröhre aufsteigen und zu einem brennenden oder drückenden Schmerz führen – Sodbrennen. Gegen Sodbrennen helfen sogenannte Antacida. Sie enthalten Natriumhydrogencarbonat ($NaHCO_3$), Calcium- oder Magnesiumhydroxid, die die überschüssige Magensäure neutralisieren.

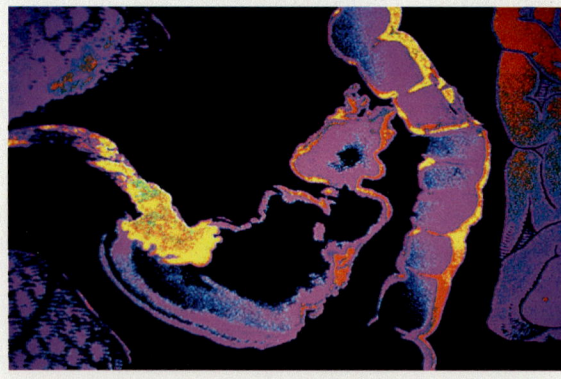

1 Beim Sodbrennen gelangt Magensäure (gelbe Bereiche) in die Speiseröhre.

Aufgaben

1 Erstelle ein Diagramm, aus dem der Verlauf des pH-Werts von der Nahrungsaufnahme über die Verdauung bis zur Ausscheidung hervorgeht.

2 Recherchiere, welche Folgen eine Übersäuerung (Azidose) für den Körper haben kann.

Konzentration von Lösungen

Im Labor findet man Chemikalienflaschen mit verschiedenen Etiketten, z. B. mit dem Aufdruck verdünnte Salzsäure oder konzentrierte Salzsäure. Doch wie viele Oxonium-Ionen enthalten sie?

Auch um saure bzw. alkalische Lösungen so zu neutralisieren, dass sie einen pH-Wert von genau 7 haben, muss man wissen, wie viele Oxonium- bzw. Hydroxid-Ionen in den Lösungen vorhanden sind.

Stoffmengenkonzentration Gehaltsangaben für Lösungen, z. B. die Massenkonzentration oder der Massenanteil, sind schon bekannt. So sind in 100 g einer 10%igen Salzsäurelösung 10 g Chlorwasserstoff gelöst. Für die Herstellung von Lösungen können solche Angaben sehr nützlich sein, da sie sich auf leicht messbare Größen beziehen. Für die Betrachtung von chemischen Reaktionen ist aber häufig eine Angabe besser, die sich auf die Anzahl der Teilchen in der Lösung bezieht.

Eine solche Größe ist die **Stoffmengenkonzentration** c. Sie ist der Quotient aus Stoffmenge des gelösten Stoffes und dem Volumen der Lösung. Die Einheit wird meist in $\frac{mol}{l}$ angegeben. Im Labor findet man auf dem Etikett von Chemikalienflaschen mit Lösungen neben dem Namen der Lösung häufig auch Angaben zur Stoffmengenkonzentration (▸**1**).

$$c(\text{gelöster Stoff}) = \frac{n(\text{gelöster Stoff})}{V(\text{Lösung})} \qquad \text{Einheit: } 1\,\frac{mol}{l}$$

Die Angaben zur Stoffmengenkonzentration sollen am Beispiel der Natronlauge näher erläutert werden. In 1 Liter Natronlauge mit einer Stoffmengenkonzentration von $0{,}5\,\frac{mol}{l}$ sind exakt 0,5 mol Natriumhydroxid gelöst. Mithilfe der molaren Masse $M(\text{NaOH}) = 40\,\frac{g}{mol}$ kann man berechnen, dass das einer Masse von 20 g Natriumhydroxid entspricht. Zur Herstellung dieser Lösung mit $c(\text{NaOH}) = 0{,}5\,\frac{mol}{l}$ müssen also 20 g Natriumhydroxid in so viel Wasser gelöst werden, bis eine Lösung von 1 Liter Volumen entsteht (▸ Exp. 16, S. 127).

Entsprechend besitzt eine Salzsäure mit 2 mol gelöstem Chlorwasserstoff in 1 Liter Salzsäure eine Stoffmengenkonzentration $c(\text{HCl}) = 2\,\frac{mol}{l}$. Das entspricht einer Masse von 73 g Chlorwasserstoff in 1 Liter Salzsäure.

> **Die Stoffmengenkonzentration c ist der Quotient aus der Stoffmenge eines gelösten Stoffes und dem Volumen der Lösung.**

$$c(\text{gelöster Stoff}) = \frac{n(\text{gelöster Stoff})}{V(\text{Lösung})} \qquad V(\text{Lösung}) = \frac{n(\text{gelöster Stoff})}{c(\text{gelöster Stoff})}$$

$$n(\text{gelöster Stoff}) = c(\text{gelöster Stoff}) \cdot V(\text{Lösung})$$

$$m(\text{gelöster Stoff}) = c(\text{gelöster Stoff}) \cdot M(\text{gelöster Stoff}) \cdot V(\text{Lösung})$$

2 Wichtige Beziehungen der Stoffmengenkonzentration c

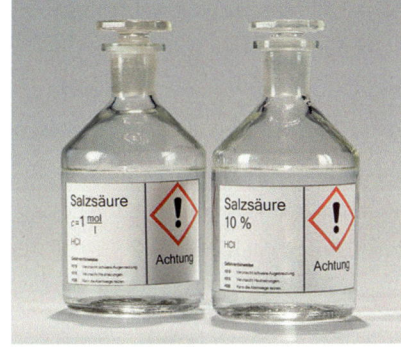

1 Stoffmengenkonzentration (li.) und Massenanteil als Gehaltsangaben einer Salzsäure

Noch gewusst?

Die Stoffmenge n gibt an, aus wie vielen Teilchen eine Stoffportion besteht.

Das Mol entspricht dabei einer Teilchenanzahl von rund 600 Trilliarden.

Aufgaben

1 Berechne jeweils die Masse, um die angegebenen Lösungen herzustellen:

a 2 Liter Kalilauge ($c = 0{,}1\,\frac{mol}{l}$) aus Kaliumhydroxid

b 5 Liter Natronlauge ($c = 0{,}2\,\frac{mol}{l}$) aus Natriumhydroxid

2 Im Alltag werden Konzentrationsangaben mit der Einheit Prozent (%) bevorzugt, Chemiker benutzen oft die Stoffmengenkonzentration c. Begründe.

3 Citronensäure hat eine molare Masse von $192\,\frac{g}{mol}$. Berechne die Masse, die benötigt wird, um 3 Liter Citronensäurelösung mit der Stoffmengenkonzentration $c = 0{,}5\,\frac{mol}{l}$ herzustellen.

Der pH-Wert

Saure, alkalische und neutrale Lösungen können mit Universalindikatorlösung unter Verwendung einer Vergleichsskala unterschieden werden. Mit einem pH-Meter lässt sich der pH-Wert einfach und exakt bestimmen.

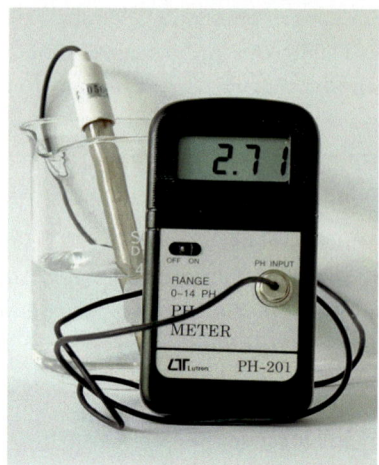

1 Methoden der pH-Wert-Bestimmung

Schon gewusst?

Die Lebewesen im Wasser benötigen einen für sie optimalen pH-Wert. Beim Einrichten eines Aquariums ist es daher wichtig, Fische auszuwählen, die die gleichen Ansprüche an das Wasser stellen. Das Wasser im Süßwasseraquarium sollte einen pH-Wert von 5,5 bis 7,5 besitzen, im Meerwasseraquarium sollte ein pH-Wert von 8,0 bis 8,5 eingestellt sein.

2 Seepferdchen benötigen einen pH-Wert von 8 bis 8,5.

Der pH-Wert saurer Lösungen Bekannt ist, dass jede saure Lösung Oxonium-Ionen enthält und einen pH-Wert kleiner 7 aufweist. Zwischen dem pH-Wert einer sauren Lösung und der Stoffmengenkonzentration der Oxonium-Ionen gibt es dabei einen Zusammenhang.

Verdünnt man eine Salzsäure auf das zehnfache Volumen, so stellt man einen Anstieg des pH-Werts um 1 fest (▶ Exp. 17, S. 127). So besitzt Salzsäure der Stoffmengenkonzentration $c(\text{HCl}) = 0,1\frac{\text{mol}}{\text{l}}$ einen pH-Wert von 1. Die Stoffmengenkonzentration an Oxonium-Ionen ist dabei ebenfalls $c(\text{H}_3\text{O}^+) = 0,1\frac{\text{mol}}{\text{l}} = 10^{-1}\frac{\text{mol}}{\text{l}}$.

Salzsäure mit einer Konzentration $c(\text{H}_3\text{O}^+) = 0,01\frac{\text{mol}}{\text{l}} = 10^{-2}\frac{\text{mol}}{\text{l}}$ besitzt einen pH-Wert von 2 und Salzsäure mit einer Konzentration von $c(\text{H}_3\text{O}^+) = 0,001\frac{\text{mol}}{\text{l}} = 10^{-3}\frac{\text{mol}}{\text{l}}$ einen pH-Wert von 3.

Der Vergleich zeigt, dass sich die Stoffmengenkonzentration der Oxonium-Ionen zwischen zwei Stufen des pH-Werts immer um den Faktor 10 verändert.

> **Der pH-Wert ist eine Angabe zur Stoffmengenkonzentration der Oxonium-Ionen. Bei einer Änderung des pH-Werts um 1 ändert sich die Konzentration um den Faktor 10.**

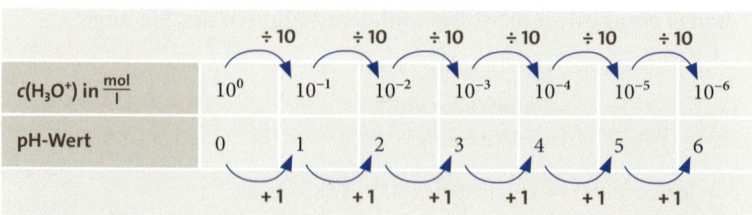

3 Zusammenhang zwischen pH-Wert und Stoffmengenkonzentration an Oxonium-Ionen

Der pH-Wert alkalischer Lösungen Neutrale Lösungen besitzen einen pH-Wert von 7. Sie enthalten demnach Oxonium-Ionen mit einer Konzentration von $c(H_3O^+) = 10^{-7} \frac{mol}{l}$. Neutrale Lösungen reagieren aber nicht sauer.

Bisher wurde nicht betrachtet, dass alle wässrigen Lösungen sowohl Oxonium- als auch Hydroxid-Ionen enthalten. So entspricht die Konzentration an Hydroxid-Ionen mit $c(OH^-) = 10^{-7} \frac{mol}{l}$ in einer neutralen Lösung der Konzentration an Oxonium-Ionen. Die Lösung reagiert deshalb neutral, weil beide Ionensorten sich in ihrer Wirkung neutralisieren.

Auch jede alkalische Lösung enthält eine sehr geringe Anzahl an Oxonium-Ionen, weshalb man für diese Lösungen eine pH-Wert angeben kann.

Bei einer Natronlauge der Konzentration $c(NaOH) = 0,1 \frac{mol}{l}$ beträgt die Konzentration an Hydroxid-Ionen $c(OH^-) = 0,1 \frac{mol}{l}$. Sie enthält aber auch Oxonium-Ionen der Konzentration $c(H_3O^+) = 10^{-13} \frac{mol}{l}$, woraus sich ein pH-Wert von 13 ergibt.

Die Konzentrationen von Hydroxid-Ionen und Oxonium-Ionen in einer Lösung hängen voneinander ab: Die Konzentration der einen Ionensorte steigt in dem Maße, wie die Konzentration der anderen Ionensorte fällt. Deshalb kann durch Angabe des pH-Werts für alkalische Lösungen auch auf die Konzentration der Hydroxid-Ionen geschlossen werden kann (▸5).

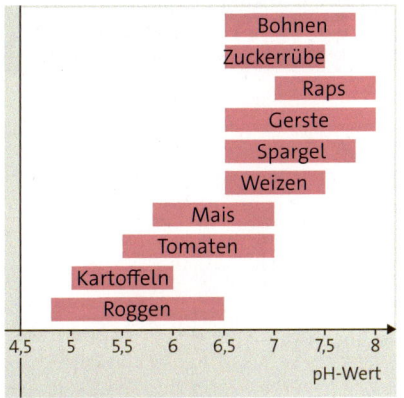

4 Um optimal gedeihen zu können, brauchen Pflanzen einen für sie geeigneten pH-Wert.

$c(H_3O^+)$ in $\frac{mol}{l}$	10^0	10^{-1}	10^{-2}	10^{-3}	10^{-4}	10^{-5}	10^{-6}	10^{-7}	10^{-8}	10^{-9}	10^{-10}	10^{-11}	10^{-12}	10^{-13}	10^{-14}
pH-Wert	0	1	2	3	4	5	6	7	8	9	10	11	12	13	14
$c(OH^-)$ in $\frac{mol}{l}$	10^{-14}	10^{-13}	10^{-12}	10^{-11}	10^{-10}	10^{-9}	10^{-8}	10^{-7}	10^{-6}	10^{-5}	10^{-4}	10^{-3}	10^{-2}	10^{-1}	10^0

sauer   neutral   alkalisch

5 Zusammenhang zwischen pH-Wert und Stoffmengenkonzentration der Oxonium-Ionen und der Hydroxid-Ionen. Zum Vergleich ist unten die Farbskala des Universalindikators angegeben.

Aufgaben

1 Erläutere den Zusammenhang zwischen dem pH-Wert und der Stoffmengenkonzentration an Oxonium-Ionen in einer wässrigen Lösung.

2 Zwei saure wässrige Lösungen weisen einen pH-Wert von 5 bzw. 3 auf. Gib jeweils die Stoffmengenkonzentration an Oxonium-Ionen an.

3 Leite den pH-Wert einer Salzsäure mit einer Stoffmengenkonzentration von $c = 1 \frac{mol}{l}$ gelöstem Chlorwasserstoff ab.

4 Ein Liter Salzsäure mit einem pH-Wert von 1 soll so verdünnt werden, dass die entstehende Lösung einen pH-Wert von 5 aufweist. Berechne das Volumen an Wasser, das hinzugefügt werden muss.

5 Aus einer Kalilauge ($c = 1 \frac{mol}{l}$) soll eine verdünnte Lösung mit pH = 9 hergestellt werden.
  a Gib den pH-Wert der Kalilauge an.
  b Berechne das Volumen der konzentrierten Kalilauge, das notwendig ist, um einen Liter verdünnte Lösung herzustellen.

Titration

1 Durchführung einer Titration

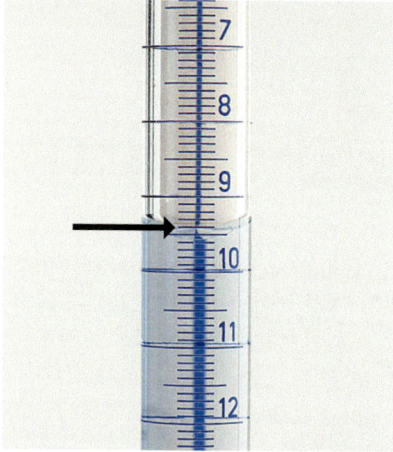

2 Ablesen des Flüssigkeitsmeniskus bei einer Bürette

Ermitteln der Stoffmengenkonzentration Mit einer **Titration** kann die unbekannte Stoffmengenkonzentration einer sauren oder alkalischen Lösung bestimmt werde (►Exp. 20, S. 127). Dabei wird die Tatsache genutzt, dass sich die Oxonium-Ionen einer sauren Lösung und die Hydroxid-Ionen einer alkalischen Lösung neutralisieren, wenn sie in gleicher Teilchenanzahl vorliegen. Sie reagieren zu Wasser und der saure bzw. alkalische Charakter der Lösung verschwindet.

Bei der Titration müssen Lösungen mit genau bekannter Stoffmengenkonzentration eingesetzt werden, sogenannte **Maßlösungen**. Die Maßlösung wird aus einer Bürette in die Lösung mit unbekannter Stoffmengenkonzentration (**Analysenlösung**) getropft (►1). Ein Indikator zeigt durch Farbumschlag das Ende der Titration an, z. B. wenn eine neutrale Lösung vorliegt.

Aus dem Volumen der verbrauchten Maßlösung, ihrer Stoffmengenkonzentration und dem Volumen der Analysenlösung (vor der Titration) kann die Stoffmengenkonzentration der Analysenlösung berechnet werden (Schrittfolge Ermitteln der Stoffmengenkonzentration ►S. 137).

Aufgabe: Bei der Titration von 20 ml Natronlauge unbekannter Stoffmengenkonzentration betrug der Verbrauch an Salzsäure mit der Stoffmengenkonzentration $c = 0{,}1\,\frac{mol}{l}$ genau 24 ml. Berechne die Stoffmengenkonzentration der Natronlauge.

Gegeben: $\quad c(\text{HCl}) \quad = 0{,}1\,\frac{mol}{l} \qquad$ **Gesucht:** $c(\text{NaOH})$

$\qquad\qquad\quad V(\text{HCl}) \quad = 24\,\text{ml}$

$\qquad\qquad\quad V(\text{NaOH}) = 20\,\text{ml}$

Reaktions-gleichung:
$$\underbrace{\text{Na}^+ + \text{OH}^-}_{\text{Natronlauge}} + \underbrace{\text{H}_3\text{O}^+ + \text{Cl}^-}_{\text{Salzsäure}} \longrightarrow \underbrace{\text{Na}^+ + \text{Cl}^- + 2\,\text{H}_2\text{O}}_{\text{Kochsalzlösung}}$$

Lösung: $\quad n(\text{OH}^-) \qquad\qquad\quad = n(\text{H}_3\text{O}^+)$

Es gilt: $\quad n(\text{OH}^-) \qquad\qquad\quad = n(\text{NaOH})$ und $n(\text{H}_3\text{O}^+) = n(\text{HCl})$

$\qquad\qquad n(\text{NaOH}) \qquad\qquad = n(\text{HCl})$

$\qquad\qquad c(\text{NaOH}) \cdot V(\text{NaOH}) = c(\text{HCl}) \cdot V(\text{HCl})$

$$c(\text{NaOH}) \qquad\qquad = \frac{c(\text{HCl}) \cdot V(\text{HCl})}{V(\text{NaOH})}$$

$$c(\text{NaOH}) \qquad\qquad = \frac{0{,}1\,\frac{mol}{l} \cdot 24\,\text{ml}}{20\,\text{ml}}$$

$\qquad\qquad c(\text{NaOH}) \qquad\qquad = 0{,}12\,\frac{mol}{l}$

Ergebnis: Die Stoffmengenkonzentration der Natronlauge beträgt $0{,}12\,\frac{mol}{l}$.

Aufgaben

1 Bei einer Titration von Salzsäure und Natronlauge geht man von folgender Annahme aus: $n(\text{OH}^-) = n(\text{H}_3\text{O}^+)$. Begründe, warum das zulässig ist.

2 Bei der Titration von 20 ml Kalilauge wurden 16 ml Salzsäure mit $c(\text{HCl}) = 0{,}25\,\frac{mol}{l}$ verbraucht. Berechne die Stoffmengenkonzentration der Kalilauge.

Ermitteln der Stoffmengenkonzentration durch Titration

In der Industrie, in Klärwerken oder Laboren ist es oft erforderlich, die genaue Konzentration einer sauren oder alkalischen Lösung zu bestimmen. Ein geeignetes Verfahren ist die Titration.

Es soll die Stoffmengenkonzentration einer Salzsäure ermittelt werden.

1 **Fülle ein genau definiertes Volumen der zu untersuchenden Lösung ab.**
Miss mit einer Vollpipette genau 10 ml der Salzsäure ab und gib die abgemessene Lösung in einen Weithals-Erlenmeyerkolben.

2 **Versetze die zu untersuchende Lösung mit Indikator.**
Gib zu der Salzsäure einige Tropfen Bromthymolblaulösung.

3 **Stelle die Maßlösung bereit.**
Verwende als Maßlösung Natronlauge mit einer Stoffmengenkonzentration $c = 0,2 \frac{mol}{l}$.

4 **Spüle die Bürette mit der bereitgestellten Maßlösung.**
Lass zur Spülung ein wenig von der Maßlösung durch die Bürette in ein Becherglas laufen.

5 **Fülle die Bürette mit der Maßlösung auf, notiere den Anfangsstand.**

6 **Tropfe unter vorsichtigem Umschwenken aus der Bürette die Maßlösung zu, bis die Farbe des Indikators umschlägt.**

7 **Lies den Endstand an der Bürette ab.**
Berechne aus der Volumendifferenz von Endstand und Anfangsstand den Verbrauch an Maßlösung. In unserem Beispiel wurden 22,9 ml Natronlauge verbraucht.

8 **Überprüfe das ermittelte Volumen an Maßlösung durch zwei weitere Titrationen.**
Bilde aus den Ergebnissen der drei Titrationen den Mittelwert für den Verbrauch an Maßlösung.

9 **Berechne die Stoffmengenkonzentration der zu untersuchenden Lösung.**

Gegeben: $c(\text{NaOH}) = 0,2 \frac{mol}{l}$ **Gesucht:** $c(\text{HCl})$
$V(\text{HCl}) = 10\,\text{ml}$
$V(\text{NaOH}) = 22,9\,\text{ml}$

Lösung:
$$c(\text{HCl}) = \frac{c(\text{NaOH}) \cdot V(\text{NaOH})}{V(\text{HCl})}$$

$$c(\text{HCl}) = \frac{0,2 \frac{mol}{l} \cdot 22,9\,\text{ml}}{10\,\text{ml}} = 0,46 \frac{mol}{l}$$

Ergebnis: Die Stoffmengenkonzentration der Salzsäure beträgt $0,46 \frac{mol}{l}$.

1 Der Indikator Bromthymolblau schlägt von Gelb nach Grün um.

Auf einen Blick

Saure und alkalische Lösungen

Säuren und saure Lösungen	Säuren sind Stoffe, die durch Reaktion mit Wasser saure Lösungen bilden. Saure Lösungen enthalten Oxonium-Ionen (H_3O^+).
	Saure Lösungen entstehen z. B. durch: 1. das Lösen von Säuren in Wasser 2. die Reaktion einiger Nichtmetalloxide mit Wasser
Laugen und alkalische Lösungen	Wässrige Lösungen, die Hydroxid-Ionen (OH^-) enthalten.
	Alkalische Lösungen entstehen z. B. durch: 1. das Lösen von einigen Metallhydroxiden in Wasser 2. die Reaktion einiger Metalloxide mit Wasser 3. die Reaktion einiger Metalle mit Wasser
Reaktion mit Protonenübertragung / Säure-Base-Reaktion	Chemische Reaktion, bei der zwischen den Teilchen der reagierenden Stoffe Protonen übertragen werden. Protonenübertragungen sind Säure-Base-Reaktionen. Säuren sind dabei Teilchen, die als Protonendonator wirken. Basen sind Teilchen, die als Protonenakzeptor wirken.

Stoffmengenkonzentration	Quotient aus der Stoffmenge des gelösten Stoffes und dem Volumen der Lösung. Die Einheit ist $\frac{mol}{l}$.

$$c(\text{gelöster Stoff}) = \frac{n(\text{gelöster Stoff})}{V(\text{Lösung})} \qquad \text{Einheit: } 1\,\frac{mol}{l}$$

pH-Wert	Maß für den Gehalt einer Lösung an Oxonium-Ionen. Der pH-Wert wird aus der Stoffmengenkonzentration der Oxonium-Ionen ermittelt.
Neutralisation	Säure-Base-Reaktion, bei der Oxonium-Ionen einer sauren Lösung mit Hydroxid-Ionen einer alkalischen Lösung zu Wassermolekülen reagieren. Die Neutralisation ist eine Reaktion mit Protonenübertragung.

Aufgaben

1 Säuren und saure Lösungen haben in der Chemie eine große Bedeutung.

  a Nenne drei charakteristische Eigenschaften einer sauren Lösung.

  b Nenne die typischen Teilchen einer sauren Lösung und erläutere deren Bildung.

  c Gib jeweils zwei Beispiele für eine Säure und eine saure Lösung an.

2 Chlorwasserstoff wird in Wasser eingeleitet.

  a Erläutere die dabei ablaufenden Vorgänge auf der Teilchenebene.

  b Ordne bestimmten Teilchen die Begriffe Protonendonator und Protonenakzeptor zu.

3 Gibt man Salzsäure zu Calciumkörnern, entwickelt sich u. a. Wasserstoff.

  a Formuliere die Reaktionsgleichung und benenne die weiteren Reaktionsprodukte.

  b Entwickle die Ionengleichungen für die Elektronenaufnahme und -abgabe und ordne diesen Teilreaktionen die Begriffe Oxidation und Reduktion zu.

  c Berechne das entstehende Volumen an Wasserstoff unter Normbedingungen bei der Reaktion von 4 g Calcium mit Salzsäure.

4 Alkalische Lösungen werden in vielen Bereichen benötigt.

  a Nenne zwei Beispiele für alkalische Lösungen.

  b Nenne die typischen Teilchen einer alkalischen Lösung und erläutere zwei Möglichkeiten für ihre Bildung.

5 Ammoniak färbt trockenes Universalindikatorpapier nicht. Ein Stück feuchtes Indikatorpapier wird dagegen in Ammoniakgas sofort blau. Erläutere die Vorgänge.

6 Soda (Na_2CO_3) löst sich leicht in Wasser. Prüft man die Lösung mit Unitest, verfärbt sie sich blau.

  a Deute die Beobachtung.

  b Entwickle eine Reaktionsgleichung, die deine Beobachtung stützt.

  c Deute die Reaktion auf Teilchenebene mithilfe der Säure-Base-Theorie nach BRÖNSTED.

7 In einem medizinischen Labor wird eine Urinprobe untersucht. Der pH-Wert der Urinprobe beträgt pH = 5,0.

  a Begründe, ob es sich bei dieser Probe um eine saure, neutrale oder alkalische Lösung handelt.

  b Ermittle die Stoffmengenkonzentrationen an Oxonium- und Hydroxid-Ionen in dieser Urinprobe.

  c Vergleiche die Stoffmengenkonzentrationen an Oxonium- und Hydroxid-Ionen in der Urinprobe mit den Stoffmengenkonzentrationen in einer neutralen Lösung. Gib jeweils die Faktoren an.

8 Neutralisationen sind wichtige chemische Reaktionen.

  a Erläutere den Begriff Neutralisation an der Reaktion von Kalilauge mit Schwefelsäure.

  b Formuliere für diese Neutralisation die ausführliche Ionengleichung.

  c Erläutere an dieser Neutralisation die Protonenübertragung. Benenne Protonendonator und Protonenakzeptor.

9 Das alkalische Abwasser eines Industriebetriebs wird mit Salzsäure [c(HCl) = 0,2 $\frac{mol}{l}$] titriert. Bei der Titration von 20 ml dieses Abwassers beträgt der Verbrauch an Salzsäure V(HCl) = 15,6 ml.

  a Beschreibe den Ablauf der Titration unter Verwendung der Fachsprache.

  b Berechne die Stoffmengenkonzentration der Lauge im Abwasser unter der Annahme, dass das alkalische Abwasser nur Kalilauge enthält.

Hilfe zu den Aufgaben findest du auf den Seiten …			
1	116 ff.	**6**	120
2	117 ff.	**7**	134 f.
3	122 f.	**8**	132 f.
4	128 f.	**9**	136 f.
5	129		

▶ Die Lösungen findest du im Anhang.

Weitergedacht

■ Material A: Saurer Sprudel selbst gemacht

Um sich das Schleppen schwerer Mineralwasserkisten zu ersparen, stellen viele Verbraucher ihr Sprudelwasser mit einem Wassersprudler selbst her. Dabei wird gasförmiges Kohlenstoffdioxid aus einer Druckflasche in eine verschlossene Flasche mit Leitungswasser geleitet.

- „Bitte zur Zubereitung möglichst gekühltes Wasser verwenden."
- „Durch mehrmaliges Betätigen des Dosierknopfs kann der Kohlensäuregehalt erhöht werden."
- „Um den Geschmack Ihres hergestellten Tafelwassers zu erhalten, sollten Sie die Flasche stets gut verschließen."

A1 Aus einer Bedienungsanleitung ...

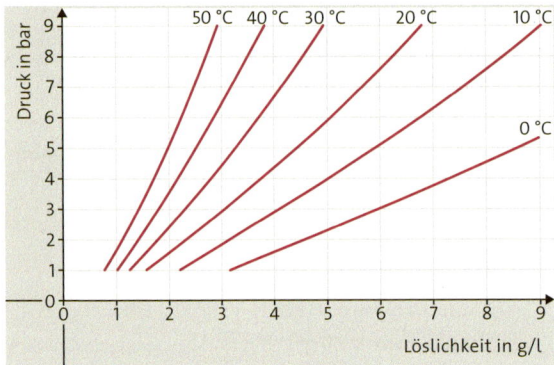

A2 Löslichkeit von Kohlenstoffdioxid in Wasser

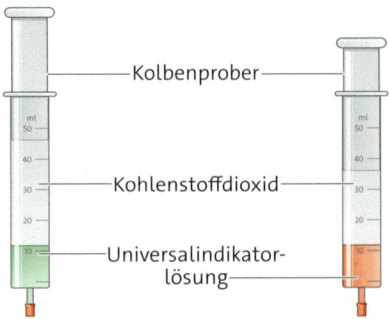

A3 Löslichkeitsversuch von Kohlenstoffdioxid in Wasser (schematisch)

1 Die Löslichkeit von Kohlenstoffdioxid in Wasser hängt von der Temperatur und vom Druck ab.

   a Gib die Löslichkeit von Kohlenstoffdioxid in Wasser für 0 °C, 10 °C und 20 °C bei 1 bar sowie bei 2, 4 und 6 bar für 10 °C an (▸ A2).

   b Erkläre, warum beim Öffnen einer Sprudelflasche Kohlenstoffdioxid freigesetzt wird.

   c Erläutere die ersten beiden Hinweise aus der Bedienungsanleitung (▸ A1).

2 Mineralwasser wird auch als saurer Sprudel bezeichnet.

   a Beschreibe die Vorgänge, die beim Herunterdrücken des Stempels ablaufen (▸ A3).

   b Erläutere die Rotfärbung des Universalindikators bei Druck auf den Stempel anhand von Reaktionsgleichungen.

   c Erläutere den Begriff saurer Sprudel.

■ Material B: Weißer Rauch

Treffen die gasförmigen Stoffe Chlorwasserstoff und Ammoniak aufeinander, findet eine chemische Reaktion statt.

B1 Chlorwasserstoff reagiert mit Ammoniak.

1 Erläutere die Entstehung des weißen Rauchs. Benenne den entstandenen Stoff (▸ B1).

2 Stelle die Reaktionsgleichung auf.

   a Zeige, dass es sich um eine Säure-Base-Reaktion nach BRÖNSTED handelt.

   b Benenne die Teilchen, die als Protonendonator bzw. -akzeptor wirken.

3 Vergleiche das Experiment mit dem Lösen von Chlorwasserstoff bzw. Ammoniak in Wasser. Gehe vor allem auf die Unterschiede in den Reaktionen ein.

■ Material C: Schwefelsäure – ein Gefahrstoff

Im Januar 2011 ist das Tankschiff „Waldhof" bei St. Goarshausen im Rhein gekentert. Es hatte 2 400 Tonnen 96%ige Schwefelsäure geladen. Die Bergung war sehr schwierig, da bei eindringendem Wasser Explosionsgefahr durch entstehenden Wasserstoff herrschte.

Zudem bestand die Gefahr, dass die bei einem Bersten eines Tanks schlagartig frei werdenden Mengen Schwefelsäure das Rheinwasser stark erhitzen könnten. So ließ man schließlich rund 500 t der Ladung langsam und kontrolliert in den Rhein ab.

C1 Auszug aus einem Zeitungsartikel zu einem Tankerunglück

C2 Wärmebildaufnahme der „Waldhof" mit wärmeren Bereichen (rot)

1 Die Schwefelsäure wurde in mehreren Stahltanks transportiert.
  a Erläutere die Vorgänge beim Eindringen des Flusswassers in einen dieser Tanks (▸ **C1**, **C2**).
  b Erläutere, wie sich der Wasserstoff bei diesem Unglück gebildet hatte.
  c Stelle Vermutungen auf, warum konzentrierte Schwefelsäure in Stahltanks gefahrlos transportiert werden kann, verdünnte aber nicht.

2 Nenne zwei Folgen, die die schlagartige Freisetzung großer Mengen Schwefelsäure für die Fische in der Nähe der Unglücksstelle haben könnte.

■ Material D: Flusssäure

Die Flusssäure (Fluorwasserstoffsäure) ist eine stark ätzende und giftige Säure. Sie ist in der Lage, Glas zu zersetzen. Deshalb kann man Flusssäure – im Gegensatz zu den meisten chemischen Substanzen – nicht in Glasflaschen aufbewahren. Zur Gewinnung der Flusssäure werden große Mengen Calciumfluorid (Flussspat) benötigt.

Geätztes Glas

D1 Lexikoneintrag

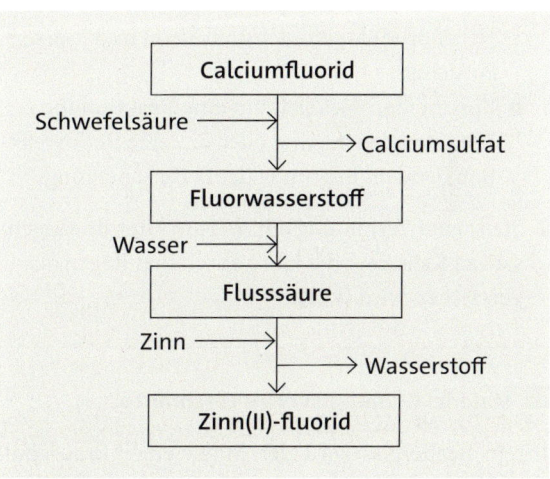

D2 Gewinnung von Flusssäure und Zinn(II)-fluorid, das zur Kariesprophylaxe in Zahnpasta verwendet wird

1 Beschreibe das angegebene Fließschema (▸ **D1**, **D2**) und gib die Formeln aller beteiligten Stoffe an.

2 Formuliere für die in der Übersicht (▸ **D2**) dargestellten Reaktionen die chemischen Gleichungen.

3 Zeige jeweils, dass
  a die Reaktion von Calciumfluorid mit Schwefelsäure eine Säure-Base-Reaktion ist (▸ **D2**).
  b die Bildung von Zinn(II)-fluorid aus Flusssäure eine Redoxreaktion ist (▸ **D2**).

■ Material E: Korrosion von Kalkstein

Bau- und Kunstwerke aus Kalkstein, Marmor oder Sandstein werden von saurem Regen angegriffen. Dabei reagiert Kalk (Calciumcarbonat) mit der im Niederschlag gelösten Schwefelsäure zu Gips (Calciumsulfat). Der Gips nimmt ein größeres Volumen ein als der ursprüngliche Kalk und wird durch nachfolgende Regenfälle ausgewaschen. Auf diese Weise wird das Material nach und nach abgetragen. Sorgfältig ausgearbeitete Skulpturen verwandeln sich in detaillose Gebilde.

E1 Frei stehende Skulptur: **a** 1908, **b** 1969

1 Im Text wird ein chemischer Vorgang beschrieben.
  a Formuliere die Reaktionsgleichung, bei der als Nebenprodukte Kohlenstoffdioxid und Wasser entstehen.
  b Entscheide, ob es sich um eine Reaktion mit Protonenübertragung oder um eine Redoxreaktion handelt. Begründe deine Entscheidung.

2 Stelle eine Vermutung auf, warum Gips im Gegensatz zu Kalk über die Jahre durch den Regen ausgewaschen wird (▸ **E1**).

■ Material F: Rauchgasentschwefelung

Bei einem Verfahren zur Rauchgasentschwefelung in Kohlekraftwerken wird das Schwefeldioxid in den Abgasen durch eine Calciumhydroxid-Aufschlämmung (Kalkmilch) geleitet. Dabei reagiert das Schwefeldioxid mit Wasser zu schwefliger Säure, die anschließend neutralisiert wird. Bei der Reaktion entsteht u. a. Calciumsulfit als Zwischenprodukt, das dann durch Luftsauerstoff zu Calciumsulfat (Gips) oxidiert. In modernen Anlagen können so mehr als 95 % des Schwefeldioxids aus dem Rauchgas entfernt werden.

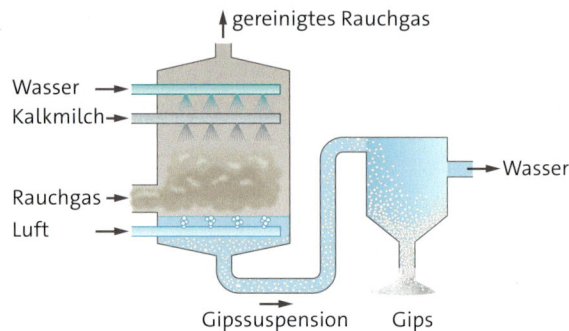

F1 Schema einer Rauchgasentschwefelungsanlage

1 Durch eine Rauchgasentschwefelungsanlage wird Schwefeldioxid aus dem Rauchgas entfernt.
  a Entwickle ein passendes Fließschema.
  b Formuliere die drei Reaktionsgleichungen der dabei ablaufenden Vorgänge.

2 In einer Rauchgasentschwefelungsanlage fallen täglich 1300 t Calciumsulfat an. Berechne das Volumen an Schwefeldioxid, das täglich aus dem Rauchgas entfernt wird.

■ Material G: Backpulver als Löschmittel

In ein Becherglas wird der Inhalt einer Brausepulverpackung gegeben und ein brennendes Teelicht dazugestellt. Nachdem etwas Wasser auf das Pulver getropft wurde, konnte das Ausgehen der Kerze beobachtet werden.

Zutaten: Zucker, Weinsäure, Natriumhydrogencarbonat, Süßstoffe, Farbstoffe

G1 Inhaltsstoffe im Brausepulver

1 Bei der Zugabe von Wasser schäumt das Pulver ein wenig auf, ohne aber dabei die Flamme der Kerze zu berühren.
  a Stelle eine Vermutung auf, wodurch die Kerzenflamme gelöscht wurde. Begründe deine Vermutung.
  b Formuliere die Reaktionsgleichung für die Bildung des eigentlichen Löschmittels (▸ **G1**).

Material H: Leitfähigkeitstitration

Statt mithilfe eines Indikators kann die Stoffmengen-konzentration einer unbekannten Lösung bei der Titration auch über die Messung der elektrischen Leitfähigkeit der Analysenlösung ermittelt werden.

Für die elektrische Leitfähigkeit einer wässrigen Lösung sind die in ihr enthaltenen frei beweglichen Ionen verantwortlich. Dabei gilt u. a.: Je geringer die Anzahl der Ionen in 1 Liter Lösung, desto geringer ist auch die elektrische Leitfähigkeit der Lösung.

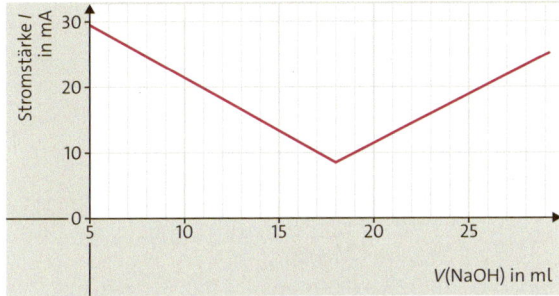

H1 Grafische Darstellung der Abhängigkeit der elektrischen Leitfähigkeit der Salzsäure vom zugegebenen Volumen der Natronlauge

1 Im Diagramm ist die elektrische Leitfähigkeit der Analysenlösung während der Titration dargestellt (▸ H1).

  a Beschreibe den Verlauf der elektrischen Leitfähigkeit während der Titration.

  b Erläutere die Vorgänge auf der Teilchenebene, wenn man Salzsäure mit Natronlauge neutralisiert und anschließend weiter Natronlauge zugibt.

  c Erkläre, warum zu keinem Zeitpunkt der Titration die elektrische Leitfähigkeit auf null absinkt.

2 Im Versuch wurden 21 ml einer Salzsäure unbekannter Konzentration mit einer Natronlauge $c(NaOH) = 0{,}35$ mol/l titriert.

  a Ermittle aus ▸ **H1** den Verbrauch an Natronlauge bis zur Neutralisation der Salzsäure. Begründe deine Wahl.

  b Berechne die Konzentration der Salzsäure.

Material I: Wenn der pH-Wert nicht stimmt!

Seit 150 Jahren nimmt der Volumenanteil an Kohlen-stoffdioxid in der Atmosphäre durch die Verbrennung fossiler Brennstoffe wie Erdöl und Kohle ständig zu. Das Kohlenstoffdioxid löst sich auch in den Meeren, wo der pH-Wert immer geringer wird. Der pH-Wert der Ozeanoberfläche ist in den letzten 150 Jahren um 0,1 gesunken und liegt derzeit bei pH = 8,2. Bis 2100 erwarten Wissenschaftler eine weitere Absenkung um 0,5 auf pH = 7,7.

I1 Sinkt der pH-Wert der Meere weiter, lösen sich die Kalkskelette der Korallen auf.

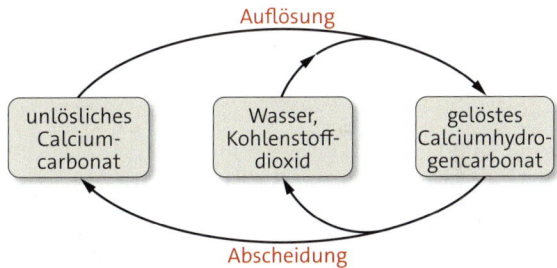

I2 Schematische Darstellung des Kalkkreislaufs, der das Auflösen von Calciumcarbonat erklärt

1 Erläutere unter Zuhilfenahme von Reaktions-gleichungen, wie es zur Absenkung des pH-Werts der Meere kommt.

2 Erläutere mithilfe des Schemas (▸ **I2**), wieso der Eintrag von Kohlenstoffdioxid in die Meere eine Gefahr für Muscheln und Kalkriffe darstellt.

3 Stelle eine begründete Vermutung auf, ob der Anstieg der Durchschnittstemperaturen der Meere durch die globale Erderwärmung das Absenken des pH-Werts weiter verstärkt.

Lösungen der Teste-dich-Aufgaben

Quantitative Betrachtungen (Seite 19)

1 a) $n(\text{Al}) = 3\,\text{mol}$

b) $n(\text{MgO}) = 0,6\,\text{mol}$

c) $n(\text{C}) = 4\,\text{mol}$

d) $n(\text{Ca}) = 200\,\text{mol}$

e) $n(\text{H}_2) = 4,3\,\text{mol}$

f) $n(\text{CO}_2) = 0,002\,\text{mol} = 2\,\text{mmol}$

2 a) $\text{SiO}_2\,(s) + \text{C}\,(s) \longrightarrow \text{Si}\,(s) + \text{CO}_2\,(g)$

b) Gegeben: $m(\text{Si}) = 5,6\,\text{kg} = 5\,600\,\text{g}$

$\qquad\qquad M(\text{Si}) = 28\,\tfrac{\text{g}}{\text{mol}}$

$\qquad\qquad M(\text{SiO}_2) = 60\,\tfrac{\text{g}}{\text{mol}}$

Gesucht: $\quad m(\text{SiO}_2)$

Lösung:

$$n(\text{Si}) = \frac{m(\text{Si})}{M(\text{Si})} = \frac{5\,600\,\text{g}}{28\,\frac{\text{g}}{\text{mol}}} = 200\,\text{mol}$$

Es gilt (aus der Reaktionsgleichung):

$n(\text{SiO}_2) : n(\text{Si}) = 1 : 1$

$\rightarrow n(\text{SiO}_2) = n(\text{Si}) = 200\,\text{mol}$

$m(\text{SiO}_2) = n(\text{SiO}_2) \cdot M(\text{SiO}_2)$

$\qquad\quad = 200\,\text{mol} \cdot 60\,\tfrac{\text{g}}{\text{mol}} = 12\,000\,\text{g} = \underline{12\,\text{kg}}$

Um 5,6 kg Silicium herzustellen müssen 12 kg Sand umgesetzt werden.

c) Gegeben: $\quad m(\text{C}) = 12\,\tfrac{\text{g}}{\text{mol}}$

$\qquad\qquad M(\text{CO}_2) = 44\,\tfrac{\text{g}}{\text{mol}}$

$\qquad\qquad V_{\text{m}} = 24\,\tfrac{\text{l}}{\text{mol}}$

Gesucht: $\qquad m(\text{C})$

$\qquad\qquad V(\text{CO}_2)$

Lösung:

Es gilt (aus der Reaktionsgleichung):

$n(\text{C}) : n(\text{CO}_2) : n(\text{Si}) = 1 : 1 : 1$

$\rightarrow n(\text{C}) = n(\text{Si}) = 200\,\text{mol}; n(\text{CO}_2) = n(\text{Si}) = 200\,\text{mol}$

$m(\text{C}) = n(\text{C}) \cdot M(\text{C})$

$\qquad\quad = 200\,\text{mol} \cdot 12\,\tfrac{\text{g}}{\text{mol}} = 2\,400\,\text{g} = \underline{2,4\,\text{kg}}$

$V(\text{CO}_2) = n(\text{CO}_2) \cdot V_{\text{m}}$

$\qquad\quad = 200\,\text{mol} \cdot 24\,\tfrac{\text{l}}{\text{mol}} = \underline{4\,800\,\text{l}}$

Bei der Herstellung von 5,6 kg Silicium werden 2,4 kg Kohlenstoff benötigt und es entstehen 4 800 l Kohlenstoffdioxid.

3 a) $\text{H}_2\,(g) + \text{Cl}_2\,(g) \longrightarrow 2\,\text{HCl}\,(g)$

b) Aus der Reaktionsgleichung ist ablesbar, dass 1 mol Wasserstoff und 1 mol Chlorgas zu 2 mol Chlorwasserstoff reagieren. Der Satz von Avogadro besagt, dass gleiche Gasvolumina unter gleichen Bedingungen die gleiche Teilchenanzahl enthalten, d. h., zur vollständigen Umsetzung von 24 ml Chlor- gas sind 24 ml Wasserstoff notwendig, bei der 48 ml Chlorwasserstoff entstehen.

c) Gegeben: $V(\text{Cl}_2) = 24\,\text{ml} = 0,024\,\text{l}$

$\qquad\qquad V(\text{H}_2) = 24\,\text{ml} = 0,024\,\text{l}$

$\qquad\qquad V(\text{HCl}) = 48\,\text{ml} = 0,048\,\text{l}$

$\qquad\qquad M(\text{Cl}_2) = 70,9\,\tfrac{\text{g}}{\text{mol}}$

$\qquad\qquad M(\text{H}_2) = 2\,\tfrac{\text{g}}{\text{mol}}$

$\qquad\qquad M(\text{HCl}) = 36,5\,\tfrac{\text{g}}{\text{mol}}$

$\qquad\qquad V_{\text{m}} = 22,4\,\tfrac{\text{l}}{\text{mol}}$

Gesucht: $\quad m(\text{Cl}_2)$

$\qquad\qquad m(\text{H}_2)$

$\qquad\qquad m(\text{HCl})$

Lösung: $\quad m(\text{Cl}_2) = M(\text{Cl}_2) \cdot n(\text{Cl}_2)$

Zur Berechnung der Masse muss zuvor die Stoffmenge der Gasportion ermittelt werden.

$$n(\text{Cl}_2) = \frac{V(\text{Cl}_2)}{V_{\text{m}}} = \frac{0,024\,\text{l}}{22,4\,\frac{\text{l}}{\text{mol}}} = 0,0011\,\text{mol}$$

$m(\text{Cl}_2) = 70,9\,\tfrac{\text{g}}{\text{mol}} \cdot 0,0011\,\text{mol} = \underline{0,076\,\text{g}} = \underline{76\,\text{mg}}$

Es gilt: $n(\text{Cl}_2) = n(\text{H}_2) = 1/2 \cdot n(\text{HCl})$

$m(\text{H}_2) = M(\text{H}_2) \cdot n(\text{H}_2) = 2\,\tfrac{\text{g}}{\text{mol}} \cdot 0,0011\,\text{mol}$

$m(\text{H}_2) = \underline{0,002\,\text{g}} = \underline{2\,\text{mg}}$

$m(\text{HCl}) = M(\text{HCl}) \cdot n(\text{HCl}) = 36,5\,\tfrac{\text{g}}{\text{mol}} \cdot 0,021\,\text{mol}$

$m(\text{HCl}) = \underline{0,078\,\text{g}} = \underline{78\,\text{mg}}$

Aus 76 mg Chlorgas entstehen mit 2 mg Wasserstoff 78 mg Chlorwasserstoff.

4 a) $2\,\text{Ag}_2\text{O}\,(s) \longrightarrow 4\,\text{Ag}\,(s) + \text{O}_2\,(g) \mid$ endotherm

b) Gegeben: $\quad m(\text{Ag}_2\text{O}) = 10\,\text{kg} = 10\,000\,\text{g}$

$\qquad\qquad M(\text{Ag}) = 108\,\tfrac{\text{g}}{\text{mol}}$

$\qquad\qquad M(\text{Ag}_2\text{O}) = 232\,\tfrac{\text{g}}{\text{mol}}$

Gesucht: $\quad m(\text{Ag})$

Lösung:

$$n(\text{Ag}_2\text{O}) = \frac{m(\text{Ag}_2\text{O})}{M(\text{Ag}_2\text{O})} = \frac{10\,000\,\text{g}}{232\,\frac{\text{g}}{\text{mol}}} = 43,1\,\text{mol}$$

Es gilt (aus der Reaktionsgleichung):

$n(\text{Ag}) : n(\text{Ag}_2\text{O}) = 4 : 2 = 2 : 1$

$\rightarrow n(\text{Ag}) = 2 \cdot n(\text{Ag}_2\text{O}) = 2 \cdot 43,1\,\text{mol} = 86,2\,\text{mol}$

$m(\text{Ag}) = n(\text{Ag}) \cdot M(\text{Ag})$

$= 86,2\,\text{mol} \cdot 108\,\tfrac{\text{g}}{\text{mol}} = 9\,310\,\text{g} = 9,31\,\text{kg}$

Bei der Thermolyse von 10 kg Silberoxid entstehen 9,31 kg Silber.

c) Gegeben: $\quad m(\text{Ag}_2\text{O}) = 10\,\text{kg}$

$\qquad\qquad m(\text{Ag}) = 9,31\,\text{kg}$

$\qquad\qquad M(\text{O}_2) = 32\,\tfrac{\text{g}}{\text{mol}}$

$\qquad\qquad V_{\text{m}} = 24\,\tfrac{\text{l}}{\text{mol}}$

Gesucht: $m(O_2)$

$\qquad\qquad V(O_2)$

Lösung:

Aufgrund der Massenerhaltung gilt:

$m(O_2) = m(Ag_2O) - m(Ag)$

$m(O_2) = 10\,\text{kg} - 9{,}31\,\text{kg} = \underline{0{,}69\,\text{kg}}$

$V(O_2) = n(O_2) \cdot V_m$

Berechnung von $n(O_2)$:

$n(O_2) = \dfrac{m(O_2)}{M(O_2)} = \dfrac{690\,\text{g}}{32\,\frac{\text{g}}{\text{mol}}} = 21{,}56\,\text{mol}$

$V(O_2) = 21{,}56\,\text{mol} \cdot 24\,\frac{\text{l}}{\text{mol}} = \underline{517{,}5\,\text{l}}$

Bei der Thermolyse von 10 kg Silberoxid entstehen 0,69 kg Sauerstoff, die bei Raumtemperatur ein Volumen von 517,5 Litern einnehmen.

5 a) Na_2O: $M(Na_2O) = 2 \cdot M(1\,\text{Na}) + M(1\,\text{O})$

$\qquad\qquad = 2 \cdot 23\,\frac{\text{g}}{\text{mol}} + 16\,\frac{\text{g}}{\text{mol}} = 62\,\frac{\text{g}}{\text{mol}}$

$\quad Fe_2O_3$: $M(Fe_2O_3) = 2 \cdot M(1\,\text{Fe}) + 3 \cdot M(1\,\text{O})$

$\qquad\qquad = 2 \cdot 56\,\frac{\text{g}}{\text{mol}} + 3 \cdot 16\,\frac{\text{g}}{\text{mol}} = 160\,\frac{\text{g}}{\text{mol}}$

$\quad CaCO_3$:

$\quad M(CaCO_3) = M(1\,\text{Ca}) + M(1\,\text{C}) + 3 \cdot M(1\,\text{O})$

$\qquad\qquad = 40\,\frac{\text{g}}{\text{mol}} + 12\,\frac{\text{g}}{\text{mol}} + 3 \cdot 16\,\frac{\text{g}}{\text{mol}} = 100\,\frac{\text{g}}{\text{mol}}$

b) Gegeben: $m(Mg) = 12\,\text{g}$

$\qquad\qquad M(Mg) = 24\,\frac{\text{g}}{\text{mol}}$

$\quad$ Gesucht: $n(Mg)$

$\qquad\qquad N(\text{Mg-Atome})$

$\quad$ Lösung:

$\quad n(Mg) = \dfrac{m(Mg)}{M(Mg)} = \dfrac{12\,\text{g}}{24\,\frac{\text{g}}{\text{mol}}} = \underline{0{,}5\,\text{mol}}$

$\quad N(\text{Mg-Atome}) = n(Mg) \cdot N_A$

$\qquad\qquad = 0{,}5\,\text{mol} \cdot 6{,}0 \cdot 10^{23}\,\frac{\text{g}}{\text{mol}} = \underline{3{,}0 \cdot 10^{23}}$

Die Stoffmenge für 12 g Magnesium beträgt 0,5 mol. Die Stoffportion enthält $3 \cdot 10^{23}$ Magnesiumatome. Die Berechnung der anderen Größen erfolgt analog.

Achtung: 1,068 kg entsprechen 1068 g.

$M(FeO) = 72\,\frac{\text{g}}{\text{mol}}$; $n(FeO) = 0{,}2\,\text{mol}$

$N(\text{FeO-Baueinheiten}) = 1{,}2 \cdot 10^{23}$

$M(AlBr_3) = 267\,\frac{\text{g}}{\text{mol}}$; $n(AlBr_3) = 4\,\text{mol}$

$N(\text{AlBr}_3\text{-Baueinheiten}) = 2{,}4 \cdot 10^{24}$

c) Gegeben: $n(Cu_2O) = 2\,\text{mol}$

$\qquad\qquad M(Cu_2O) = 143\,\frac{\text{g}}{\text{mol}}$

$\quad$ Gesucht: $m(Cu_2O)$

$\quad$ Lösung: $m(Cu_2O) = n(Cu_2O) \cdot M(Cu_2O)$

$\qquad\qquad = 2\,\text{mol} \cdot 143\,\frac{\text{g}}{\text{mol}} = \underline{286\,\text{g}}$

2 mol entsprechen 286 g Kupferoxid.

Die Berechnung der anderen Größen erfolgt analog.

Achtung: 4 mmol entsprechen 0,004 mol und $9 \cdot 10^{23}$ entsprechen 1,5 mol.

$M(ZnO) = 81\,\frac{\text{g}}{\text{mol}}$; $m(ZnO) = 0{,}33\,\text{g}$

$m(\text{Kupfer}) = 95{,}3\,\text{g}$

6 a) $2\,\text{Mg (s)} + O_2\,\text{(g)} \longrightarrow 2\,\text{MgO (s)}$

b) Gegeben: $m(MgO) = 2\,\text{kg} = 2000\,\text{g}$

$\qquad\qquad M(MgO) = 40\,\frac{\text{g}}{\text{mol}}$

$\qquad\qquad M(Mg) = 24\,\frac{\text{g}}{\text{mol}}$

$\quad$ Gesucht: $m(Mg)$

$\quad$ Lösung:

$\quad n(MgO) = \dfrac{m(MgO)}{M(MgO)} = \dfrac{2000\,\text{g}}{40\,\frac{\text{g}}{\text{mol}}} = \underline{50\,\text{mol}}$

$\quad$ Es gilt: $n(MgO) : n(Mg) = 2 : 2 = 1 : 1$

$\quad \Rightarrow n(MgO) = n(Mg) = 50\,\text{mol}$

$\quad m(Mg) = n(Mg) \cdot M(Mg)$

$\qquad\qquad = 50\,\text{mol} \cdot 24\,\frac{\text{g}}{\text{mol}} = \underline{1200\,\text{g}}$

Es werden 1,2 kg Magnesium benötigt, um 2 kg Magnesia herzustellen.

7 a) $2\,\text{Mg (s)} + CO_2\,\text{(g)} \longrightarrow 2\,\text{MgO (s)} + \text{C (s)}$

b) Gegeben: $m(Mg) = 300\,\text{g}$

$\qquad\qquad M(Mg) = 24\,\frac{\text{g}}{\text{mol}}$

$\qquad\qquad M(MgO) = 40\,\frac{\text{g}}{\text{mol}}$

$\quad$ Gesucht: $n(Mg)$

$\qquad\qquad m(MgO)$

$\quad$ Lösung:

$\quad n(Mg) = \dfrac{m(Mg)}{M(Mg)} = \dfrac{300\,\text{g}}{24\,\frac{\text{g}}{\text{mol}}} = \underline{12{,}5\,\text{mol}}$

$\quad$ Es gilt: $n(MgO) = n(Mg) = 12{,}5\,\text{mol}$

$\quad m(MgO) = n(MgO) \cdot M(MgO)$

$\qquad\qquad = 12{,}5\,\text{mol} \cdot 40\,\frac{\text{g}}{\text{mol}} = \underline{500\,\text{g}}$

300 g Magnesium entsprechen einer Stoffmenge von 12,5 mol. Daraus entstehen in der Reaktion 500 g Magnesiumoxid.

c) Gegeben: $n(Mg) = 12{,}5\,\text{mol}$

$\qquad\qquad M(C) = 12\,\frac{\text{g}}{\text{mol}}$

$\qquad\qquad M(CO_2) = 44\,\frac{\text{g}}{\text{mol}}$

$\quad$ Gesucht: $m(CO_2)$

$\qquad\qquad m(C)$

$\quad$ Lösung:

$\quad$ Es gilt: $n(CO_2) : n(Mg) = 1 : 2$

$\quad \Rightarrow n(CO_2) = 6{,}25\,\text{mol}$

$\quad m(CO_2) = n(CO_2) \cdot M(CO_2)$

$\qquad\qquad = 6{,}25\,\text{mol} \cdot 44\,\frac{\text{g}}{\text{mol}} = \underline{275\,\text{g}}$

$\quad$ Es gilt: $n(C) = n(CO_2) = 6{,}25\,\text{mol}$

$\quad m(C) = n(C) \cdot M(C)$

$\qquad\qquad = 6{,}25\,\text{mol} \cdot 12\,\frac{\text{g}}{\text{mol}} = \underline{75\,\text{g}}$

Es müssen 275 g Kohlenstoffdioxid eingesetzt werden, die zu 75 g Kohlenstoff reagieren.

8 Gegeben: $m(TiO_2) = 2\,\text{t} = 2\,000\,000\,\text{g}$

$\qquad\qquad M(TiO_2) = 80\,\frac{\text{g}}{\text{mol}}$

$\qquad\qquad M(Ti) = 48\,\frac{\text{g}}{\text{mol}}$

Gesucht: $m(Ti)$

Lösung: $Ti (s) + O_2 (g) \longrightarrow TiO_2 (s)$

$$n(TiO_2) = \frac{m(TiO_2)}{M(TiO_2)} = \frac{2\,000\,000\,g}{48\,\frac{g}{mol}} = 25\,000\,mol$$

Es gilt: $n(Ti) = n(TiO_2) = 25\,000\,mol$

$m(Ti) = n(Ti) \cdot M(Ti)$

$\qquad = 25\,000\,mol \cdot 48\,\frac{g}{mol} = \underline{\underline{1\,200\,000\,g}} = \underline{\underline{1,2\,t}}$

Zur Herstellung von 2 t Titan(IV)-oxid werden 1,2 t Titan benötigt.

Elementfamilien (Seite 41)

1 a) Alkalimetalle, Erdalkalimetalle, Halogene, Edelgase

b) Alkalimetalle: Lithium, Natrium, Kalium, Rubidium, Caesium

Erdalkalimetalle: Beryllium, Magnesium, Calcium, Strontium, Barium

Halogene: Fluor, Chlor, Brom, Iod

Edelgase: Helium, Neon, Argon, Krypton, Xenon

2 Alkalimetalle sind sehr weich, leiten den elektrischen Strom und Wärme gut. Sie sind sehr reaktionsfreudig und überziehen sich an der Luft mit einer Oxidschicht. Erdalkalimetalle sind unedle Metalle von silberweißer Farbe mit einer geringen Dichte. An Luft überziehen sie sich mit einer Oxidschicht. Alle Erdalkalimetalle (außer Beryllium) reagieren mit Wasser.

3 a) Ein Magnesiastäbchen wird in 35%ige Salzsäure getaucht und in der nicht leuchtenden Brennerflamme bis zum Glühen erhitzt. Das Stäbchen ist dann in die Probe und anschließend erneut in die nicht leuchtende Brennerflamme zu halten.

b) Natriumverbindungen: gelb; Lithiumverbindungen: rot; Strontiumverbindungen: rot; Bariumverbindungen: grün

4 An feuchter Luft reagieren die Alkalimetalle mit dem in der Luft enthaltenen Wasser(dampf). In trockener Luft befindet sich kein Wasser(dampf), sodass nur die langsamere Reaktion mit dem Sauerstoff der Luft stattfinden kann.

5 a) Das Stückchen Kalium bewegt sich unter Gasentwicklung auf der Wasseroberfläche lebhaft hin und her. Das Kalium schmilzt und es kommt zur Flammenbildung. Der Indikator im Wasser färbt sich violett.

Kalium reagiert mit Wasser in einer stark exothermen Reaktion. Es entsteht Kaliumhydroxid, das sich im Wasser löst und dabei eine alkalische Lösung bildet.

b) $2\,K (s) + 2\,H_2O (l)$
$\qquad\qquad \longrightarrow 2\,KOH (aq) + H_2 (g) \mid$ exotherm

6 Halogene sind Nichtmetalle. Im gasförmigen Zustand haben sie einen stechenden Geruch und sind Atemgifte. Halogene sind sehr reaktionsfähige Elemente.

7 Halogene sind Atemgifte und wirken reizend bzw. ätzend.

8 Alle Halogene bestehen aus zweiatomigen Molekülen.

9 a) $2\,Al (s) + 3\,Br_2 (l) \longrightarrow 2\,AlBr_3 (s) \mid$ exotherm

b) Reaktionsprodukt: Aluminiumbromid; Stoffklasse: Metallhalogenide

10 Magnesiumbromid:

Magnesium + Brom $\longrightarrow$ Magnesiumbromid

Alkalimetallhalogenide: Lithiumchlorid, Natriumiodid, Kaliumfluorid

Erdalkalimetallhalogenide: Magnesiumbromid, Calciumchlorid, Bariumiodid

11 Der menschliche Körper benötigt Magnesium-, Calcium- und Chlorverbindungen beispielsweise für die Muskeltätigkeit. Bei starker körperlicher Aktivität werden mit dem Schweiß auch Mineralien abgegeben, sodass es zu Mineralstoffmangel kommen kann. Dies wird durch Mineralienzufuhr mit der Nahrung verhindert.

12 Edelgase sind sehr reaktionsträge und gehen in der Umwelt keine Verbindungen ein. Demgegenüber sind Alkalimetalle, Erdalkalimetalle und Halogene sehr reaktiv und kommen in der Natur nur chemisch gebunden in Verbindungen vor.

13 Helium hat eine geringere Dichte als Luft und ist sehr reaktionsträge.

Atombau und Periodensystem der Elemente (Seite 65)

1 Eine dünne Goldfolie (ca. 1 000 Atomlagen) wurde mit Alpha-Strahlung (positiv geladene Teilchen) beschossen. Um die Goldfolie herum war ein Leuchtschirm aufgebaut, mit dem man die Alpha-Strahlung sichtbar machen konnte.

Beobachtungen: Der Großteil der Alpha-Teilchen passierte die Goldfolie ungehindert. Ein Teil der Teilchen wurde dabei aber von seiner geradlinigen Flugbahn abgelenkt. Etwa 1 von 100 000 Teilchen wurde an der Folie zurückgeworfen.

Deutung: Die Beobachtungen lassen sich mit dem Kern-Hülle-Modell der Atome deuten. Es besagt, dass Atome aus einer riesigen, fast leeren Atomhülle bestehen, in der sich die Elektronen aufhalten. Diese Hülle kann von den Alpha-Teilchen ungehindert passiert werden. Lediglich der sehr kleine Atomkern ist massiv. Er ist positiv geladen und vereint 99,9 % der Atommasse. Treffen Alpha-Teilchen direkt auf den Kern, werden sie zurückgeworfen. Durch die positive Ladung des Atomkerns wird zudem ein Teil der Alpha-Strahlung abgelenkt.

2

Isotop	Anzahl Protonen	Anzahl Elektronen	Anzahl Neutronen	OZ
$^{3}_{2}$He	2	2	1	2
$^{4}_{2}$He	2	2	2	**2**
$^{54}_{26}$Fe	26	26	28	26
$^{56}_{26}$Fe	26	26	30	26
$^{37}_{17}$Cl	17	17	20	17

3 a) Die Atome des Elements Kupfer unterscheiden sich in der Anzahl der Neutronen im Atomkern. 69,2 % der Kupferatome haben 34 Neutronen, sie sind die $^{63}_{29}$Cu-Isotope. 30,8 % der Kupferatome haben hingegen 36 Neutronen. Die beiden Isotope des Kupfers haben unterschiedliche Massen.
b) $m = 62,93\,u \cdot 0,692 + 64,93\,u \cdot 0,308 = 63,55\,u$
Die durchschnittliche Atommasse für Kupfer aus den beiden Isotopen beträgt 63,55 u.

4 Thomson ging davon aus, dass Atome eine innere Struktur besitzen. Ein Atom besteht aus einer positiv geladenen Masse (Kuchenteig), in der sich die negativ geladenen Elektronen gleichmäßig verteilen (Rosinen).
Auch im Atommodell von Rutherford besitzen die Atome eine innere Struktur. Ein Atom besteht aus einem Atomkern aus positiv elektrisch geladenen Protonen und einer im Vergleich dazu riesigen Atomhülle, in der sich die negativ elektrisch geladenen Elektronen mit großer Geschwindigkeit bewegen. Beiden Modellen gemeinsam ist, dass Atome aus Elektronen bestehen, deren negative Ladung durch eine gleich große positive Ladung ausgeglichen wird. Atome sind elektrisch neutral. Zudem sind Atome unvorstellbar kleine Teilchen, die das chemische Verhalten und den Bau eines Elements bestimmen.

5

Element	Elementfamilie	Hauptgruppe
Kalium Rubidium Caesium	Alkalimetalle	I
Beryllium Strontium Barium	Erdalkalimetalle	II
Fluor Brom Iod	Halogene	VII
Helium Krypton Xenon	Edelgase	VIII

6

7 Ein Schwefelatom besitzt 16 Elektronen. Hätten alle Elektronen im Schnitt die gleiche Entfernung zum Kern, so müsste die Ionisierungsenergie mit jeder weiteren Abspaltung eines Elektrons kontinuierlich zunehmen. Stattdessen beobachtet man, dass im Schwefelatom drei Gruppen von Elektronen existieren, die sich jeweils auf einem ähnlichen Energieniveau befinden. Die Entdeckung der Abstufungen in den Ionisierungsenergien konnte nur mit einer differenzierten Atomhülle erklärt werden.

8 Das Schalenmodell der Atomhülle besagt, dass die Atomhülle in Elektronenschalen gegliedert ist. In einer Elektronenschale halten sich Elektronen mit etwa gleicher Energie in gleichem Abstand zum Atomkern auf. In einem Aluminiumatom befinden sich nach dem Schalenmodell der Atomhülle zwei Elektronen auf der 1. Schale (der innersten), acht Elektronen auf der 2. Schale und drei Elektronen auf der 3. Schale (der äußeren).

9

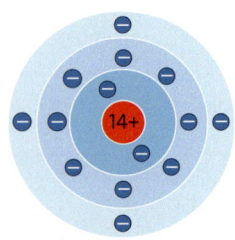

Schalenmodell
des Siliciumatoms

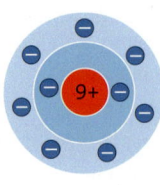

Schalenmodell
des Fluoratoms

10 $\overset{.}{Li}$ $|\overline{\underline{Kr}}|$ $\overset{.}{Ca}$ $|\overline{\underline{Br}}|$ $|\overset{..}{\underset{.}{N}}\cdot$

11 Wasserstoffatome besitzen ein Proton im Kern und ein Elektron in der Atomhülle. Mit der Ordnungszahl 1 steht Wasserstoff im Periodensystem der Elemente an 1. Stelle. Er steht in der 1. Periode, weil seine Atome nur eine Elektronenschale aufweisen. Mit nur einem Elektron in der Elektronenschale wird Wasserstoff in die I. Hauptgruppe gestellt, in der die Elemente stehen, deren Atome jeweils ein Elektron in der äußeren Schale aufweisen.

12 a) Helium könnte auch in der II. Hauptgruppe in der 1. Periode stehen. Heliumatome haben wie alle anderen Atome der Elemente der II. Hauptgruppe zwei Valenzelektronen.
b) In den Gruppen des Periodensystems stehen Elemente, die sich chemisch sehr ähnlich sind. Sie bilden Elementfamilien. Helium ist sehr reaktionsträge und bei Raumtemperatur ein einatomiges Gas. Es gehört zu den Edelgasen. Die Elemente der II. Hauptgruppe bilden die Elementfamilie der reaktionsfreudigen Erdalkalimetalle. Auch vom Atombau passt es besser in die VIII. Hauptgruppe, da die erste Elektronenschale mit zwei Valenzelektronen abgeschlossen ist und im Gegensatz zu allen anderen Elektronenschalen die Edelgasregel erfüllt.

13 Aluminiumatome haben 13 Protonen und 13 Elektronen entsprechend der Ordnungszahl 13. Die Anzahl der drei Elektronenschalen entspricht der Stellung des Elements in der 3. Periode. Die Anzahl von drei Außenelektronen lässt sich aus seiner Stellung in der III. Hauptgruppe ableiten.
Phosphoratome haben 15 Protonen und 15 Elektronen entsprechend der Ordnungszahl 15. Die Anzahl der Elektronenschalen beträgt 3 entsprechend der Stellung des Elements in der 3. Periode. Die Anzahl von 5 Außenelektronen entspricht der Stellung des Elements in der V. Hauptgruppe.
Neonatome haben 10 Protonen und 10 Elektronen entsprechend der Ordnungszahl 10. Die 10 Elek-

tronen verteilen sich auf zwei Elektronenschalen entsprechend der Stellung des Elements in der 2. Periode. Die 2. Elektronenschale ist mit 8 Elektronen voll besetzt; 8 Außenelektronen entsprechend der Stellung in der VIII. Hauptgruppe. Neon gehört zu den Edelgasen, daher weisen Neonatome diese stabile Elektronenanordnung, die Edelgaskonfiguration, auf.

14 a) Das Element mit der Ordnungszahl 38 ist das Element Strontium. Strontiumatome haben 38 Protonen im Atomkern und 38 Elektronen in der Atomhülle. Die Elektronen verteilen sich auf 5 Elektronenschalen (entsprechend der 5. Periode des PSE). Zwei der Elektronen sind Außenelektronen (entsprechend der II. Hauptgruppe).
b) Strontium ist ein Metall, als Element der II. Hauptgruppe ein Erdalkalimetall mit charakteristischen Metalleigenschaften, wie elektrischer Leitfähigkeit, Wärmeleitfähigkeit und Glanz.

15 Das Gesetz der Periodizität besagt, dass die gleiche Anzahl Außenelektronen eine Ähnlichkeit in den chemischen Eigenschaften der Elemente bedingen. Die Atome der Erdalkalimetalle besitzen jeweils zwei Außenelektronen. Auch in ihren Eigenschaften und ihrem chemischen Verhalten weisen die Erdalkalimetalle Ähnlichkeiten auf. Es sind reaktionsfreudige Leichtmetalle, die in der Natur nur in ihren Verbindungen vorkommen. Mit Wasser reagieren sie zu Hydroxiden.

16 Aufgrund der gegebenen Atommassen lässt sich die Aufgabe in diesem Fall durch geschicktes Kombinieren lösen: rel. Häufigkeit von ^{12}C 99 % und rel. Häufigkeit von ^{13}C 1 %.
Überprüfung:
$0,01 \cdot 13\,u + 0,99 \cdot 12\,u = 12,01\,u$
Die Lösung lässt sich aber auch berechnen:
Wenn x die rel. Häufigkeit von ^{13}C und y die rel. Häufigkeit von ^{12}C ist, dann gilt:
$x \cdot 13\,u + y \cdot 12\,u = 12,01\,u$ und
$x + y = 1 \Leftrightarrow y = 1 - x$
Ersetzen von y:
$x \cdot 13\,u + (1 - x) \cdot 12\,u = 12,01\,u$
$x \cdot 13\,u + 12\,u - x \cdot 12\,u = 12,01\,u$
Es folgt:
$x = 0,01 = 1\,\%$ und
$y = 0,99 = 99\,\%$

Das ^{12}C-Isotop kommt mit einer relativen Häufigkeit von 99 % vor. Das ^{13}C-Isotop mit einer relativen Häufigkeit von 1 %.

Salze und Metalle – Elektronenübertragung (Seite 91)

1 Zinkchlorid ist eine Ionensubstanz, die aus zweifach positiv geladenen Zink-Ionen und einfach positiv geladenen Chlorid-Ionen aufgebaut ist. In der Lösung und in der Schmelze liegen diese Ionen als frei bewegliche Ladungsträger vor, die die elektrische Leitfähigkeit bewirken. Im festen Zinkchlorid bilden die Ionen ein Ionengitter, in dem die Ionen durch starke elektrostatische Kräfte zusammengehalten werden. Sie sind nicht frei beweglich und deshalb besitzt der Feststoff keine elektrische Leitfähigkeit.

2 Im elektrischen Feld wandern positiv elektrisch geladene Ionen (Kationen) zur Kathode, der Elektrode, die mit dem Minuspol der Spannungsquelle verbunden ist. Die negativ elektrisch geladenen Ionen (Anionen) wandern zur Anode, der Elektrode, die mit dem Pluspol der Spannungsquelle verbunden ist.

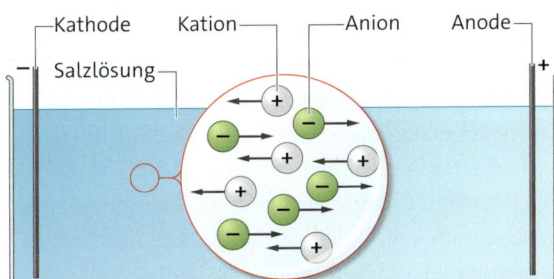

3 Art und Anzahl der Ladungen von Ionen lassen sich aus der Stellung der Elemente im Periodensystem ableiten: Entsprechend der Ordnungszahl 13 haben Aluminiumatome 13 Protonen und 13 Elektronen.

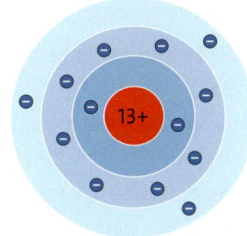

Die Anzahl der drei Elektronenschalen entspricht der Stellung des Elements in der 3. Periode. Die Anzahl von drei Außenelektronen lässt sich aus der Stellung des Aluminiums in der III. Hauptgruppe ableiten. Durch Abgabe der drei Außenelektronen wird die stabile Elektronenkonfiguration des Edelgases Neon erreicht (Edelgasregel). Deshalb weist

Aluminium in seinen Verbindungen häufig dreifach positiv geladene Ionen auf.

4 Die Atome erreichen durch Abgabe oder Aufnahme von Elektronen die stabile Edelgaskonfiguration.

Element	Haupt-gruppe	Anzahl Außenelektronen der Atome	Ionen	Entstehung der Ionen durch
Lithium	I	1	Li^+	Abgabe des einen Außenelektrons
Magnesium	II	2	Mg^{2+}	Abgabe der zwei Außenelektronen
Stickstoff	V	5	N^{3-}	Aufnahme von drei Außenelektronen
Sauerstoff	VI	6	O^{2-}	Aufnahme von zwei Elektronen
Fluor	VII	7	F^-	Aufnahme eines Elektrons

5 Natriumchlorid ist eine Ionenverbindung. Im Ionengitter liegen in regelmäßiger Anordnung einfach positiv geladene Natrium-Ionen und einfach negativ geladene Chlorid-Ionen vor. Jedes Natrium-Ion ist im Kristall von sechs Chlorid-Ionen umgeben und jedes Chlorid-Ion von sechs Natrium-Ionen.

6 Natriumchlorid ist eine Ionensubstanz. Im Ionengitter des Natriumchlorids wechseln sich positiv geladene Natrium-Ionen und negativ geladene Chlorid-Ionen regelmäßig ab. Beim Einwirken einer Kraft verschieben sich Ionenschichten entlang des gesamten Ionenkristalls. Gleichartig geladene Ionen stehen sich gegenüber und bewirken eine elektrostatische Abstoßung. Der Ionenkristall zerspringt entlang dieser Schicht in Bruchstücke mit glatten Flächen.

7 Salze sind Ionensubstanzen, die aus positiv geladenen Metallkationen und negativ geladenen Anionen aufgebaut sind. Durch die starke, allseitig wirkende Ionenbindung zwischen den ungleichnamig geladenen Ionen bilden sie bei Raumtemperatur regelmäßig aufgebaute Ionengitter, in denen alle Ionen ihren festen Platz haben. Erst bei sehr hohen Temperaturen können die Kräfte zwischen den Ionen überwunden werden.

8 a) $2\,K\,(s) + Cl_2\,(g) \longrightarrow 2\,KCl\,(s)$

                Kaliumchlorid

b)

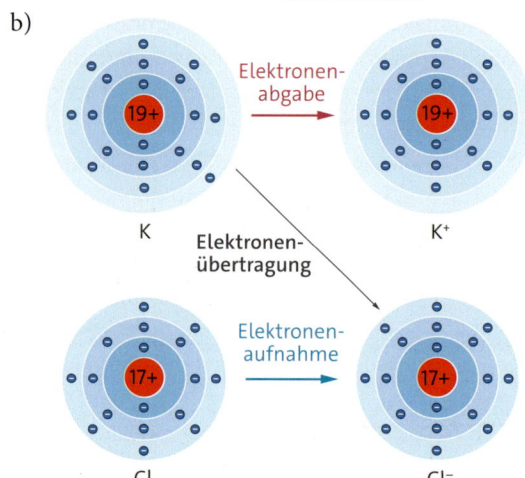

9 a) Elektronenabgabe/Oxidation:

$Zn \longrightarrow Zn^{2+} + 2\,e^-$

Elektronenaufnahme/Reduktion:

$2\,I + 2\,e^- \longrightarrow 2\,I^-$

Elektronenübertragung/Redoxreaktion:

$Zn + I_2 \longrightarrow ZnI_2$

b) Elektronendonator: Zinkatome

Elektronenakzeptor: Iodatome

c)

$$\underset{\text{Oxidation}}{\overset{\text{Reduktion}}{Zn\,(s) + I_2\,(s) \longrightarrow ZnI_2\,(s)}}$$

Reduktionsmittel: Zinkatome

Oxidationsmittel: Iodatome

10 Zu den Redoxreaktionen mit Sauerstoffübertragung gehören z. B. die Reduktionen von Metalloxiden durch unedle Metalle. Bei der Reaktion von schwarzem Kupferoxid mit Aluminium wird Sauerstoff vom Kupferoxid auf das Aluminium übertragen und es entstehen Kupfer und Aluminiumoxid.

$$\underset{\text{Oxidation}}{\overset{\text{Reduktion}}{3\,CuO\,(s) + 2\,Al\,(s) \longrightarrow 3\,Cu\,(s) + Al_2O_3\,(s)}}$$

Aus der Verbindung Kupferoxid (aufgebaut aus Kupfer-Ionen und Oxid-Ionen) entsteht elementares Kupfer (bestehend aus Kupferatomen). Dabei nehmen die zweifach positiv geladenen Kupfer-Ionen jeweils zwei Elektronen auf und Kupferatome entstehen. Gleichzeitig geben die Aluminiumatome jeweils drei Elektronen ab. Es entstehen dreifach

positiv geladene Aluminium-Ionen, die mit den Oxid-Ionen die Verbindung Aluminiumoxid bilden. Reduktion/Elektronenaufnahme:

$3\,Cu^{2+} + 6\,e^- \longrightarrow 3\,Cu$

Oxidation/Elektronenabgabe:

$2\,Al \longrightarrow 2\,Al^{3+} + 6\,e^-$

11 Das Aluminiumblech wird sich mit einer Kupferschicht überziehen, da Aluminium unedler als Kupfer ist. Aluminiumatome haben ein höheres Bestreben zur Elektronenabgabe als Kupferatome. Sie geben jeweils drei Elektronen ab. Es bilden sich Aluminium-Ionen. Aus den zweifach positiv geladenen Kupfer-Ionen der Lösung entstehen an der Aluminiumblechoberfläche Kupferatome durch Aufnahme von jeweils zwei Elektronen.

12 In der Zinkchloridlösung liegen Zink-Ionen und Chlorid-Ionen vor. Die zweifach positiv geladenen Zink-Ionen werden von der Kathode (Minuspol) angezogen, während die einfach negativ geladenen Chlorid-Ionen zur Anode (Pluspol) wandern. An der Kathode nehmen die Zink-Ionen jeweils zwei Elektronen auf und Zinkatome entstehen. Elementares Zink scheidet sich in Form eines grauen Belags ab. An der Anode geben die Chlorid-Ionen jeweils ein Elektron ab. Es bilden sich Chloratome, die sich zu Chlormolekülen verbinden. An der Anode steigt Chlor in Form kleiner Gasbläschen auf. Die Elektronenübertragungen werden durch den elektrischen Strom erzwungen, dabei wird ein Teil der elektrischen Energie in chemische Energie der reagierenden Stoffe umgewandelt. Die Elektrolyse verläuft daher endotherm.

Elektronenaufnahme an der Kathode:

$Zn^{2+} + 2\,e^- \longrightarrow Zn$

Elektronenabgabe an der Anode:

$2\,Cl^- \longrightarrow Cl_2 + 2\,e^-$

13 Beim Vergolden (Galvanisieren) werden Goldatome auf der Oberfläche eines Werkstücks mithilfe des elektrischen Stroms abgeschieden. Das Werkstück muss als Kathode (Minuspol) geschaltet werden, da die Goldatome durch Reduktion von elektrisch positiv geladenen Gold-Ionen aus einer Salzlösung gebildet werden.

14 a) CsBr

b) MgS

c) Ca_3N_2

d) Fe_2O_3

e) PbO_2

15 a) FeO: Fe^{2+} und O^{2-}

b) RbI: Rb^+ und I^-

c) Zn_2O: Zn^+ und O^{2-}

d) LiF: Li^+ und F^-

Stoffe aus Molekülen – Elektronenpaarbindung (Seite 109)

1 Tetrabromkohlenstoff (CBr_4):

$\cdot \overset{\cdot}{\underset{\cdot}{C}} \cdot$: 1 × 4 Bindungen

$|\overline{\underline{Br}}\cdot$: 4 × 1 Bindung

$\Rightarrow$

$$|\overline{\underline{Br}} - \overset{\overset{|\overline{\underline{Br}}|}{|}}{\underset{\underset{|\overline{\underline{Br}}|}{|}}{C}} - \overline{\underline{Br}}|$$

Selenwasserstoff (H_2S):

$|\overline{\underline{S}}\cdot$: 1 × 2 Bindungen

$2H\cdot$: 2 × 1 Bindung

$\Rightarrow$

$\overset{}{\underset{\underset{H}{|}}{\overline{\underline{S}}}} - H$

Ethan (C_2H_6):

$2\cdot\overset{\cdot}{\underset{\cdot}{C}}\cdot$: 2 × 4 Bindungen

$6H\cdot$: 6 × 1 Bindung

$\Rightarrow$

$$H - \overset{\overset{H}{|}}{\underset{\underset{H}{|}}{C}} - \overset{\overset{H}{|}}{\underset{\underset{H}{|}}{C}} - H$$

Ethen (C_2H_4):

$2\cdot\overset{\cdot}{\underset{\cdot}{C}}\cdot$: 2 × 4 Bindungen

$4H\cdot$: 4 × 1 Bindung

$\Rightarrow$

$$\overset{H}{\underset{H}{}}C = C\overset{H}{\underset{H}{}}$$

2 Bromwasserstoffmoleküle (HBr) sind aus einem Wasserstoffatom und einem Bromatom aufgebaut. Die Atome im Molekül werden durch eine Elektronenpaarbindung zwischen ihnen zusammengehalten. Durch das Teilen eines gemeinsamen Elektronenpaars erfüllen beide Atome für sich die Edelgasregel.

3 Chlor, Iod, Stickstoff und Sauerstoff gehören zu den unpolaren Molekülverbindungen. Jeweils zwei Chloratome, Iodatome, Stickstoffatome und Sauerstoffatome halten in den Molekülen der Stoffe durch Elektronenpaarbindung zusammen.

Natriumchlorid, Natriumbromid, Magnesiumchlorid und Magnesiumoxid gehören zu den Ionenverbindungen. Die positiv geladenen Metall-Ionen sind jeweils an die negativ geladenen Chlorid-, Bromid- oder Oxid-Ionen durch Ionenbindung gebunden.

Kohlenstoffdioxid, Methan und Ammoniak gehören zu den Molekülverbindungen. Im Kohlenstoffdioxidmolekül sind die Sauerstoffatome durch polare Elektronenpaarbindung an das Kohlenstoffatom gebunden. Im Methanmolekül existieren vier polare Elektronenpaarbindungen zwischen Wasserstoffatomen und dem Kohlenstoffatom. Im Ammoniakmolekül gibt es drei polare Elektronenpaar-

bindungen zwischen dem Stickstoffatom und den Wasserstoffatomen.

Unpolare Elektronenpaarbindungen entstehen, wenn die Differenz der EN-Werte zwischen den Bindungspartnern 0 beträgt. Dies trifft auf Elektronenpaarbindungen zwischen Atomen des gleichen Elements zu. Ionenverbindungen entstehen aus Metallen und Nichtmetallen, wenn die Differenz zwischen den EN-Werten größer als 1,7 ist, und polare Elektronenpaarbindungen entstehen, wenn sich Atome zweier verschiedener Nichtmetalle verbinden, die sich in ihren EN-Werten unterscheiden.

4 a) $H - \overline{\underline{S}} - H$

b) Das Schwefelwasserstoffmolekül ist ein Dipolmolekül. Die bindenden Elektronenpaare werden vom Schwefelatom stärker angezogen als von den Wasserstoffatomen. Am Schwefelatom ist der negative Ladungsschwerpunkt, zwischen den Wasserstoffatomen der der positiven elektrischen Teilladungen.

5 a) Im Schwefeldioxidmolekül sind die zwei Sauerstoffatome an ein Schwefelatom gebunden.

b)

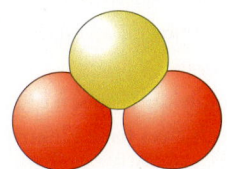

6 Iodatome haben 7 Elektronen auf der äußeren besetzten Elektronenschale. Eine stabile Elektronenanordnung kann erreicht werden, wenn je zwei Iodatome ein gemeinsames Elektronenpaar aufweisen. Iod ist deshalb aus zweiatomigen Molekülen aufgebaut, die im festen Iod in einem Molekülgitter angeordnet sind.

7 Das Kohlenstoffdioxidmolekül ist linear aufgebaut. Am Kohlenstoffatom gibt es nur bindende Elektronenpaare jeweils zu einem der Sauerstoffatome, die symmetrisch zum Kohlenstoffatom im Winkel von 180° angeordnet sind. Der positive und der negative Ladungsschwerpunkt fallen zusammen. Deshalb ist das Kohlenstoffdioxidmolekül auch kein Dipolmolekül.

Im Ammoniakmolekül sind drei Wasserstoffatome jeweils durch Einfachbindung – jeweils durch ein bindendes Elektronenpaar – an ein Stickstoffatom gebunden.

Am Stickstoffatom liegt noch ein freies Elektronenpaar vor. Das freie Elektronenpaar und die drei

Wasserstoffatome sind nach den Eckpunkten eines Tetraeders ausgerichtet. Das Stickstoffatom befindet sich im Zentrum des Tetraeders. Die drei Wasserstoffatome mit den bindenden Elektronenpaaren stoßen sich untereinander weniger ab, als das freie Elektronenpaar des Stickstoffatoms die Wasserstoffatome abstößt. Das Stickstoffatom und die Wasserstoffatome bilden eine Pyramide. Das Ammoniakmolekül ist ein Dipolmolekül.

8 Wasser ist ein aus Molekülen aufgebauter Stoff. In Wassermolekülen ist jeweils ein Sauerstoffatom an zwei Wasserstoffatome gebunden. Die chemische Bindung im Molekül ist eine polare Elektronenpaarbindung. Wassermoleküle sind Dipolmoleküle. Zwischen den Wassermolekülen wirken zusätzliche Wasserstoffbrückenbindungen.

9 a) Wasserstoffperoxid (H_2O_2):

Damit alle Atome im Wasserstoffperoxidmolekül die Edelgasregel erfüllen, bilden die Sauerstoffatome untereinander eine Elektronenpaarbindung sowie jeweils eine Elektronenpaarbindung zu einem Wasserstoffatom aus.

b) Im Wasserstoffperoxidmolekül besitzen die zwei Sauerstoffatome jeweils noch zwei freie Elektronenpaare, die für den räumlichen Bau des Moleküls mitbetrachtet werden müssen. Die vier Elektronenpaare (2 bindende, 2 freie) ordnen sich tetraedrisch um jedes Sauerstoffatom an, sodass sie untereinander den größtmöglichen Abstand einnehmen. Jede H—O—O-Bindung ist damit für sich gewinkelt.

10 Im Ammoniakmolekül gibt es drei stark polarisierte Elektronenpaarbindungen – jeweils zwischen einem Wasserstoffatom und dem Stickstoffatom. Aufgrund des pyramidenförmigen Baus des Moleküls ist das Ammoniakmolekül ein Dipol. Durch das freie Elektronenpaar am Stickstoffatom können die Moleküle starke Wasserstoffbrücken untereinander ausbilden, die zum Schmelzen bzw. Sieden des Stoffes erst überwunden werden müssen. Der räumliche Bau und die Bindungsverhältnisse im Phosphanmolekül sind dem im Ammoniakmolekül ähnlich. Die Elektronenpaarbindungen im Molekül sind allerdings nicht polar, da Phosphoratome und Wasserstoffatome den gleichen EN-Wert aufweisen. Phosphanmoleküle sind deshalb keine Dipole. Zwischen den Molekülen können sich nur schwache

Van-der-Waals-Kräfte ausbilden, die schon bei viel niedrigeren Temperaturen überwunden werden.

11 a) Wassermoleküle sind Dipolmoleküle, d. h., es existieren eine positive und eine negative Teilladung im polaren Molekül. Aus diesem Grund können Wassermoleküle die Ionen aus dem Ionengitter eines salzartigen Stoffes herauslösen und diese umhüllen, hydratisieren. Die Wassermoleküle lagern sich mit ihrem negativen Ladungsschwerpunkt an die positiven Ionen der Ionenverbindung bzw. mit dem positiven Ladungsschwerpunkt an die negativen Ionen der Ionenverbindung an. Die Ionenbindung im Ionenkristall wird so gespalten und die hydratisierten Ionen werden in der Lösung frei beweglich. Der Ionenkristall löst sich.

Die beweglichen Wassermoleküle lagern sich an der Oberfläche des Kaliumbromidkristalls an. Mit dem positiven Wasserstoff-Pol orientieren sie sich dabei zu den negativ geladenen Bromid-Ionen. Umgekehrt treten die negativ polarisierten Sauerstoffatome der Wassermoleküle mit den positiv geladenen Kalium-Ionen in Wechselwirkung.

Die Ionen an den Kanten und Ecken des Kristalls werden zuerst gelöst, da dort die Ionenbindung durch fehlende Nachbarn im Gitter am geringsten ist und diese mit mehreren Wassermolekülen in Wechselwirkung treten können. Die Ionen werden von den Wassermolekülen umhüllt, d. h., es bilden sich hydratisierte Ionen.

Das Ionengitter wird Schritt für Schritt abgebaut und der Ionenkristall löst sich im Wasser auf.

12 Die Energiebilanz des Lösevorgangs eines Salzes setzt sich aus mehreren Teilbeträgen zusammen. Zum Lösen muss immer die Gitterenergie des Salzes aufgebracht werden, da die Ionen voneinander getrennt werden. Zudem muss Energie aufgewandt werden, um einen Teil der Wasserstoffbrücken zwischen Wassermolekülen zu überwinden, da ein Teil der Wassermoleküle mit den Ionen in Wechselwirkung tritt. Beim Hydratisieren der Ionen wird die Hydratisierungsenergie frei.

a)

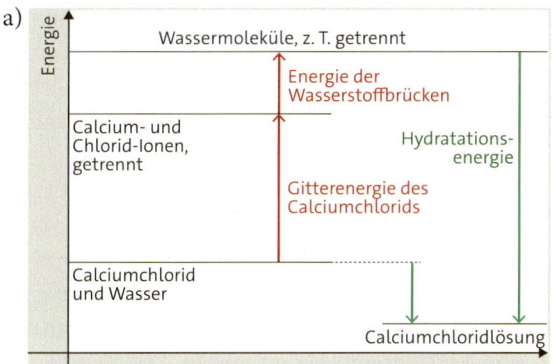

Im Calciumchlorid sind die Beträge aus Gitterenergie und Energie der Wasserstoffbrücken insgesamt kleiner als der Betrag der Hydratationsenergie. Die chemische Energie der Calciumchloridlösung ist damit kleiner als von Calciumchlorid und Wasser vor dem Lösen. Der Lösevorgang verläuft deshalb exotherm (Erwärmung der Lösung).

b)

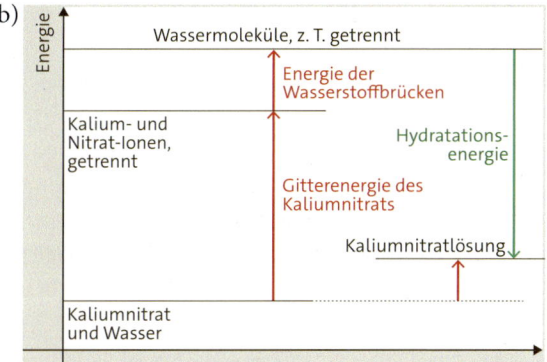

Beim Kaliumnitrat sind die Beträge aus Gitterenergie und Energie der Wasserstoffbrücken insgesamt größer als der Betrag der Hydratationsenergie. Die chemische Energie der Kaliumnitratlösung ist damit größer als von Kaliumnitrat und Wasser vor dem Lösen. Der Lösevorgang verläuft deshalb endotherm (Abkühlung der Lösung).

Saure und alkalische Lösungen (Seite 139)

1 a) Eine saure Lösung wirkt ätzend, färbt Indikatoren charakteristisch, leitet den elektrischen Strom und reagiert mit Kalkstein sowie unedlen Metallen.
b) Typische Teilchen sind die Oxonium-Ionen (H_3O^+). Oxonium-Ionen bilden sich bei der Aufnahme eines Protons (Wasserstoff-Ions, H^+) durch ein Wassermolekül.
c) Säuren sind z. B. Chlorwasserstoff oder Schwefelsäure, saure Lösungen sind Salzsäurelösung oder Essigsäurelösung.

2 a) Beim Einleiten von Chlorwasserstoff in Wasser spalten sich die Chlorwasserstoffmoleküle jeweils in ein Proton und ein Chlorid-Ion. Die Protonen verbinden sich jeweils mit einem Wassermolekül zu Oxonium-Ionen. Die chemische Bindung erfolgt über ein freies Elektronenpaar des Wassermoleküls.
b) Chlorwasserstoffmoleküle sind die Protonendonatoren; Wassermoleküle fungieren als Protonenakzeptoren.

3 a) Bei der Reaktion von Salzsäure mit Calcium entstehen Wasserstoff und eine Calciumchloridlösung.

$$Ca\,(s) + 2\,H_3O^+\,(aq) + 2\,Cl^-\,(aq)$$
$$\longrightarrow Ca^{2+}\,(aq) + 2\,Cl^-\,(aq) + 2\,H_2O\,(l) + H_2\,(g)$$

b) Elektronenabgabe/Oxidation:

$$Ca\,(s) \longrightarrow Ca^{2+}\,(aq) + 2\,e^-$$

Elektronenaufnahme/Reduktion:

$$2\,H_3O^+\,(aq) + 2\,e^- \longrightarrow 2\,H_2O\,(l) + H_2\,(g)$$

c)
Gegeben: $m(Ca) = 4\,g$; $M(Ca) = 40\,g/mol$;
$\qquad V_m = 22{,}4\,l/mol$
Gesucht: $V(H_2)$
Reaktionsgleichung:

$$Ca\,(s) + 2\,H_3O^+\,(aq) + 2\,Cl^-\,(aq)$$
$$\longrightarrow Ca^{2+}\,(aq) + 2\,Cl^-\,(aq) + 2\,H_2O\,(l) + H_2\,(g)$$

Lösung:
$$n(Ca) = n(H_2)$$
$$n(Ca) = \frac{m(Ca)}{M(Ca)}$$
$$n(H_2) = \frac{V(H_2)}{V_m}$$
$$\frac{m(Ca)}{M(Ca)} = \frac{V(H_2)}{V_m}$$
$$V(H_2) = \frac{m(Ca) \cdot V_m}{M(Ca)}$$
$$V(H_2) = \frac{4\,g \cdot 22{,}4\,l/mol}{40\,g/mol}$$
$$V(H_2) = \underline{2{,}24\,l}$$

Ergebnis: Bei der Reaktion von 4 g Calcium mit Salzsäure bilden sich 2,24 l Wasserstoff.

4 a) Ammoniaklösung, Natronlauge
b) Typische Teilchen einer alkalischen Lösung sind die Hydroxid-Ionen (OH^-). Sie bilden sich z. B. bei der Reaktion eines Metalloxids mit Wasser, wobei die Wassermoleküle jeweils ein Proton an die Oxid-Ionen des Metalloxids übertragen.
Auch beim Lösen eines Metallhydroxids bilden sich frei bewegliche hydratisierte Hydroxid-Ionen.

5 Erst wenn Ammoniakmoleküle mit den Wassermolekülen des feuchten Indikatorpapiers in Berührung kommen, kann die Protonenübertragung zur Bildung von hydratisierten Ammonium-Ionen $[NH_4^+ (aq)]$ und hydratisierten Hydroxid-Ionen $[OH^- (aq)]$ erfolgen.

6 a) Die Blaufärbung der Lösung nach Zugabe von Unitest deutet auf eine alkalische Lösung.

b) In der Lösung müssen sich Hydroxid-Ionen gebildet haben.

$$CO_3^{2-} (aq) + H_2O (l) \longrightarrow HCO_3^- (aq) + OH^- (aq)$$

c) Das Carbonat-Ion nimmt während der Reaktion mit Wasser ein Proton auf. Es ist ein Protonenakzeptor (Brönsted-Base). Das Wassermolekül gibt während der Reaktion ein Proton ab. Es ist ein Protonendonator (Brönsted-Säure). Insgesamt wird ein Proton vom Wassermolekül auf das Carbonat-Ion übertragen.

$$CO_3^{2-} (aq) + H_2O (l) \longrightarrow HCO_3^- (aq) + OH^- (aq)$$

Protonen-   Protonen-
akzeptor   donator

7 a) Die Urinprobe ist eine saure Lösung, da der pH-Wert kleiner als 7 ist.

b) $c(H_3O^+) = 10^{-5}$ mol/l; $c(OH^-) = 10^{-9}$ mol/l

c) Die Stoffmengenkonzentration der Oxonium-Ionen in der Urinprobe ist um den Faktor 100 größer als in einer neutralen Lösung. Die Stoffmengenkonzentration der Hydroxid-Ionen beträgt 1/100 der Stoffmengenkonzentration in einer neutralen Lösung.

8 a) Bei der chemischen Reaktion von Kalilauge mit einem bestimmten Volumen Schwefelsäure reagieren eine alkalische und eine saure Lösung in einer exothermen Reaktion zu einer neutralen Lösung. Die hydratisierten Oxonium-Ionen der Schwefelsäure reagieren dabei mit den hydratisierten Hydroxid-Ionen der Kalilauge zu Wassermolekülen. Ein solcher Vorgang wird als Neutralisation bezeichnet.

b) $2 K^+ (aq) + 2 OH^- (aq) + 2 H_3O^+ (aq) + SO_4^{2-} (aq)$
$\longrightarrow 4 H_2O (l) + 2 K^+ (aq) + SO_4^{2-} (aq)$

c) Die Protonenübertragung findet zwischen den Oxonium-Ionen und den Hydroxid-Ionen statt. Oxonium-Ionen geben Protonen ab und wirken als Protonendonatoren. Hydroxid-Ionen nehmen Protonen auf und sind die Protonenakzeptoren.

9 a) Ein bestimmtes Volumen der Analysenlösung mit unbekannter Konzentration wird mit einer Vollpipette in einen Weithals-Erlenmeyerkolben abgefüllt und es werden einige Tropfen Indikator, z. B. Bromthymolblau, hinzugegeben.

Die Maßlösung mit genau bekannter Stoffmengenkonzentration wird in die Bürette gefüllt und der Anfangsstand notiert. Anschließend wird unter vorsichtigem Umschwenken der Analysenlösung so lange Maßlösung aus der Bürette tropfend hinzugefügt, bis der Indikator umschlägt. Der Endstand der Titration wird an der Bürette abgelesen und notiert. Der Verbrauch an Maßlösung wird durch die Volumendifferenz von Anfangs- und Endstand berechnet.

b)
Gegeben: $c(HCl) = 0,2$ mol/l; $V(HCl) = 15,6$ ml
$\qquad\qquad V(KOH) = 20$ ml

Gesucht: $c(KOH)$

Reaktionsgleichung:
$K^+ (aq) + OH^- (aq) + H_3O^+ (aq) + Cl^- (aq)$
$\qquad\qquad \longrightarrow 2 H_2O (l) + K^+ (aq) + Cl^- (aq)$

Lösung: $n(OH^-) = n(H_3O^+)$
$\qquad n(OH^-) = n(KOH)$ und $n(H_3O^+) = n(HCl)$
$\qquad n(KOH) = n(HCl)$
$\qquad c(KOH) \cdot V(KOH) = c(HCl) \cdot V(HCl)$

$$c(KOH) = \frac{c(HCl) \cdot V(HCl)}{V(KOH)}$$

$$c(KOH) = \frac{0,2 \text{ mol/l} \cdot 15,6 \text{ ml}}{20 \text{ ml}}$$

$\qquad \underline{c(KOH) = 0,156 \text{ mol/l}}$

Ergebnis: Die Stoffmengenkonzentration der Lauge im Abwasser beträgt 0,156 mol/l.

Einstufung von Gefahrstoffen nach der GHS-Verordnung

Mit dem neuen GHS (*Globally Harmonised System of Classification and Labelling of Chemicals*) werden die Kriterien für die Einstufung der Gefahrstoffe neu festgelegt und mit international einheitlichen Piktogrammen versehen. Neu ist auch die Verwendung der Signalwörter **Gefahr** und **Achtung** für das Ausmaß der Gefahr: „Gefahr" bei hoher Gefährdung oder „Achtung" bei geringerer Gefährdung. Das GHS gilt seit 2009; für die bisherige Verordnung gelten Übergangsfristen.

Gefahren-piktogramm und Piktogrammcode	Mit dem Gefahrenpiktogramm gekennzeichnete Stoffe und Gemische	Signalwort	Kennzeichnung nach bisheriger Gefahrstoffverordnung	
			Gefahrensymbol	Gefahrenhinweise
GHS01	explosive und sehr gefährliche selbstzersetzliche Stoffe und Gemische sowie sehr gefährliche organische Peroxide	Gefahr oder Achtung	E	R2, R3
GHS02	entzündbare, selbsterhitzungsfähige und gefährliche selbstzersetzliche Stoffe und Gemische, pyrophore Stoffe sowie Stoffe und Gemische, die bei Berührung mit Wasser entzündbare Gase entwickeln	Gefahr oder Achtung	F+ oder F oder –	R12, R11 oder R10; R17; R15
GHS02	gefährliche organische Peroxide	Gefahr oder Achtung	O	R7
GHS03	Stoffe und Gemische mit oxidierender Wirkung	Gefahr oder Achtung	O	R8, R9
GHS04*	Gase unter Druck	Achtung	–	
GHS05	Stoffe und Gemische, die korrosiv auf Metalle wirken	Achtung	–	
GHS05	Stoffe und Gemische, die schwere Verätzungen der Haut und/oder schwere Augenschäden verursachen	Gefahr	C oder Xi	R34, R35; R41
GHS06	lebensgefährliche und giftige Stoffe und Gemische	Gefahr	T+ oder T	R26, R27, R28 oder R23, R24, R25
GHS07	gesundheitsschädliche Stoffe und Gemische	Achtung	Xn	R20, R21, R22
GHS07	Stoffe und Gemische, die Haut- und/oder Augenreizungen verursachen und/oder allergische Hautreaktionen, Reizungen der Atemwege und/oder Schläfrigkeit und Benommenheit verursachen können	Achtung	Xi	R36, R37, R38; R43; R67
GHS08	Stoffe und Gemische, die bei Verschlucken und Eindringen in die Atemwege tödlich sein können und/oder eine Gefahr für die Gesundheit darstellen. Diese Stoffe und Gemische schädigen bestimmte Organe und/oder können Krebs erzeugen, die Fruchtbarkeit beeinträchtigen, das Kind im Mutterleib schädigen und/oder genetische Defekte und/oder beim Einatmen Allergien, asthmaartige Symptome oder Atembeschwerden verursachen.	Gefahr oder Achtung	T+ T oder Xn	R45, R49, R40; R60, R62; R61, R63; R46; R39/…; R68/…; R48/…; R42; R33; R65
GHS09	Stoffe und Gemische, die sehr giftig oder giftig für Wasserorganismen sind	Achtung oder –	N	R50, R50/53 R51/53

* Die in den Experimenten verwendeten Gase stehen meist nicht unter Druck, daher wird dort in der Regel auf diese Kennzeichnung verzichtet. In der Gefahrstoffliste sind alle Gase auch mit GHS04 gekennzeichnet.

Gefahrenhinweise (H-Sätze)

Gefahrenhinweise für physikalische Gefahren

H200	Instabil, explosiv.
H201	Explosiv, Gefahr der Massenexplosion.
H202	Explosiv; große Gefahr durch Splitter, Spreng- und Wurfstücke.
H203	Explosiv; Gefahr durch Feuer, Luftdruck oder Splitter, Spreng- und Wurfstücke.
H204	Gefahr durch Feuer oder Splitter, Spreng- und Wurfstücke.
H205	Gefahr der Massenexplosion bei Feuer.
H220	Extrem entzündbares Gas.
H221	Entzündbares Gas.
H222	Extrem entzündbares Aerosol.
H223	Entzündbares Aerosol.
H224	Flüssigkeit und Dampf extrem entzündbar.
H225	Flüssigkeit und Dampf leicht entzündbar.
H226	Flüssigkeit und Dampf entzündbar.
H228	Entzündbarer Feststoff.
H240	Erwärmung kann Explosion verursachen.
H241	Erwärmung kann Brand oder Explosion verursachen.
H242	Erwärmung kann Brand verursachen.
H250	Entzündet sich in Berührung mit Luft von selbst.
H251	Selbsterhitzungsfähig; kann in Brand geraten.
H252	In großen Mengen selbsterhitzungsfähig; kann in Brand geraten.
H260	In Berührung mit Wasser entstehen entzündbare Gase, die sich spontan entzünden können.
H261	In Berührung mit Wasser entstehen entzündbare Gase.
H270	Kann Brand verursachen oder verstärken; Oxidationsmittel.
H271	Kann Brand oder Explosion verursachen; starkes Oxidationsmittel.
H272	Kann Brand verstärken; Oxidationsmittel.
H280	Enthält Gas unter Druck; kann bei Erwärmung explodieren.
H281	Enthält tiefkaltes Gas; kann Kälteverbrennungen oder -verletzungen verursachen.
H290	Kann gegenüber Metallen korrosiv sein.

Gefahrenhinweise für Gesundheitsgefahren

H300	Lebensgefahr bei Verschlucken.
H301	Giftig bei Verschlucken.
H302	Gesundheitsschädlich bei Verschlucken.
H304	Kann bei Verschlucken und Eindringen in die Atemwege tödlich sein.
H310	Lebensgefahr bei Hautkontakt.
H311	Giftig bei Hautkontakt.
H312	Gesundheitsschädlich bei Hautkontakt.
H314	Verursacht schwere Verätzungen der Haut und schwere Augenschäden.
H315	Verursacht Hautreizungen.
H317	Kann allergische Hautreaktionen verursachen.
H318	Verursacht schwere Augenschäden.
H319	Verursacht schwere Augenreizung.
H330	Lebensgefahr bei Einatmen.
H331	Giftig bei Einatmen.
H332	Gesundheitsschädlich bei Einatmen.
H334	Kann bei Einatmen Allergie, asthmaartige Symptome oder Atembeschwerden verursachen.
H335	Kann die Atemwege reizen.
H336	Kann Schläfrigkeit und Benommenheit verursachen.
H340	Kann genetische Defekte verursachen <Expositionsweg angeben, sofern schlüssig belegt ist, dass diese Gefahr bei keinem anderen Expositionsweg besteht>.
H341	Kann vermutlich genetische Defekte verursachen <Expositionsweg angeben, sofern schlüssig belegt ist, dass diese Gefahr bei keinem anderen Expositionsweg besteht>.
H350	Kann Krebs erzeugen <Expositionsweg angeben, sofern schlüssig belegt ist, dass diese Gefahr bei keinem anderen Expositionsweg besteht>.
H350i	Kann beim Einatmen Krebs erzeugen.
H351	Kann vermutlich Krebs erzeugen <Expositionsweg angeben, sofern schlüssig belegt ist, dass diese Gefahr bei keinem anderen Expositionsweg besteht>.
H360	Kann die Fruchtbarkeit beeinträchtigen oder das Kind im Mutterleib schädigen <konkrete Wirkung angeben, sofern bekannt> <Expositionsweg angeben, sofern schlüssig belegt ist, dass die Gefahr bei keinem anderen Expositionsweg besteht>.
H360F	Kann die Fruchtbarkeit beeinträchtigen.
H360D	Kann das Kind im Mutterleib schädigen.
H360FD	Kann die Fruchtbarkeit beeinträchtigen. Kann das Kind im Mutterleib schädigen.
H360Fd	Kann die Fruchtbarkeit beeinträchtigen. Kann vermutlich das Kind im Mutterleib schädigen.
H360Df	Kann das Kind im Mutterleib schädigen. Kann vermutlich die Fruchtbarkeit beeinträchtigen.
H361	Kann vermutlich die Fruchtbarkeit beeinträchtigen oder das Kind im Mutterleib schädigen <konkrete Wirkung angeben, sofern bekannt> <Expositionsweg angeben, sofern schlüssig belegt ist, dass die Gefahr bei keinem anderen Expositionsweg besteht>.
H361f	Kann vermutlich die Fruchtbarkeit beeinträchtigen.
H361d	Kann vermutlich das Kind im Mutterleib schädigen.
H361fd	Kann vermutlich die Fruchtbarkeit beeinträchtigen. Kann vermutlich das Kind im Mutterleib schädigen.
H362	Kann Säuglinge über die Muttermilch schädigen.
H370	Schädigt die Organe <oder alle betroffenen Organe nennen, sofern bekannt> <Expositionsweg angeben, sofern schlüssig belegt ist, dass diese Gefahr bei keinem anderen Expositionsweg besteht>.
H371	Kann die Organe schädigen <oder alle betroffenen Organe nennen, sofern bekannt> <Expositionsweg angeben, sofern schlüssig belegt ist, dass diese Gefahr bei keinem anderen Expositionsweg besteht>.
H372	Schädigt die Organe <alle betroffenen Organe nennen> bei längerer oder wiederholter Exposition <Expositionsweg angeben, wenn schlüssig belegt ist, dass diese Gefahr bei keinem anderen Expositionsweg besteht>.
H373	Kann die Organe schädigen <alle betroffenen Organe nennen, sofern bekannt> bei längerer oder wiederholter Exposition <Expositionsweg angeben, wenn schlüssig belegt ist, dass diese Gefahr bei keinem anderen Expositionsweg besteht>.

Gefahrenhinweise für Umweltgefahren

H400	Sehr giftig für Wasserorganismen.
H410	Sehr giftig für Wasserorganismen, mit langfristiger Wirkung.
H411	Giftig für Wasserorganismen, mit langfristiger Wirkung.
H412	Schädlich für Wasserorganismen, mit langfristiger Wirkung.
H413	Kann für Wasserorganismen schädlich sein, mit langfristiger Wirkung.

Ergänzende Gefahrenmerkmale

Physikalische Eigenschaften

EUH001	In trockenem Zustand explosionsgefährlich.
EUH006	Mit und ohne Luft explosionsfähig.
EUH014	Reagiert heftig mit Wasser.
EUH018	Kann bei Verwendung explosionsfähige/entzündbare Dampf/Luft-Gemische bilden.
EUH019	Kann explosionsfähige Peroxide bilden.
EUH044	Explosionsgefahr bei Erhitzen unter Einschluss.

Gesundheitsgefährliche Eigenschaften

EUH029	Entwickelt bei Berührung mit Wasser giftige Gase.
EUH031	Entwickelt bei Berührung mit Säure giftige Gase.
EUH032	Entwickelt bei Berührung mit Säure sehr giftige Gase.
EUH066	Wiederholter Kontakt kann zu spröder oder rissiger Haut führen.
EUH070	Giftig bei Berührung mit den Augen.
EUH071	Wirkt ätzend auf die Atemwege.

Umweltgefährliche Eigenschaften

EUH059	Die Ozonschicht schädigend.

Ergänzende Kennzeichnungselemente / Informationen über bestimmte Stoffe und Gemische

EUH201	Enthält Blei. Nicht für den Anstrich von Gegenständen verwenden, die von Kindern gekaut oder gelutscht werden könnten.
EUH201A	Achtung! Enthält Blei.
EUH202	Cyanacrylat. Gefahr. Klebt innerhalb von Sekunden Haut und Augenlider zusammen. Darf nicht in die Hände von Kindern gelangen.
EUH203	Enthält Chrom (VI). Kann allergische Reaktionen hervorrufen.
EUH204	Enthält Isocyanate. Kann allergische Reaktionen hervorrufen.
EUH205	Enthält epoxidhaltige Verbindungen. Kann allergische Reaktionen hervorrufen.
EUH206	Achtung! Nicht zusammen mit anderen Produkten verwenden, da gefährliche Gase (Chlor) freigesetzt werden können.
EUH207	Achtung! Enthält Cadmium. Bei der Verwendung entstehen gefährliche Dämpfe. Hinweise des Herstellers beachten. Sicherheitsanweisungen einhalten.
EUH208	Enthält <Name des sensibilisierenden Stoffes>. Kann allergische Reaktionen hervorrufen.
EUH209	Kann bei Verwendung leicht entzündbar werden.
EUH209A	Kann bei Verwendung entzündbar werden.
EUH210	Sicherheitsdatenblatt auf Anfrage erhältlich.
EUH401	Zur Vermeidung von Risiken für Mensch und Umwelt die Gebrauchsanleitung einhalten.

Sicherheitshinweise (P-Sätze)

Sicherheitshinweise – Allgemeines

P101	Ist ärztlicher Rat erforderlich, Verpackung oder Kennzeichnungsetikett bereithalten.
P102	Darf nicht in die Hände von Kindern gelangen.
P103	Vor Gebrauch Kennzeichnungsetikett lesen.

Sicherheitshinweise – Prävention

P201	Vor Gebrauch besondere Anweisungen einholen.
P202	Vor Gebrauch alle Sicherheitshinweise lesen und verstehen.
P210	Von Hitze/Funken/offener Flamme/heißen Oberflächen fernhalten. Nicht rauchen.
P211	Nicht gegen offene Flamme oder andere Zündquelle sprühen.
P220	Von Kleidung/…/brennbaren Materialien fernhalten/entfernt aufbewahren.
P221	Mischen mit brennbaren Stoffen/… unbedingt verhindern.
P222	Kontakt mit Luft nicht zulassen.
P223	Kontakt mit Wasser wegen heftiger Reaktion und möglichem Aufflammen unbedingt verhindern.
P230	Feucht halten mit …
P231	Unter inertem Gas handhaben.
P232	Vor Feuchtigkeit schützen.
P233	Behälter dicht verschlossen halten.
P234	Nur im Originalbehälter aufbewahren.
P235	Kühl halten.
P240	Behälter und zu befüllende Anlage erden.
P241	Explosionsgeschützte elektrische Betriebsmittel/Lüftungsanlagen/Beleuchtung/… verwenden.
P242	Nur funkenfreies Werkzeug verwenden.
P243	Maßnahmen gegen elektrostatische Aufladungen treffen.
P244	Druckminderer frei von Fett und Öl halten.
P250	Nicht schleifen/stoßen/…/reiben.
P251	Behälter steht unter Druck: Nicht durchstechen oder verbrennen, auch nicht nach der Verwendung.
P260	Staub/Rauch/Gas/Nebel/Dampf/Aerosol nicht einatmen.
P261	Einatmen von Staub/Rauch/Gas/Nebel/Dampf/Aerosol vermeiden.
P262	Nicht in die Augen, auf die Haut oder auf die Kleidung gelangen lassen.
P263	Kontakt während der Schwangerschaft und der Stillzeit vermeiden.
P264	Nach Gebrauch … gründlich waschen.
P270	Bei Gebrauch nicht essen, trinken oder rauchen.
P271	Nur im Freien oder in gut belüfteten Räumen verwenden.
P272	Kontaminierte Arbeitskleidung nicht außerhalb des Arbeitsplatzes tragen.
P273	Freisetzung in die Umwelt vermeiden.
P280	Schutzhandschuhe/Schutzkleidung/Augenschutz/Gesichtsschutz tragen.
P281	Vorgeschriebene persönliche Schutzausrüstung verwenden.
P282	Schutzhandschuhe/Gesichtsschild/Augenschutz mit Kälteisolierung tragen.
P283	Schwer entflammbare/flammhemmende Kleidung tragen.
P284	Atemschutz tragen.
P285	Bei unzureichender Belüftung Atemschutz tragen.
P231 + P232	Unter inertem Gas handhaben. Vor Feuchtigkeit schützen.
P235 + P410	Kühl halten. Vor Sonnenbestrahlung schützen.

Sicherheitshinweise – Reaktion

P301	BEI VERSCHLUCKEN:
P302	BEI BERÜHRUNG MIT DER HAUT:
P303	BEI BERÜHRUNG MIT DER HAUT (oder dem Haar):
P304	BEI EINATMEN:
P305	BEI KONTAKT MIT DEN AUGEN:
P306	BEI KONTAMINIERTER KLEIDUNG:
P307	BEI Exposition:
P308	BEI Exposition oder falls betroffen:
P309	BEI Exposition oder bei Unwohlsein:
P310	Sofort GIFTINFORMATIONSZENTRUM oder Arzt anrufen.
P311	GIFTINFORMATIONSZENTRUM oder Arzt anrufen.
P312	Bei Unwohlsein GIFTINFORMATIONSZENTRUM oder Arzt anrufen.
P313	Ärztlichen Rat einholen/ärztliche Hilfe hinzuziehen.
P314	Bei Unwohlsein ärztlichen Rat einholen/ärztliche Hilfe hinzuziehen.
P315	Sofort ärztlichen Rat einholen/ärztliche Hilfe hinzuziehen.
P320	Besondere Behandlung dringend erforderlich (siehe … auf diesem Kennzeichnungsetikett).
P321	Besondere Behandlung (siehe … auf diesem Kennzeichnungsetikett).
P322	Gezielte Maßnahmen (siehe … auf diesem Kennzeichnungsetikett).
P330	Mund ausspülen.
P331	KEIN Erbrechen herbeiführen.
P332	Bei Hautreizung:
P333	Bei Hautreizung oder -ausschlag:
P334	In kaltes Wasser tauchen/nassen Verband anlegen.
P335	Lose Partikel von der Haut abbürsten.
P336	Vereiste Bereiche mit lauwarmem Wasser auftauen. Betroffenen Bereich nicht reiben.
P337	Bei anhaltender Augenreizung:
P338	Eventuell Vorhandene Kontaktlinsen nach Möglichkeit entfernen. Weiter ausspülen.
P340	Die betroffene Person an die frische Luft bringen und in einer Position ruhig stellen, die das Atmen erleichtert.
P341	Bei Atembeschwerden an die frische Luft bringen und in einer Position ruhig stellen, die das Atmen erleichtert.
P342	Bei Symptomen der Atemwege:
P350	Behutsam mit viel Wasser und Seife waschen.
P351	Einige Minuten lang behutsam mit Wasser ausspülen.
P352	Mit viel Wasser und Seife waschen.
P353	Haut mit Wasser abwaschen/duschen.
P360	Kontaminierte Kleidung und Haut sofort mit viel Wasser abwaschen und danach Kleidung ausziehen.
P361	Alle kontaminierten Kleidungsstücke sofort ausziehen.
P362	Kontaminierte Kleidung ausziehen und vor erneutem Tragen waschen.
P363	Kontaminierte Kleidung vor erneutem Tragen waschen.
P370	Bei Brand:
P371	Bei Großbrand und großen Mengen:
P372	Explosionsgefahr bei Brand.
P373	KEINE Brandbekämpfung, wenn das Feuer explosive Stoffe/Gemische/Erzeugnisse erreicht.
P374	Brandbekämpfung mit üblichen Vorsichtsmaßnahmen aus angemessener Entfernung.
P375	Wegen Explosionsgefahr Brand aus der Entfernung bekämpfen.
P376	Undichtigkeit beseitigen, wenn gefahrlos möglich.
P377	Brand von ausströmendem Gas: Nicht löschen, bis Undichtigkeit gefahrlos beseitigt werden kann.
P378	… zum Löschen verwenden.
P380	Umgebung räumen.
P381	Alle Zündquellen entfernen, wenn gefahrlos möglich.
P390	Verschüttete Mengen aufnehmen, um Materialschäden zu vermeiden.
P391	Verschüttete Mengen aufnehmen.
P301 + P310	BEI VERSCHLUCKEN: Sofort GIFTINFORMATIONSZENTRUM oder Arzt anrufen.
P301 + P312	BEI VERSCHLUCKEN: Bei Unwohlsein GIFTINFORMATIONSZENTRUM oder Arzt anrufen.
P301 + P330 + P331	BEI VERSCHLUCKEN: Mund ausspülen. KEIN Erbrechen herbeiführen.
P302 + P334	BEI KONTAKT MIT DER HAUT: In kaltes Wasser tauchen/nassen Verband anlegen.
P302 + P350	BEI KONTAKT MIT DER HAUT: Behutsam mit viel Wasser und Seife waschen.
P302 + P352	BEI KONTAKT MIT DER HAUT: Mit viel Wasser und Seife waschen.
P303 + P361 + P353	BEI KONTAKT MIT DER HAUT (oder dem Haar): Alle kontaminierten Kleidungsstücke sofort ausziehen. Haut mit Wasser abwaschen/duschen.
P304 + P340	BEI EINATMEN: An die frische Luft bringen und in einer Position ruhig stellen, die das Atmen erleichtert.
P304 + P341	BEI EINATMEN: Bei Atembeschwerden an die frische Luft bringen und in einer Position ruhig stellen, die das Atmen erleichtert.
P305 + P351 + P338	BEI KONTAKT MIT DEN AUGEN: Einige Minuten lang behutsam mit Wasser spülen. Vorhandene Kontaktlinsen nach Möglichkeit entfernen. Weiter spülen.
P306 + P360	BEI KONTAKT MIT DER KLEIDUNG: Kontaminierte Kleidung und Haut sofort mit viel Wasser abwaschen und danach Kleidung ausziehen.
P307 + P311	BEI Exposition: GIFTINFORMATIONSZENTRUM oder Arzt anrufen.
P308 + P313	BEI Exposition oder falls betroffen: Ärztlichen Rat einholen/ärztliche Hilfe hinzuziehen.
P309 + P311	BEI Exposition oder bei Unwohlsein: GIFTINFORMATIONSZENTRUM oder Arzt anrufen.
P332 + P313	Bei Hautreizung: Ärztlichen Rat einholen/ärztliche Hilfe hinzuziehen.
P333 + P313	Bei Hautreizung oder -ausschlag: Ärztlichen Rat einholen/ärztliche Hilfe hinzuziehen.
P335 + P334	Lose Partikel von der Haut abbürsten. In kaltes Wasser tauchen/nassen Verband anlegen.

P337 + P313	Bei anhaltender Augenreizung: Ärztlichen Rat einholen/ ärztliche Hilfe hinzuziehen.
P342 + P311	Bei Symptomen der Atemwege: GIFTINFORMATIONSZENTRUM oder Arzt anrufen.
P370 + P376	Bei Brand: Undichtigkeit beseitigen, wenn gefahrlos möglich.
P370 + P378	Bei Brand: … zum Löschen verwenden.
P370 + P380	Bei Brand: Umgebung räumen.
P370 + P380 + P375	Bei Brand: Umgebung räumen. Wegen Explosionsgefahr Brand aus der Entfernung bekämpfen.
P371 + P380 + P375	Bei Großbrand und großen Mengen: Umgebung räumen. Wegen Explosionsgefahr Brand aus der Entfernung bekämpfen.

Sicherheitshinweise – Aufbewahrung

P401	… aufbewahren.
P402	An einem trockenen Ort aufbewahren.
P403	An einem gut belüfteten Ort aufbewahren.
P404	In einem geschlossenen Behälter aufbewahren.
P405	Unter Verschluss aufbewahren.
P406	In korrosionsbeständigem/… Behälter mit korrosionsbeständiger Auskleidung aufbewahren.

P407	Luftspalt zwischen Stapeln/Paletten lassen.
P410	Vor Sonnenbestrahlung schützen.
P411	Bei Temperaturen von nicht mehr als … °C aufbewahren.
P412	Nicht Temperaturen von mehr als 50 °C aussetzen.
P413	Schüttgut in Mengen von mehr als … kg bei Temperaturen von nicht mehr als … °C aufbewahren.
P420	Von anderen Materialien entfernt aufbewahren.
P422	Inhalt in/unter … aufbewahren.
P402 + P404	In einem geschlossenen Behälter an einem trockenen Ort aufbewahren.
P403 + P233	Behälter dicht verschlossen an einem gut belüfteten Ort aufbewahren.
P403 + P235	Kühl an einem gut belüfteten Ort aufbewahren.
P410 + P403	Vor Sonnenbestrahlung geschützt an einem gut belüfteten Ort aufbewahren.
P410 + P412	Vor Sonnenbestrahlung schützen und nicht Temperaturen von mehr als 50 °C aussetzen.
P411 + P235	Kühl und bei Temperaturen von nicht mehr als … °C aufbewahren.

Sicherheitshinweise – Entsorgung

| P501 | Inhalt/Behälter … zuführen. |

Entsorgungsratschläge (E-Sätze)

E 1	Verdünnen, in den Ausguss geben (WGK 0 bzw. 1)
E 2	Neutralisieren, in den Ausguss geben
E 3	In den Hausmüll geben, gegebenenfalls im Polyethylenbeutel (Stäube)
E 4	Als Sulfid fällen
E 5	Mit Calcium-Ionen fällen, dann E 1 oder E 3
E 6	Nicht in den Hausmüll geben
E 7	Im Abzug entsorgen
E 8	Der Sondermüllbeseitigung zuführen (Adresse zu erfragen bei der Kreis- oder Stadtverwaltung), Abfallschlüssel beachten
E 9	Unter größter Vorsicht in kleinsten Portionen reagieren lassen (z. B. offen im Freien verbrennen)

E 10	In gekennzeichneten Behältern sammeln: 1. „Organische Abfälle – halogenhaltig" 2. „Organische Abfälle – halogenfrei", dann E 8
E 11	Als Hydroxid fällen (pH = 8), den Niederschlag zu E 8
E 12	Nicht in die Kanalisation gelangen lassen
E 13	Aus der Lösung mit unedlem Metall (z. B. Eisen) als Metall abscheiden (E 14, E 3)
E 14	Recycling-geeignet (Redestillation oder einem Recyclingunternehmen zuführen)
E 15	Mit Wasser vorsichtig umsetzen, frei werdende Gase absorbieren oder ins Freie ableiten
E 16	Entsprechend den speziellen Ratschlägen für die Beseitigungsgruppen beseitigen

Entsorgung von Chemikalienabfällen

Nach dem Experimentieren werden die Reste in die dafür vorgesehenen Sammelbehälter gegeben:

nicht gefährliche und wasserlösliche Chemikalien	nicht gefährliche und feste Chemikalien	Säuren und Laugen	giftige anorganische Chemikalien	halogenfreie organische Chemikalien	halogenhaltige organische Chemikalien
z. B. Natriumchlorid, Natriumcarbonat, Wasserstoffperoxidlösung	z. B. Eisen, Indikatorpapier	z. B. Salzsäure, Natronlauge	z. B. Kupfersulfat	z. B. Petroleumbenzin, Methanol	z. B. Trichlormethan

Die weitere Behandlung und Entsorgung bzw. Übergabe der Abfälle zur Sondermüllentsorgung erfolgt durch die Lehrerin bzw. den Lehrer.

Liste der Gefahrstoffe nach der GHS-Verordnung

Gefahrstoff	Signalwort	Piktogrammcode	H-Sätze und EUH-Sätze	E-Sätze
Aceton (Propanon)	Gefahr	GHS02 GHS07	H225 H319 H336 EUH066	1-10-14
Aluminium, Grieß o. Pulver (stabilisiert)	Gefahr	GHS02	H261 H228	6-9
Aluminiumbromid, wasserfrei	Gefahr	GHS05 GHS07	H290 H302 H314	2
Aluminiumchlorid, wasserfrei	Gefahr	GHS05	H314	2
Aluminiumiodid	Gefahr	GHS05	H314	2
Ameisensäure (Methansäure) $w \geq 90\,\%$	Gefahr	GHS02 GHS05	H226 H314	1-10
$10\,\% \leq w < 90\,\%$	Gefahr	GHS05	H314	1-10
$2\,\% \leq w < 10\,\%$	Achtung	GHS07	H315 H319	1-10
Ammoniak, wasserfrei	Gefahr	GHS04 GHS06 GHS05 GHS09	H221 H280 H331 H314 H400 EUH071	2-7
Ammoniaklösung $10\,\% \leq w < 25\,\%$	Gefahr	GHS05	H314 H335	2
$5\,\% \leq w < 10\,\%$	Achtung	GHS07	H315 H319 H335	2
Ammoniumcarbonat	Achtung	GHS07	H302	1
Ammoniumchlorid	Achtung	GHS07	H302 H319	2
Bariumchlorid, wasserfrei	Gefahr	GHS06	H301 H332	1-3
Bariumchloridlösung $3\,\% \leq w < 25\,\%$	Achtung	GHS07	H302	1
Bariumhydroxid, Bariumhydroxid-Octahydrat	Gefahr	GHS05 GHS07	H302 H314 H332	1-3
Bariumoxid	Gefahr	GHS06 GHS05	H301 H314 H332	1-3
Benzoesäure	Achtung	GHS07	H302 H319	10-12
Blei (bioverfügbar)	Gefahr	GHS08 GHS07 GHS09	H360Df H302 H332 H373 H410	8
Blei(II)-acetat	Gefahr	GHS08 GHS09	H351 H360Df H373 H410	8-14
Brom	Gefahr	GHS06 GHS05 GHS09	H330 H314 H400	16

Gefahrstoff	Signalwort	Piktogrammcode	H-Sätze und EUH-Sätze	E-Sätze
Bromethan (Ethylbromid)	Gefahr	GHS02 GHS08 GHS07	H225 H302 H332 H351	10
Bromthymolblaulösung (ethanolisch, $w = 0,1\,\%$)	Gefahr	GHS02	H225	10
Bromwasser $1\,\% \leq w < 5\,\%$	Gefahr	GHS06	H311 H330	16
Bromwasserstoff	Gefahr	GHS04 GHS06 GHS05	H280 H314 H331	2
n-Butan	Gefahr	GHS02 GHS04	H220 H280	7
Butan-1-ol	Gefahr	GHS02 GHS05 GHS07	H226 H302 H335 H315 H318 H336	10
Butansäure (Buttersäure)	Gefahr	GHS05	H314	10
Calcium	Gefahr	GHS02	H261 EUH014	15
Calciumcarbid	Gefahr	GHS02	H260	15-16
Calciumchlorid	Achtung	GHS07	H319	1
Calciumhydroxid (Löschkalk)	Gefahr	GHS05 GHS07	H315 H318 H335	2
Calciumoxid	Gefahr	GHS05 GHS07	H315 H318 H335	2
Chlor	Gefahr	GHS03 GHS04 GHS06 GHS09	H270 H280 H330 H319 H335 H315 H400 EUH071	16
Chlorethan (Ethylchlorid)	Gefahr	GHS02 GHS04 GHS08	H220 H351 H412	16
Chlormethan (Methylchlorid)	Gefahr	GHS02 GHS04 GHS08	H220 H351 H373	7-12
Chlorwasser, gesättigt $w \approx 0,7\,\%$	Achtung	GHS07	H332	16
Chlorwasserstoff	Gefahr	GHS04 GHS06 GHS05	H280 H331 H314 EUH071	2
Citronensäure	Gefahr	GHS05	H318	3
Dibenzoylperoxid	Gefahr	GHS02 GHS07	H242 H319 H317	10-12

w: Massenanteil

Gefahrstoff	Signal-wort	Pikto-gramm-code	H-Sätze und EUH-Sätze	E-Sätze
Diethylether (Ether)	Gefahr	GHS02 GHS07	H224 H302 H336 EUH019 EUH066	9-10-12
Eisen, Pulver	Gefahr	GHS02	H228	3
Eisen(III)-chlorid	Gefahr	GHS05 GHS07	H302 H315 H317 H318	2
Eisen(II)-sulfat, Eisen(II)-sulfat-lösung $w \geq 25\%$	Achtung	GHS07	H302 H319 H315	2
Eisen(II)-sulfid	Achtung	GHS09	H400 EUH031	8
Essigsäure (Ethansäure) $w \geq 90\%$	Gefahr	GHS02 GHS05	H226 H314	2-10
$25\% \leq w < 90\%$	Gefahr	GHS05	H314	2-10
$10\% \leq w < 25\%$	Achtung	GHS07	H319 H315	2-10
Essigsäureanhydrid	Gefahr	GHS02 GHS05 GHS07	H226 H332 H302 H314 H335	2-10
Essigsäureethylester (Ethylacetat)	Gefahr	GHS02 GHS07	H225 H319 H336 EUH066	10-12
Ethan	Gefahr	GHS02 GHS04	H220 H280	7
Ethanal (Acetaldehyd)	Gefahr	GHS02 GHS08 GHS07	H224 H351 H319 H335	9-10-12-16
Ethanallösung (Acetaldehydlösung) $w \geq 10\%$	Achtung	GHS08 GHS07	H351 H319 H335	9-10-12-16
Ethandiol	Achtung	GHS07	H302	1-10
Ethanol (Brennspiritus)	Gefahr	GHS02	H225	1-10
Ethen (Ethylen)	Gefahr	GHS02 GHS04 GHS07	H220 H280 H336	7
Ethin (Acetylen)	Gefahr	GHS02 GHS04	H220 H280 EUH006	7
Fehling'sche Lösung I	Achtung	GHS07	H302 H319 H315 H410	8
Fehling'sche Lösung II	Gefahr	GHS05	H314	2
n-Heptan	Gefahr	GHS02 GHS08 GHS07 GHS09	H225 H304 H315 H336 H410	10-12
Hexan-1-ol	Achtung	GHS07	H302	10

Gefahrstoff	Signal-wort	Pikto-gramm-code	H-Sätze und EUH-Sätze	E-Sätze
Hex-1-en	Gefahr	GHS02 GHS08	H225 H304	10-12
Hex-1-in	Gefahr	GHS02 GHS08 GHS07	H225 H304 H315 H319 H335	10-12
Iod	Achtung	GHS07 GHS09	H332 H312 H400	1-16
Iodwasserstoff	Gefahr	GHS04 GHS05	H314	1
Isobutanol (2-Methyl-propan-1-ol)	Gefahr	GHS02 GHS05 GHS07	H226 H315 H318 H336 H335	10
Kalium	Gefahr	GHS02 GHS05	H260 H314 EUH014	6-12-16
Kaliumcarbonat	Achtung	GHS07	H319 H315 H335	1
Kaliumchlorat	Gefahr	GHS03 GHS07 GHS09	H271 H302 H332 H411	1-6
Kaliumhydroxid (Ätzkali)	Gefahr	GHS05 GHS07	H302 H314 H290	2
Kaliumhydroxid-lösung (Kalilauge) $w \geq 5\%$	Gefahr	GHS05 GHS07	H302 H314	2
$2\% \leq w < 5\%$	Gefahr	GHS05	H314	2
$0,5\% \leq w < 2\%$	Achtung	GHS07	H319 H315	2
Kaliumnitrat	Achtung	GHS03	H272	1
Kaliumnitrit	Gefahr	GHS03 GHS06 GHS09	H272 H301 H400	1-16
Kaliumpermanganat	Gefahr	GHS03 GHS07 GHS09	H272 H302 H410	1-6
Kaliumpermanganat-lösung $w \geq 25\%$	Gefahr	GHS07 GHS09	H302 H410	1-6
Kohlenstoffmono-oxid	Gefahr	GHS02 GHS04 GHS06 GHS08	H220 H280 H360D H331 H372	7
Kupfer, Pulver	Gefahr	GHS02 GHS09	H228 H410	3
Kupferacetat	Achtung	GHS07 GHS09	H302 H315 H319 H335 H410	11
Kupfer(II)-chlorid	Achtung	GHS07 GHS09	H302 H319 H315 H335 H400	11

Anhang

Gefahrstoff	Signal-wort	Pikto-gramm-code	H-Sätze und EUH-Sätze	E-Sätze
Kupfer(II)-chlorid-lösung $3\% \leq w < 25\%$	Achtung	GHS07	H302	11
Kupfer(II)-hydroxid-carbonat (Malachit)	Achtung	GHS07	H302	8-12
Kupfer(I)-oxid	Achtung	GHS07 GHS09	H302 H410	8-16
Kupfer(II)-oxid	Achtung	GHS07 GHS09	H302 H410	8-16
Kupfer(II)-sulfat, Kupfer(II)-sulfat-Pentahydrat	Achtung	GHS07 GHS09	H302 H319 H315 H410	11
Kupfer(II)-sulfat-lösung $w \geq 25\%$	Achtung	GHS07 GHS09	H302 H319 H315 H410	11
Lithium	Gefahr	GHS02 GHS05	H260 H314 EUH014	15-1
Lithiumchlorid	Achtung	GHS07	H302 H319 H315	1
Magnesium, Pulver oder Späne (phlegmatisiert)	Gefahr	GHS02	H228 H261 H251	3
Mangan(IV)-oxid (Braunstein)	Gefahr	GHS03 GHS07	H272 H332 H302	3
Methan	Gefahr	GHS02 GHS04	H220 H280	7
Methanal (Formaldehyd), wasserfrei	Gefahr	GHS06 GHS08 GHS05	H301 H311 H314 H317 H330 H351	10-12-16
Methanallösung (Formaldehydlösung) $w \geq 25\%$	Gefahr	GHS06 GHS08 GHS05	H351 H330 H311 H301 H314 H317 H335 H370	10-12-16
$5\% \leq w < 25\%$	Gefahr	GHS06 GHS08	H351 H331 H311 H301 H319 H315 H317 H335	1-10
$0,2\% \leq w < 5\%$	Gefahr	GHS08 GHS07	H302 H317 H351	1-10
Methanol	Gefahr	GHS02 GHS06 GHS08	H225 H331 H311 H301 H370	1-10
Methansäure s. Ameisensäure				

Gefahrstoff	Signal-wort	Pikto-gramm-code	H-Sätze und EUH-Sätze	E-Sätze
Natrium	Gefahr	GHS02 GHS05	H260 H314 EUH014	6-12-16
Natriumcarbonat	Achtung	GHS07	H319	1
Natriumfluorid	Gefahr	GHS06	H301 H315 H319 EUH032	5
Natriumhydroxid (Ätznatron)	Gefahr	GHS05	H290 H314	2
Natriumhydroxid-lösung (Natronlauge) $w \geq 2\%$	Gefahr	GHS05	H290 H314	2
$0,5\% \leq w < 2\%$	Achtung	GHS07	H315 H319	1
Natriumiodid	Achtung	GHS09	H400	6-12-16
Natriumnitrat	Gefahr	GHS03 GHS07	H272 H302	1
Natriumnitrit	Gefahr	GHS03 GHS06 GHS09	H272 H301 H400	1-16
Natriumoxalat	Achtung	GHS07	H302 H312	
Natriumsulfid	Gefahr	GHS08 GHS07 GHS09	H302 H332 H360Df H373 H410	1
n-Octan	Gefahr	GHS02 GHS08 GHS07 GHS09	H225 H304 H315 H336 H410	10-12
Octan-1-ol	Achtung	GHS07	H319	10
Oxalsäure	Achtung	GHS07	H312 H302	5
Oxalsäurelösung $w \geq 5\%$	Achtung	GHS07	H312 H302	5
n-Pentan	Gefahr	GHS02 GHS08 GHS07 GHS09	H225 H304 H336 H411 EUH066	10-12
Pentan-1-ol	Achtung	GHS02 GHS07	H226 H315 H332 H335	10-14
Petrolether (Leichtbenzin)	Gefahr	GHS02 GHS08 GHS07 GHS09	H225 H304 H315 H336 H411	10-12
Petroleum	Gefahr	GHS08	H304	10-12
Petroleumbenzin	Gefahr	GHS02 GHS08 GHS07 GHS09	H225 H304 H315 H336 H361f H373 H411	10-12
Phenolphthalein-lösung (ethanolisch, $w > 1\%$)	Gefahr	GHS02	H225	1-10

Gefahrstoff	Signal-wort	Pikto-gramm-code	H-Sätze und EUH-Sätze	E-Sätze
Phosphor, rot	Gefahr	GHS02	H228 H412	6-9
Phosphor(V)-oxid	Gefahr	GHS05	H314	2
Phosphorsäure $w \geq 25\%$	Gefahr	GHS05	H290 H314	2
$10\% \leq w < 25\%$	Achtung	GHS07	H319 H315	1
Propan	Gefahr	GHS02 GHS04	H220 H280	7
Propanal	Gefahr	GHS02 GHS07	H225 H319 H335 H315	9-10-12-16
Propan-1-ol	Gefahr	GHS02 GHS05 GHS07	H225 H318 H336	10
Propan-2-ol	Gefahr	GHS02 GHS07	H225 H319 H336	10
Propanon s. Aceton				
Propansäure (Propionsäure) $10\% \leq w < 25\%$	Gefahr	GHS02 GHS05	H326 H314	2
Resorcin (1,3-Dihydroxyben-zol)	Achtung	GHS07 GHS09	H302 H319 H315 H400	10
Rohöl (synthetisch)	Gefahr	GHS02 GHS07 GHS09	H224 H315 H336 H411	10-12
Salpetersäure $w \geq 65\%$	Gefahr	GHS03 GHS05	H272 H290 H314	2
$5\% \leq w < 65\%$	Gefahr	GHS05	H314	2
Salzsäure $w \geq 25\%$	Gefahr	GHS05 GHS07	H314 H335	2
$10\% \leq w < 25\%$	Achtung	GHS07	H315 H319 H335	2
Sauerstoff	Gefahr	GHS03 GHS04	H270 H280	7
Schiffs Reagenz	Achtung	GHS07	H319 H335	2
Schwefel	Achtung	GHS07	H315	3
Schwefeldioxid	Gefahr	GHS04 GHS06 GHS05	H331 H314 H280 EUH071	7
Schwefelsäure $w \geq 15\%$	Gefahr	GHS05	H290 H314	2
$5\% \leq w < 15\%$	Gefahr	GHS05	H290 H319 H315	2
Schwefelwasserstoff	Gefahr	GHS02 GHS04 GHS06 GHS09	H220 H330 H400	2-7
Schwefelwasserstoff-lösung $0,1\% \leq w \leq 1\%$	Achtung	GHS07	H332	2
Schweflige Säure $w \geq 5\%$	Gefahr	GHS05 GHS07	H332 H314	2
$0,5\% \leq w < 5\%$	Gefahr	GHS07	H332 H314	
Silbernitrat	Gefahr	GHS03 GHS05 GHS09	H272 H314 H410	12-13-14
Silbernitratlösung $5\% \leq w \leq 10\%$	Achtung	GHS07	H319 H315	12-13-14
Silberoxid	Gefahr	GHS03 GHS05	H272 H314 EUH044	12-13-14
Strontiumchlorid	Achtung	GHS07	H319 H315 H335	1-11
Styrol	Achtung	GHS02 GHS08 GHS07	H226 H304 H332 H335 H319 H315 H372	10-12
Wasserstoff	Gefahr	GHS02 GHS04	H220 H280	7
Wasserstoff-peroxidlösung $30\% \leq w < 50\%$	Gefahr	GHS03 GHS05 GHS07	H271 H332 H302 H314 H335	1
$8\% \leq w < 30\%$	Gefahr	GHS05 GHS07	H302 H318	1
$5\% \leq w < 8\%$	Achtung	GHS07	H332 H302 H319	1
Weinsäure	Gefahr	GHS05	H138	1-10
Zink, Pulver o. Staub (stabilisiert)	Achtung	GHS09	H410	3
Zinkbromid	Gefahr	GHS05 GHS09	H314 H410	1-11
Zinkchlorid	Gefahr	GHS05 GHS07 GHS09	H302 H314 H335 H410	1-11
Zinkchloridlösung $5\% \leq w < 10\%$	Achtung	GHS07	H319 H315	1-11
Zinkiodid	Gefahr	GHS07	H319 H315	12-16
Zinkoxid	Achtung	GHS09	H410	3
Zinksulfat, wasserfrei	Gefahr	GHS05 GHS07 GHS09	H302 H318 H410	1-11
Zinn(II)-chlorid	Achtung	GHS07	H302 H315 H317 H319 H335	1-11

Einfache Laborgeräte

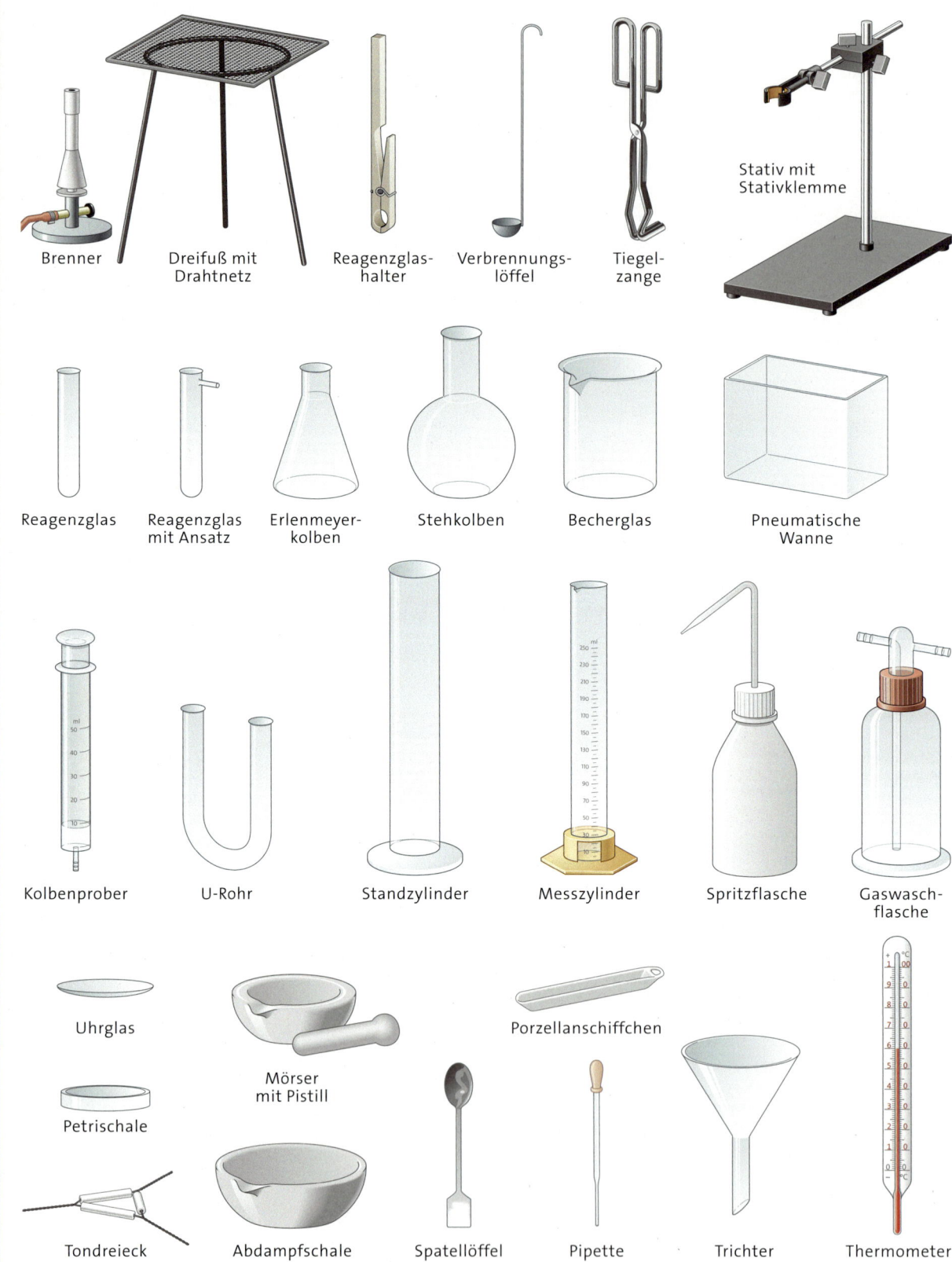

Brenner

Dreifuß mit
Drahtnetz

Reagenzglas-
halter

Verbrennungs-
löffel

Tiegel-
zange

Stativ mit
Stativklemme

Reagenzglas

Reagenzglas
mit Ansatz

Erlenmeyer-
kolben

Stehkolben

Becherglas

Pneumatische
Wanne

Kolbenprober

U-Rohr

Standzylinder

Messzylinder

Spritzflasche

Gaswasch-
flasche

Uhrglas

Mörser
mit Pistill

Porzellanschiffchen

Petrischale

Tondreieck

Abdampfschale

Spatellöffel

Pipette

Trichter

Thermometer

Wichtige Größen in der Chemie

Größen in der Chemie

Größe	Formelzeichen	Einheit
Masse	m	kg, g
Volumen	V	m^3, ℓ
Stoffmenge	n	mol
molare Masse	M	g/mol
molares Volumen	V_m	ℓ/mol
Teilchenanzahl	N	1
Dichte	ϱ	kg/m^3, g/cm^3, g/ℓ
Massenanteil	w	1, %
Volumenanteil	φ	1, %
Massen-konzentration	β	g/ℓ
Stoffmengen-konzentration	c	mol/ℓ
Temperatur	T, ϑ	K, °C

Größengleichungen in der Chemie

Dichte	$\varrho = \dfrac{m}{V}$ $\quad$ $\varrho = \dfrac{M}{V_m}$
molare Masse	$M = \dfrac{m}{n}$
molares Volumen	$V_m = \dfrac{V}{n}$
Massenanteil	$w(\text{Stoff}) = \dfrac{m(\text{Stoff})}{m(\text{Stoffgemisch})}$
Volumenanteil	$\varphi(\text{Stoff}) = \dfrac{V(\text{Stoff})}{V(\text{Stoffgemisch})}$
Massen-konzentration	$\beta(\text{Stoff}) = \dfrac{m(\text{Stoff})}{V(\text{Stoffgemisch})}$
Stoffmengen-konzentration	$c(\text{Stoff}) = \dfrac{n(\text{Stoff})}{V(\text{Stoffgemisch})}$

Vorsätze von Einheiten (Auswahl)

Vorsatz	Kurzzeichen	Faktor, mit dem die Einheit multipliziert wird	
Giga	G	1 000 000 000	(10^9)
Mega	M	1 000 000	(10^6)
Kilo	k	1 000	(10^3)
Hekto	h	100	(10^2)
Dezi	d	0,1	(10^{-1})
Zenti	c	0,01	(10^{-2})
Milli	m	0,001	(10^{-3})
Mikro	μ	0,000 001	(10^{-6})
Nano	n	0,000 000 001	(10^{-9})

Konstanten in der Chemie

Normdruck p_n	$p_n = 1013\,\text{hPa}$
Normtemperatur T_n	$T_n = 273{,}15\,\text{K}$
Molares Volumen eines idealen Gases im Norm-zustand $V_{m,n}$	$V_{m,n} = 22{,}4\,\ell/\text{mol}$
Avogadro-Konstante N_A	$N_A = 6{,}022\,136\,7 \cdot 10^{23}\,\text{mol}^{-1}$

Glossar

A

Aggregatzustand: Zustandsform aller ▸ Stoffe. Man unterscheidet drei Aggregatzustände: fest (gleichbleibende Form/gleichbleibendes Volumen), flüssig (veränderliche Form/gleichbleibendes Volumen) und gasförmig (veränderliche Form/veränderliches Volumen).

Akkumulator: Wiederaufladbare ▸ galvanische Zelle, bei der im Entladevorgang chemische Energie in elektrische Energie umgewandelt wird. Im Ladevorgang wird elektrische Energie wieder in chemische Energie umgewandelt. Beispiele: Bleiakkumulator, Lithium-Ionen-Akkumulator

Aktivierungsenergie: Energie, die zum Auslösen einer ▸ chemischen Reaktion für das Erreichen des reaktionsbereiten Zustands der Teilchen der Ausgangsstoffe, z.B. durch Wärme- oder Lichtzufuhr, notwendig ist.

Alkalimetalle: Elementfamilie der Elemente der I. Hauptgruppe. Alkalimetallatome bilden durch Elektronenabgabe einfach geladene ▸ Kationen.

Alkalische Lösungen: Wässrige ▸ Lösungen, die hydratisierte ▸ Hydroxid-Ionen [OH⁻ (aq)] enthalten. Die Hydroxid-Ionen bewirken bei ▸ Indikatoren eine typische Farbänderung.

Analyse: ▸ Chemische Reaktion zur Zerlegung einer ▸ Verbindung in ihre Elemente.

Anion: Negativ elektrisch geladenes ▸ Ion.

Atom: Teilchen, aus denen ▸ Stoffe aufgebaut sein können. Alle Atome eines ▸ Elements besitzen die gleiche Anzahl ▸ Protonen im Atomkern.

Atommasse: Die Masse eines ▸ Atoms ist unvorstellbar klein. Deshalb wird die Atommasse in der atomaren Masseneinheit unit (u) angegeben. 1 u entspricht ungefähr der Masse eines Wasserstoffatoms.

Avogadro-Konstante: Wert, der angibt, wie viele Teilchen in einem Mol eines Stoffes enthalten sind.

$$N_A = 6 \cdot 10^{23} \, \tfrac{1}{\text{mol}}$$

B

Basen: Stoffe, die in Wasser gelöst ▸ alkalische Lösungen bilden.

Brennstoffzelle: ▸ Galvanische Zelle, in die die Ausgangsstoffe fortlaufend von außen zugeführt werden. Brennstoffzellen liefern kontinuierlich elektrische Energie. Beispiel: Wasserstoff-Sauerstoff-Brennstoffzelle.

C

Chemische Bindung: Zusammenhalt von Teilchen (▸ Atomen oder ▸ Ionen) in ▸ Stoffen durch anziehende bzw. abstoßende Kräfte. Die wichtigsten chemischen Bindungen sind die ▸ Elektronenpaarbindung (Atombindung) und die ▸ Ionenbindung.

Chemische Formel: Chemisches Zeichen für Verbindungen. Sie kennzeichnet jeweils den Stoff und bei ▸ Ionenverbindungen eine Baueinheit und deren Zusammensetzung (▸ Verhältnisformel) sowie bei ▸ Molekülverbindungen ein ▸ Molekül und dessen Zusammensetzung (▸ Molekülformel).

Chemische Reaktion: Bei einer chemischen Reaktion werden durch Stoffumwandlung neue ▸ Stoffe mit anderen Eigenschaften gebildet. Jede chemische Reaktion ist auch durch Energieumwandlung gekennzeichnet. Dabei unterscheidet man ▸ exotherme und ▸ endotherme Reaktionen. Bei chemischen Reaktionen gruppieren sich die ▸ Atome der Ausgangsstoffe zu der in den Produkten charakteristischen Anordnung um.

Chemische Reaktion mit Elektronenübertragung: Chemische Reaktion, bei der zwischen den Teilchen der reagierenden Stoffe ▸ Elektronen übertragen werden. Solche Reaktionen sind ▸ Redoxreaktionen. Elektronenabgabe (▸ Oxidation) und Elektronenaufnahme (▸ Reduktion) finden dabei stets gleichzeitig statt.

Chemisches Symbol: International einheitliches chemisches Zeichen, das ein ▸ Element oder ein ▸ Atom dieses Elements kennzeichnet.

Chemische Verbindung: ▸ Reinstoffe, die durch ▸ chemische Reaktion in die ▸ Elemente zerlegt oder aus diesen gebildet werden können. Chemische Verbindungen sind aus mindestens zwei verschiedenen Atomarten aufgebaut.

D

Dichte: messbare Eigenschaft eines Stoffes, die zu seiner Charakterisierung dient. Die Dichte ist der Quotient aus Masse und Volumen einer Stoffportion. Sie ist unabhängig von Form und Größe der Stoffportion.

$$\varrho = \frac{m}{V} \qquad \text{Einheit: } 1\frac{g}{cm^3}$$

Diffusion: eigenständiges Durchmischen zweier ▸ Stoffe (z. B. zweier Flüssigkeiten) aufgrund der Teilchenbewegung (Brown'sche Bewegung).

Dipolmoleküle: Moleküle, in denen getrennte Ladungsschwerpunkte für die positive und die negative elektrische Teilladung existieren. In ihnen liegt eine ▸ polare Elektronenpaarbindung vor. Beispiele: Chlorwasserstoffmolekül, Wassermolekül.

E

Edelgase: Elementfamilie der Elemente der VIII. Hauptgruppe. Sie sind sehr reaktionsträge.

Edelgaskonfiguration: Besonders stabile Elektronenkonfiguration. Die äußere Elektronenschale ist wie bei ▸ Edelgasen mit acht ▸ Elektronen besetzt (beim Helium mit zwei). Sie wird im Fall von acht Elektronen auch als Elektronenoktett bezeichnet.

Elektrolyse: ▸ Chemische Reaktion, bei der eine ▸ chemische Verbindung mithilfe von elektrischer Energie zerlegt wird. Elektrolysen sind ▸ endotherme Redoxreaktionen, bei denen durch den elektrischen Strom Elektronenübertragungen an Elektroden erzwungen werden. Elektrische Energie wird dabei in chemische Energie umgewandelt.

Elektron: Negativ elektrisch geladenes Teilchen in der Atomhülle von ▸ Atomen.

Elektronegativität: Nach PAULING ein Vergleichswert für die Anziehungskräfte von ▸ Atomen unterschiedlicher chemischer Elemente auf bindende Elektronenpaare. Die Polarität einer chemischen Bindung kann mithilfe der Differenz der Elektronegativitätswerte der ▸ Elemente abgeschätzt werden.

Elektronenakzeptor: Teilchen, das ▸ Elektronen aufnimmt.

Elektronendonator: Teilchen, das ▸ Elektronen abgibt.

Elektronenkonfiguration: Anordnung der ▸ Elektronen in den Elektronenschalen eines ▸ Atoms.

Elektronenpaarabstoßungsmodell: Modell zur Voraussage des räumlichen Baus einfacher ▸ Moleküle, das bindende und freie Elektronenpaare im Molekül betrachtet. Diese ordnen sich so im Molekül an, dass ihr Abstand am größten und damit ihre gegenseitige Abstoßung am geringsten ist.

Elektronenpaarbindung (Atombindung): Art der ▸ chemischen Bindung, die durch gemeinsame Elektronenpaare zwischen den ▸ Atomen bewirkt

wird, z. B. in Wasserstoff-, Chlor- und Sauerstoffmolekülen.

Element: ▸ Reinstoff, der nur aus gleichartigen ▸ Atomen besteht.

Elementarteilchen: Teilchen, aus denen ▸ Atome aufgebaut sind, z. B. ▸ Protonen, ▸ Neutronen und ▸ Elektronen.

Elementfamilie: Gruppe von ▸ Elementen mit ähnlichen Eigenschaften und Reaktionen.

Endotherme Reaktion: ▸ Chemische Reaktion, die unter Aufnahme von Wärme aus der Umgebung abläuft. Die chemische Energie der Ausgangsstoffe ist kleiner als die chemische Energie der Reaktionsprodukte.

Erdalkalimetalle: ▸ Elementgruppe der Elemente der II. Hauptgruppe. Erdalkalimetallatome bilden durch Elektronenabgabe zweifach geladene ▸ Kationen.

Exotherme Reaktion: ▸ Chemische Reaktion, die unter Abgabe von Wärme an die Umgebung abläuft. Die chemische Energie der Ausgangsstoffe ist größer als die chemische Energie der Reaktionsprodukte.

F

Flammpunkt: Temperatur, bei der der Dampf über einem brennbaren Stoff durch Zündung entflammt werden kann.

G

Galvanische Zelle: Kombination aus zwei elektrochemischen Halbzellen, mit der chemische Energie in elektrische Energie umgewandelt wird. Beispiel: Batterie, Akkumulator, Brennstoffzelle.

Gesetz der konstanten Massenverhältnisse: In jeder ▸ chemischen Verbindung sind die ▸ Elemente in einem bestimmten konstanten Massenverhältnis gebunden.

Gesetz der Periodizität: Im ▸ Periodensystem kehren Elemente mit ähnlichem Atombau und ähnlich chemischem Verhalten periodisch wieder.

Gesetz von der Erhaltung der Masse: Bei ▸ chemischen Reaktionen ist die Masse der Ausgangsstoffe gleich der Masse der Reaktionsprodukte.
$$m(\text{Ausgangsstoffe}) = m(\text{Reaktionsprodukte})$$

Glimmspanprobe: Nachweis für ▸ Sauerstoff. In reinem Sauerstoff flammt ein glimmender Holzspan hell auf.

H

Halbmetalle: ► Elemente, die mit ihren Eigenschaften zwischen ► Metallen und Nichtmetallen stehen.

Halogene: ► Elementgruppe der Elemente der VII. Hauptgruppe. Die ► Atome der Halogene bilden durch Elektronenaufnahme einfach geladene ► Anionen.

Halogenwasserstoffe: ► Halogene reagieren mit ► Wasserstoff zu Halogenwasserstoffen.

Hochofenprozess: Verfahren zur Herstellung von Roheisen aus Eisenerzen durch ► Redoxreaktionen im Hochofen.

Hydroxid-Ion: In einem Hydroxid-Ion ist ein Sauerstoffatom mit einem Wasserstoffatom über eine ► Elektronenpaarbindung verbunden. Chemisches Zeichen: OH^-

I

Indikator: Farbstoffe, die in ► sauren oder ► alkalischen Lösungen eine typische Farbänderung zeigen.

Ion: Positiv oder negativ elektrisch geladenes Teilchen in der Größenordnung von ► Atomen. Durch Aufnahme oder Abgabe von Elektronen können aus Atomen Ionen gebildet werden.

Ionenbindung: Art der ► chemischen Bindung, die durch Anziehung zwischen ungleichnamig elektrisch geladenen ► Ionen bewirkt wird. Die gebundenen Teilchen sind ► Ionen. Sie liegt in ► Ionenverbindungen vor, z. B. im Kaliumchlorid und im Magnesiumchlorid.

Ionenverbindung: Salzartige, aus ► Ionen aufgebaute Stoffe. Es sind harte, spröde Stoffe, mit meist hohen Schmelztemperaturen. Sie besitzen keine elektrische Leitfähigkeit im festen Zustand, sind aber als Schmelzen und in ► Lösungen elektrisch leitend. Beispiele: Natriumchlorid, Magnesiumoxid.

Isotop: ► Atome eines Elements mit gleicher Anzahl an ► Protonen, aber unterschiedlicher Anzahl an ► Neutronen und damit unterschiedlicher ► Atommasse.

K

Kalkwasserprobe: Nachweis für ► Kohlenstoffdioxid. Kalkwasser trübt sich milchig weiß bei Einleitung von Kohlenstoffdioxid.

Katalysator: Stoffe, die die ► Aktivierungsenergie einer ► chemischen Reaktion herabsetzen, ohne selbst dabei verbraucht zu werden.

Kation: Positiv elektrisch geladenes ► Ion.

Kern-Hülle-Modell: Modellvorstellung vom ► Atom. Nach diesem Modell bestehen Atome aus einem Atomkern und einer Atomhülle. Im Atomkern befinden sich positiv elektrisch geladene ► Protonen. In der Atomhülle befinden sich negativ elektrisch geladene ► Elektronen.
Atome sind elektrisch neutral, da die Anzahl der Protonen und die Anzahl der Elektronen übereinstimmen.

Kernladungszahl: Zahl, die die Anzahl der ► Protonen im Atomkern angibt. Sie entspricht der ► Ordnungszahl des ► Elements im ► Periodensystem der Elemente.

Knallgasprobe: Nachweis für Wasserstoff (in Kombination mit ► Wassernachweis). Ein Gasgemisch aus Wasserstoff und Luft bzw. Sauerstoff reagiert explosionsartig unter einem lauten Knall.

Kohlenstoffdioxid: Luftbestandteil, der sich durch ► Verbrennung von Erdöl, Kohle und Erdgas in der Atmosphäre anreichert und den natürlichen Treibhauseffekt verstärkt. Als Nachweis dient die ► Kalkwasserprobe.

Korrosion: Eine von der Oberfläche ausgehende Zerstörung von ► Metallen und ► Legierungen durch elektrochemische Reaktionen. Sie beruht auf Elektronenübertragungsreaktionen.

L

Laugen: Wässrige ► Lösungen von Metallhydroxiden. Laugen enthalten ► Hydroxid-Ionen $[OH^- (aq)]$.

Legierung: homogene ► Stoffgemische aus verschiedenen ► Metallen. Legierungen unterscheiden sich in ihren Eigenschaften von den reinen ► Metallen, aus denen sie hergestellt wurden.

Löslichkeit: Gibt an, welche Masse eines festen Stoffes unter Normbedingungen (20 °C, 1 013 hPa) in 100 g eines Lösemittels höchstens gelöst werden. Bei der Löslichkeit von Gasen wird angegeben, welche Masse eines Gases sich in 1 Liter Lösemittel höchstens löst.

Lösung: Homogene Gemische aus mindestens zwei reinen Stoffen. Sie bestehen aus gelöstem Stoff und Lösemittel. Wässrige Lösungen können sauer, neutral oder alkalisch sein. Sie sind durch ► Indikatoren nachweisbar.

Luft: ► Stoffgemisch aus mehreren Gasen. Hauptbestandteile sind ► Stickstoff ($\varphi = 78\,\%$) und ► Sauerstoff ($\varphi = 21\,\%$). Weitere Luftbestandteile sind die Edelgase und ► Kohlenstoffdioxid.

Luftschadstoffe: Die in der ▶ Luft enthaltenen Luftverunreinigungen wie Schwefeldioxid, Stickstoffoxide, Kohlenstoffmonooxid und Ozon. Luftschadstoffe können Pflanzen, Tiere und Menschen schädigen und das Klima auf der Erde beeinflussen.

M

Massenzahl: Zahl, die der Summe der Anzahl der ▶ Protonen und ▶ Neutronen im Atomkern entspricht. Die Massenzahl ist gleich der Nukleonenzahl.

Metall: ▶ Stoffe, die Wärme und den elektrischen Strom gut leiten. Sie lassen sich verformen und zeigen einen für Metalle typischen Glanz. Metalle bilden aufgrund ihrer charakteristischen Eigenschaften eine eigene Stoffgruppe. Metalle lassen sich nach der Dichte in Leichtmetalle ($\varrho < 5\,g/cm^3$) und Schwermetalle ($\varrho > 5\,g/cm^3$) sowie nach der Reaktivität gegenüber ▶ Sauerstoff und ▶ sauren Lösungen in unedle Metalle und Edelmetalle einteilen.

Metallhalogenide: ▶ Halogene reagieren mit ▶ Metallen zu Metallhalogeniden.

Molare Masse M: Quotient aus der Masse m und der ▶ Stoffmenge n einer Stoffportion mit der Einheit g/mol. Sie ist für jeden ▶ Stoff charakteristisch. Aus der molaren Masse eines Stoffes lässt sich die Masse eines Mols dieses Stoffes ableiten.

$$M = \frac{m}{n} \qquad \text{Einheit: } 1\,\frac{g}{mol}$$

Molares Volumen V_m: Quotient aus dem Volumen und der ▶ Stoffmenge n einer Stoffportion eines Gases.

$$V_m = \frac{V}{n} \qquad \text{Einheit: } 1\,\frac{l}{mol}$$

Unter Normbedingungen beträgt das molare Volumen $V_m = 22{,}4\,l/mol$.

Molekül: Teilchen, das aus zwei oder mehr fest miteinander verbundenen ▶ Atomen zusammengesetzt ist.

Molekülformel: Aus der Molekülformel ist erkennbar, aus welchen ▶ Elementen und wie viele ▶ Atome dieses Elements im Molekül miteinander verbunden sind. Die Molekülformel gibt die genaue Zusammensetzung einer ▶ Molekülverbindung wieder.

Molekülverbindung: Meist gasförmige oder flüssige, aus ▶ Molekülen aufgebaute Stoffe mit relativ niedrigen ▶ Siedetemperaturen. Sie sind nicht elektrisch leitend.
Beispiele: Brom, Chlorwasserstoff, Wasser.

N

Neutrale Lösung: Wässrige ▶ Lösung, die genauso viele ▶ Oxonium-Ionen wie ▶ Hydroxid-Ionen enthält. Sie ist weder sauer noch alkalisch. Ihr pH-Wert beträgt 7.

Neutralisation: ▶ Chemische Reaktion, bei der die hydratisierten ▶ Oxonium-Ionen einer ▶ sauren Lösung mit den hydratisierten ▶ Hydroxid-Ionen einer ▶ alkalischen Lösung zu Wassermolekülen reagieren. Neutralisationen verlaufen exotherm.

Neutron: Elektrisch neutrale Teilchen im Atomkern von ▶ Atomen.

O

Ordnungszahl: Zahl, die die Reihenfolge der ▶ Elemente im ▶ Periodensystem der Elemente kennzeichnet. Sie entspricht der ▶ Kernladungszahl und gibt die Anzahl der ▶ Protonen im Atomkern an.

Oxidation: Teilreaktion der ▶ Redoxreaktion, bei der eine Elektronenabgabe stattfindet. Sie ist die Umkehrung der ▶ Reduktion.

Oxidationsmittel: Stoff, der in einer ▶ Redoxreaktion einen anderen Stoff oxidiert. Oxidationsmittel sind ▶ Elektronenakzeptoren. Das Oxidationsmittel wird bei der Redoxreaktion reduziert.

Oxide: ▶ Chemische Verbindungen, in denen ein ▶ Metall oder ein Nichtmetall mit dem Element ▶ Sauerstoff verbunden ist. Oxide können durch ▶ chemische Reaktion von Metallen oder Nichtmetallen mit Sauerstoff entstehen.

Oxonium-Ion: In einem Oxonium-Ion ist ein Sauerstoffatom mit drei Wasserstoffatomen über jeweils eine ▶ Elektronenpaarbindung verbunden. Chemisches Zeichen: H_3O^+

P

Periodensystem der Elemente: Übersicht, in der die ▶ Elemente auf der Grundlage ihres Atombaus nach steigender ▶ Ordnungszahl angeordnet sind. Die Elemente sind in waagerechten Zeilen, den Perioden, und in senkrechten Spalten, den Gruppen, angeordnet.

pH-Wert: Maß für den Gehalt einer Lösung an Wasserstoff-Ionen. Er wird aus der ▶ Stoffmengenkonzentration der ▶ Oxonium-Ionen berechnet. Bei pH = 7 liegt eine neutrale Lösung vor, bei pH-Werten unter 7 ist die Lösung sauer, bei pH-Werten über 7 liegt eine alkalische Lösung vor.

Polare Elektronenpaarbindung: Art der chemischen Bindung in Molekülen. Sind verschiedenartige ▶ Atome miteinander verbunden, liegt eine polare Elektronenpaarbindung vor, in der das gemeinsame Elektronenpaar von den gebundenen Atomen unterschiedlich stark angezogen wird. Solche ▶ Moleküle sind häufig ▶ Dipolmoleküle. Als Vergleichsmaß zum Abschätzen der Polarität einer chemischen Bindung werden die ▶ Elektronegativitätswerte der Elemente nach PAULING genutzt. Beispiele: in Wassermolekülen und Chlorwasserstoffmolekülen

Proton: Positiv elektrisch geladenes Teilchen im Atomkern von ▶ Atomen.

R

Reaktion mit Protonenübertragung: ▶ Chemische Reaktion, bei der zwischen den Teilchen der reagierenden Stoffe ▶ Protonen übertragen werden.

Reaktionsgleichung: Beschreibt eine ▶ chemische Reaktion mithilfe chemischer Zeichen. Sie kennzeichnet die an der Reaktion beteiligten Stoffe und die Teilchen der Stoffe. Aus Reaktionsgleichungen lassen sich quantitative Aussagen über die kleinstmögliche Anzahl der reagierenden Teilchen, über die ▶ Stoffmengen aller Stoffe sowie über das ▶ Stoffmengenverhältnis der Stoffe untereinander ableiten. Beispiel: $2\,H_2\,(g) + O_2\,(g) \longrightarrow 2\,H_2O\,(l)$ | exotherm

Redoxreaktion: ▶ Chemische Reaktion, bei der ▶ Oxidation und ▶ Reduktion gleichzeitig ablaufen. Dabei wird das ▶ Reduktionsmittel oxidiert und das ▶ Oxidationsmittel reduziert. Redoxreaktionen sind Donator-Akzeptor-Reaktionen, bei denen zwischen Teilchen der reagierenden Stoffe Elektronenübertragungen stattfinden. Redoxreaktionen haben große Bedeutung bei technischen Prozessen, z. B. bei der Eisenerzeugung im ▶ Hochofenprozess.

Redoxreihe der Metalle: Anordnung von ▶ Metallen nach ihrem Bestreben, Elektronen abzugeben. Mithilfe der Redoxreihe der ▶ Metalle können mögliche ▶ Redoxreaktionen abgeschätzt werden.

Reduktion: Teilreaktion der ▶ Redoxreaktion, bei der eine Elektronenaufnahme stattfindet. Sie ist die Umkehrung der ▶ Oxidation.

Reduktionsmittel: ▶ Stoff, der in einer ▶ Redoxreaktion einen anderen Stoff reduziert. Reduktionsmittel sind ▶ Elektronendonatoren. Das Reduktionsmittel wird bei der Redoxreaktion oxidiert.

Reinstoff: ▶ Stoff, der aus einer Stoffart besteht. Reinstoffe können nicht weiter getrennt werden und haben einheitlich gleichbleibende Eigenschaftskombinationen.

S

Satz von Avogadro: Gleiche Volumina aller Gase enthalten bei gleicher Temperatur und gleichem Druck die gleiche Anzahl Teilchen.

Sauerstoff: Nichtmetall, das aus ▶ Molekülen aufgebaut ist. Sauerstoff ist ein farbloses und geruchloses Gas, das die ▶ Verbrennung anderer Stoffe fördert. Als Nachweis für Sauerstoff dient die Glimmspanprobe: Ein glimmender Holzspan flammt in reinem Sauerstoff auf.

Saure Lösungen: Wässrige Lösungen, die hydratisierte ▶ Oxonium-Ionen $[H_3O^+\,(aq)]$ enthalten. Die hydratisierten Oxonium-Ionen bewirken bei ▶ Indikatoren eine typische Farbänderung.

Säuren: Stoffe, die in Wasser gelöst ▶ saure Lösungen bilden.

Schalenmodell der Atomhülle: Atommodell, das besagt, dass die Atomhülle in Elektronenschalen gegliedert ist. In einer Elektronenschale halten sich Elektronen mit etwa gleicher Energie in gleichem Abstand zum Atomkern auf.

Schmelztemperatur: Temperatur, bei der ein ▶ Stoff vom festen in den flüssigen ▶ Aggregatzustand wechselt. Der Stoff schmilzt. Die Schmelztemperatur ist eine charakteristische Stoffeigenschaft, die aber von den äußeren Bedingungen abhängt (Luftdruck).

Siedetemperatur: Temperatur, bei der ein ▶ Stoff vom flüssigen in den gasförmigen ▶ Aggregatzustand wechselt. Der Stoff verdampft bzw. siedet. Die Siedetemperatur ist eine charakteristische Stoffeigenschaft, die aber von den äußeren Bedingungen abhängt (Luftdruck).

Stickstoff: Nichtmetall, das aus ▶ Molekülen aufgebaut ist. Stickstoff ist ein farbloses und geruchloses, nicht brennbares Gas, das Flammen erstickt.

Stoffe: Alle Gegenstände bestehen aus Stoffen. Stoffe erkennt man an ihren Eigenschaften. Die Eigenschaften der Stoffe lassen sich mithilfe der Sinnesorgane sowie mit Hilfsmitteln und Messgeräten ermitteln. Jeder Stoff besitzt eine für ihn typische Eigenschaftskombination, durch deren Angabe in einem Steckbrief jeder Stoff identifizierbar ist.

Der Bau der Stoffe lässt sich mithilfe des Teilchenmodells veranschaulichen. Man stellt sich dabei vor, dass die Stoffe aus kleinsten, unteilbaren Teilchen bestehen, die in ständiger Bewegung sind. Mit dem Teilchenmodell können Erscheinungen und Vorgänge gedeutet werden.

Stoffgemische: Stoffgemische bestehen aus mindestens zwei ▸ Reinstoffen. Sie können in Reinstoffe getrennt werden und haben keine einheitlich gleichbleibenden Eigenschaftskombinationen. Es werden homogene und heterogene Stoffgemische unterschieden. Beispiele für homogene Stoffgemische: Gasgemisch, ▸ Lösung, ▸ Legierung; Beispiele für heterogene Stoffgemische: Rauch, Suspension, Emulsion, Gemenge.

Stoffmenge *n*: Mathematische Größe, die der Zählbarkeit von Teilchen zugeordnet ist. Die Stoffmenge $n = 1$ mol gibt an, dass diese Stoffportion aus etwa $6 \cdot 10^{23}$ gleichartigen Teilchen besteht.

Stoffmengenkonzentration *c*: Quotient aus der ▸ Stoffmenge des gelösten Stoffes und dem Volumen der Lösung. Die Einheit ist mol/l.

$$c(\text{gelöster Stoff}) = \frac{n(\text{gelöster Stoff})}{V(\text{Lösung})} \qquad \text{Einheit: } 1\,\frac{\text{mol}}{\text{l}}$$

Synthese: ▸ Chemische Reaktion zur Bildung einer ▸ Verbindung aus den Elementen.

T

Titration: Verfahren zur Bestimmung der unbekannten ▸ Stoffmengenkonzentration einer ▸ sauren Lösung oder ▸ alkalischen Lösung.

Trennverfahren: Verfahren, die zum Trennen von ▸ Stoffgemischen genutzt werden. Beispiele für Trennverfahren: Sieben, Extrahieren, Sedimentieren, Filtrieren, Zentrifugieren, Eindampfen, Destillieren, Extrahieren, Chromatografieren.

V

Valenzstrichformel (Lewis-Formel): Strukturformel, in der bindende und nicht bindende (freie) Elektronenpaare dargestellt sind.

Van-der-Waals-Kräfte: Schwache Anziehungskräfte zwischen unpolaren ▸ Molekülen, z. B. zwischen Iodmolekülen.

Verbrennung: ▸ Chemische Reaktion, bei der ein Stoff mit dem Element ▸ Sauerstoff unter Entwicklung hoher Temperatur und Lichterscheinungen reagiert. Bei einer Verbrennung entstehen als Reaktionsprodukte ▸ Oxide. Die Verbrennung ist eine Redoxreaktion.

Verhältnisformel: Aus der Verhältnisformel ist ableitbar, aus welchen ▸ Elementen eine ▸ chemische Verbindung besteht und in welchem Anzahlverhältnis die ▸ Atome der Elemente in der Verbindung vorkommen.

W

Wärmeleitfähigkeit: Stoffeigenschaft, die kennzeichnet, wie gut ein ▸ Stoff die Wärme leitet. ▸ Metalle sind gute Wärmeleiter, Holz und Kunststoff sind schlechte Wärmeleiter.

Wasser: Reines Wasser ist eine ▸ chemische Verbindung. In einem Wassermolekül sind zwei ▸ Atome ▸ Wasserstoff mit einem Atom ▸ Sauerstoff verbunden. Wasser ist farblos, geruchlos und geschmacksfrei. Es siedet bei Normaldruck bei 100 °C und erstarrt bei 0 °C. Wasser ist ein gutes Lösemittel für viele feste Stoffe, Flüssigkeiten und Gase.

Wassernachweis: Die Blaufärbung von weißgrauem Kupfersulfat durch die Bildung von blauem, wasserhaltigem Kupfersulfat dient als Nachweis für Wasser.

Wasserstoff: Nichtmetall. In jedem Wasserstoffmolekül sind zwei ▸ Atome Wasserstoff miteinander verbunden. Wasserstoff ist farblos, geruchlos und brennbar. Er hat die geringste ▸ Dichte aller Stoffe. Mit ▸ Luft und ▸ Sauerstoff bildet er ein Gasgemisch, das explosionsartig mit lautem Knall verbrennt. Der Nachweis solcher Gasgemische wird als ▸ Knallgasprobe bezeichnet.

Wasserstoffbrücken: Zusätzliche Anziehungskräfte zwischen Dipolmolekülen, bei denen Wasserstoffatome an ein stark elektronegatives Element gebunden sind. Wasserstoffbrücken werden dadurch zu benachbarten ▸ Molekülen ausgebildet, z. B. in Wassermolekülen.

Wortgleichung (Reaktionsschema): Reaktionsschema zur Beschreibung einer ▸ chemischen Reaktion durch Kennzeichnung von Ausgangsstoffen und Reaktionsprodukten.
Beispiel: Eisen (s) + Sauerstoff (g)
$$\longrightarrow \text{Eisenoxid (s)} \mid \text{exotherm}$$

Register

Allgemeiner Hinweis zu den in diesem Lehrwerk abgebildeten Personen: Soweit in diesem Lehrwerk Personen fotografisch abgebildet sind und ihnen von der Redaktion fiktive Namen, Berufe, Dialoge und Ähnliches zugeordnet oder diese Personen in bestimmte Kontexte gesetzt werden, dienen diese Zuordnungen und Darstellung en ausschließlich der Veranschaulichung und dem besseren Verständnis des Inhalts.

Bildnachweis

Periodensystem der Elemente

Periode

	Metall
	Halbmetall
	Nichtmetall

schwarz = Feststoff
weiß = Flüssigkeit
rot = Gas
hellblau = künstliches Element
* = radioaktives Element

[1] = Gruppennummerierung IUPAC (1989): Gruppennummern 1 bis 18
[2] = vorläufiges IUPAC-Symbol

I. Hauptgruppe 1^1	II. Hauptgruppe 2	3 III. Nebengruppe	4 IV. Nebengruppe	5 V. Nebengruppe	6 VI. Nebengruppe	7 VII. Nebengruppe	8 VIII. Nebengruppe	9 VIII. Nebengruppe
1 1,008 **H** Wasserstoff								
3 6,94 **Li** Lithium	**4** 9,01 **Be** Beryllium							
11 22,99 **Na** Natrium	**12** 24,31 **Mg** Magnesium							
19 39,10 **K** Kalium	**20** 40,08 **Ca** Calcium	**21** 44,96 **Sc** Scandium	**22** 47,88 **Ti** Titan	**23** 50,94 **V** Vanadium	**24** 51,996 **Cr** Chrom	**25** 54,94 **Mn** Mangan	**26** 55,85 **Fe** Eisen	**27** 58,93 **Co** Cobalt
37 85,47 **Rb** Rubidium	**38** 87,62 **Sr** Strontium	**39** 88,91 **Y** Yttrium	**40** 91,22 **Zr** Zirconium	**41** 92,91 **Nb** Niob	**42** 95,94 **Mo** Molybdän	**43** [98] **Tc*** Technetium	**44** 101,07 **Ru** Ruthenium	**45** 102,91 **Rh** Rhodium
55 132,91 **Cs** Caesium	**56** 137,33 **Ba** Barium	**57** 138,91 **La** Lanthan ●	**72** 178,49 **Hf** Hafnium	**73** 180,95 **Ta** Tantal	**74** 183,84 **W** Wolfram	**75** 186,21 **Re** Rhenium	**76** 190,23 **Os** Osmium	**77** 192,22 **Ir** Iridium
87 [223] **Fr*** Francium	**88** 226,03 **Ra*** Radium	**89** 227,03 **Ac*** Actinium ●●	**104** [261] **Rf*** Rutherfordium	**105** [262] **Db*** Dubnium	**106** [266] **Sg*** Seaborgium	**107** [264] **Bh*** Bohrium	**108** [277] **Hs*** Hassium	**109** [268] **Mt*** Meitnerium

Periode 1 / 2 / 3 / 4 / 5 / 6 / 7

● **Elemente der Lanthanreihe (Lanthanoide)**

6

58 140,12 **Ce** Cer	**59** 140,91 **Pr** Praseodym	**60** 144,24 **Nd** Neodym	**61** [145] **Pm*** Promethium	**62** 150,36 **Sm** Samarium

●● **Elemente der Actiniumreihe (Actinoide)**

7

90 232,04 **Th*** Thorium	**91** 231,04 **Pa*** Protactinium	**92** 238,03 **U*** Uran	**93** [237] **Np*** Neptunium	**94** [244] **Pu*** Plutonium

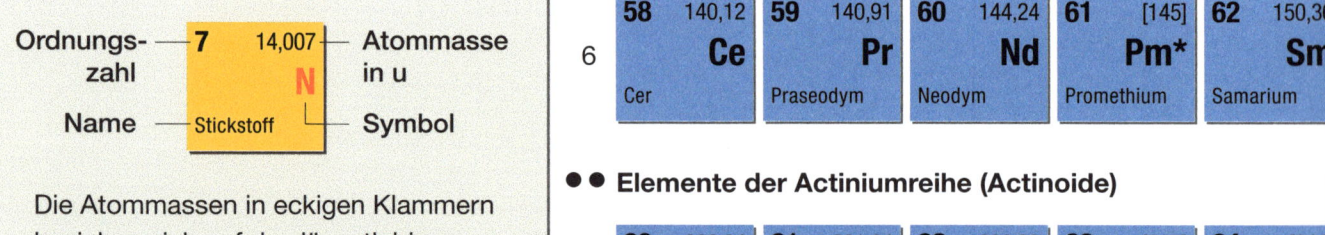

Ordnungszahl — **7** 14,007 — Atommasse in u
Name — **N** Stickstoff — Symbol

Die Atommassen in eckigen Klammern beziehen sich auf das längstlebige gegenwärtig bekannte Isotop des betreffenden Elements.